"十三五"江苏省高等学校重点教材（2018-2-150）

U0368295

高等职业技术教育汽车类专业规划教材

汽车发动机构造与检修

张秋霞　厉超　主编

清华大学出版社
北　京

内 容 简 介

本书以高等职业教育人才培养方案中的汽车维修、检测、服务、管理等方面的高素质技能型人才为目标，以企业岗位需要为依据，以职业行动领域真实、典型的工作任务为载体，在细致疏理教学内容的基础上并参考相关汽车教材编写而成。

本书可作为高等职业院校汽车类专业发动机课程的通用教材，也可供汽车从业人员阅读参考。

图书在版编目(CIP)数据

汽车发动机构造与检修/张秋霞，厉超主编. —北京：清华大学出版社，2019

高等职业技术教育汽车类专业规划教材

ISBN 978-7-302-52207-2

Ⅰ.①汽… Ⅱ.①张… ②厉… Ⅲ.①汽车－发动机－构造－高等职业教育－教材 ②汽车－发动机－车辆修理－高等职业教育－教材 Ⅳ.①U472.43

中国版本图书馆 CIP 数据核字(2019)第 016135 号

责任编辑：颜廷芳
封面设计：傅瑞学
责任校对：赵琳爽
责任印制：宋　林

出版发行：清华大学出版社
　　　　　网　　址：http://www.tup.com.cn，http://www.wqbook.com
　　　　　地　　址：北京清华大学学研大厦 A 座　　　　邮　　编：100084
　　　　　社 总 机：010-62770175　　　　　　　　　　邮　　购：010-62786544
　　　　　投稿与读者服务：010-62776969，c-service@tup.tsinghua.edu.cn
　　　　　质量反馈：010-62772015，zhiliang@tup.tsinghua.edu.cn
　　　　　课件下载：http://www.tup.com.cn，010-83470410
印 装 者：清华大学印刷厂
经　　销：全国新华书店
开　　本：185mm×260mm　　　印　张：13.75　　　字　　数：314 千字
版　　次：2019 年 12 月第 1 版　　　　　　　　　　印　　次：2019 年 12 月第 1 次印刷
定　　价：48.00 元

产品编号：082037-01

前 言

FOREWORD

　　发动机是汽车的动力源，从机械结构方面来说，发动机由曲柄连杆机构、配气机构"两大机构"和供给系统、冷却系统、润滑系统、点火系统、起动系统"五大系统"组成。通过对本书的学习，旨在培养学生对现代汽车发动机结构的认知能力，对发动机各机构、系统工作原理的理解能力，以及对发动机的吊装、拆装、检修的操作能力。

　　本书在编写过程中遵循"理论够用、实践为重、突出应用"的原则，在符合职业教育教学特点的前提下，突出以学生为主体，注重吸收行业发展的新知识、新技术、新工艺、新方法，对接职业标准和岗位要求，并能够体现先进的教学理念和信息化技术。

　　本书主要的创新点和特色如下。

　　（1）与企业专家共同设计、开发基于工作过程的项目化教材。与企业合作，从职业岗位和职业行动领域分析入手，确定教材的知识目标与能力目标，深入企业进行调研，对企业真实工作任务进行归纳分析，确定典型工作任务，依据能力复杂程度对典型工作任务进行整合，形成行动领域；根据职业成长规律和认知规律确定学习领域，科学设计学习项目。

　　（2）形式新颖。本书为新形态教材，含有 150 余个动画和微课视频，以二维码的形式标记在书中，方便大家观看。对于单个学习任务，是按照"任务引入—知识学习—任务实施—自我检测"的思路进行编写的，每一部分内容均配有动态资源。任务引入以动画的形式呈现；知识学习中复杂零件的功用、结构或工作原理以三维动画的形式演示，知识点讲解配有微课；任务实施中配有实践操作的视频；自我检测中的测验习题以二维码的形式存在，可扫码做题。

　　（3）内容先进。本书突凸了汽车发动机的新知识、新技术、新工艺和新标准，注重培养操作者的流程规范，提升学习者的素质能力，以贴合企业岗位需求。

　　（4）资源丰富。本书内容图文并茂，动态资料覆盖全书，具有较强的吸引力。在使用本书过程中，可以采用不同的学习方法和学习手段，有助于学生学习能力的培养。

　　本书由淮安信息职业技术学院的张秋霞、厉超任主编，刘朋、赵连星、刘大诚、李萍、魏利博、冯耀、上海大众汽车淮安销售服务有限公司的赵云高、淮安市宏宇翔舜汽车销售服务有限公司的陈镀华参编。在本书编写过程中，汪东明副教授给予了编写建议、修改意见，并进行了多次审稿，在此表示感谢。

本书的部分信息化资源由淮安信息职业技术学院和上海景格科技有限公司合作开发，部分项目的实践验证得到了江苏汇田特约销售服务店和淮安润东汇丰汽车销售服务有限公司的大力支持，在此对各单位表示感谢。

由于编者水平有限，书中难免有疏漏和不足之处，恳请读者批评指正。

编　者

2019 年 6 月

目录

CONTENTS

项目1

汽车及发动机的认知

知识目标

(1) 掌握现代汽车的种类、特点。

(2) 掌握燃油汽车总体结构、组成及每部分的基本功用。

(3) 理解汽车行驶的基本原理。

(4) 掌握发动机基本结构、组成。

(5) 理解四冲程发动机工作原理。

能力要求

(1) 能识别常见汽车类型。

(2) 能在实车上向别人清晰地介绍燃油汽车的总体结构及每部分结构的作用。

(3) 能在整车上识别发动机各基本组成部分。

(4) 能正确解释排量、压缩比、前驱等专业名词的含义。

(5) 能正确解释发动机四冲程的基本工作过程。

任务 1.1 汽车的认知

任务引入.mp4

【任务引入】

客户刘先生对汽车不是很熟悉,他想购买一辆经济实用型轿车,于是到某汽车4S店咨询和看车。现在要求汽车销售顾问能够解答刘先生的问题,并主动介绍汽车的基本类型、基本构成和总体布置形式等信息,帮助刘先生确定他的具体需求,同时选择合适的车型。

【知识学习】

按照我国标准《汽车和挂车类型的术语和定义》(GB/T 3730.1—2001)对汽车的定义,汽车是指由自身装备的动力装置驱动,具有四个或四个以上车轮,不依靠轨道或架线而在陆地上行驶的车辆。从蒸汽汽车到内燃机汽车,到电动汽车,再到无人驾驶智能汽车,汽车随着科学技术的创新不断进步、更新换代。

1.1.1　汽车的分类

1. 按照国际通用的标准分类

按照国际通用的标准可将汽车分为两大类:乘用车和商用车。

(1)乘用车是在设计和技术特征上主要用于载运乘客和其随身行李的汽车,乘用车的座位包括驾驶员座位在内最多不超过9个。乘用车细分为基本型乘用车(轿车)、多功能车(MPV)、运动型多用途车(SUV)、专用乘用车、微型客车及轻型客车(不超过9座)等。

(2)商用车是在设计和技术特征上主要用于运送人员和货物的汽车,并且可以牵引挂车。从2005年开始,我国汽车行业实行了新的车型统计方法。相对旧分类而言,新的车型统计方法中商用车包含了所有的载货汽车和9座以上的客车。

2. 按照用途分类

在使用中,人们一般还按用途对汽车进行分类,分为载货汽车、轿车、客车、越野汽车、自卸汽车、牵引汽车、专用汽车等。

(1)载货汽车,简称货车,主要用于运送货物,有的货车可牵引挂车。根据最大载货重量不同,可以将货车分为微型货车(1.8t以下)、轻型货车(1.8~6t)、中型货车(6~14t)和重型货车(14t以上)。

(2)轿车,用于运送人员及其随身行李物品且座位布置在两轴之间的四轮汽车。按其排量不同,可以将轿车分为微型轿车(1.0L以下)、普通型轿车(1.0~1.6L)、中级轿车(1.6~2.5L)、中高级轿车(2.5~4.0L)、高级轿车(4.0L以上)。

(3)客车,具有长方形车厢、主要用于运送人员及其随身行李物品的汽车。按其用途不同,可以将客车分为长途客车、团体客车、市内公共汽车和旅游客车等;按车辆的长度不同,可以将客车分为微型客车(小于3.5m)、轻型客车(3.5~7m)、中型客车(7~10m)、大型客车(10~12m)和超大型客车(铰接式大于12m,双层式10~12m)。

(4)越野汽车,主要用于非公路上载运人员和货物,也可作为牵引设备,一般为全轴驱动。按驱动形式可以将越野汽车分为4×4、6×6、8×8几种。

(5)自卸汽车,以运送货物为主,且带有可倾卸货厢的汽车,它适合在坏路或无路地区行驶,多用于国防、林区和矿山。

(6)牵引汽车,专门或主要用于牵引挂车或半挂车的汽车。根据牵引挂车的不同,可以将牵引汽车分为半挂牵引车和全挂牵引车。

(7)专用汽车,装备有专用设备、具备专用功能、用于承担专门运输任务或专项作业的汽车。专用汽车用于完成特殊任务,如消防车、救护车、油罐车、防弹车、工程车等。

3. 按照动力分类

根据动力的不同,也可将汽车划分为内燃机汽车、混合动力汽车、纯电动汽车、燃料电池电动汽车等。

(1) 内燃机汽车,在发动机内以燃烧燃料产生的热能转化为机械能的方式实现驱动的汽车。目前汽车发动机绝大部分采用往复活塞式内燃机。按照使用燃料的不同,内燃机汽车又分为汽油机汽车、柴油机汽车和代用燃料(燃气)汽车。现代内燃机汽车技术成熟,动力性能好,在汽车市场上仍然占据主导地位。但内燃机汽车排放的尾气已对环境构成了威胁。

(2) 混合动力汽车,通常装有发动机和电动机组两组动力。发动机和电动机驱动动力不同,混合动力装置既可以发挥发动机持续工作时间长、动力性好的优点,又可以发挥电动机无污染、低噪声的好处。

(3) 纯电动汽车,车中没有发动机,是以动力电池为能量提供源,通过电动机驱动车辆。纯电动汽车具有操纵轻便、零排放、噪声小的优点。目前受电池技术制约,纯电动汽车续航里程有限,充电时间长,成本也比较高。

(4) 燃料电池电动汽车,使燃料在转化器中产生反应而释放氢气,再将氢气输入燃料电池与氧气结合而发出电力,推动电动机工作。但燃料电池电动汽车的性能不及内燃机汽车,而且价格比较贵。

汽车总体构造
的组成.mp4

1.1.2 汽车总体构造的组成

一辆普通的汽车大约由 20000 个零件组合而成,当汽车运行时,有超过 1500 个零件会同步运转。汽车是一件技术密集度相对较高的产品,而且它的种类繁多。现代汽车的种类虽然繁多,各类汽车的总体构造也有所不同,但它们的基本组成一般由 4 部分构成:发动机、底盘、电气与电子设备、车身,如图 1-1 所示。

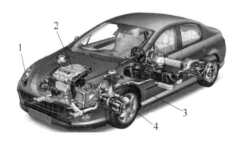

图 1-1　汽车总体结构
1—电气与电子设备;2—发动机;3—车身;4—底盘

1. 发动机

发动机是使输送进来的燃料燃烧而发出动力的部件,是汽车的动力装置,如图 1-2 所示。在现代汽车上广泛应用的发动机是往复活塞式汽油或柴油内燃机,它一般是由曲柄连杆机构、配气机构、供给系统、冷却系统、润滑系统、点火系统(仅用于汽油内燃机)和启动系统所组成。

2. 底盘

底盘是传递发动机的动力，使汽车运动并按驾驶员的操纵而正常行驶的部件。它是汽车的基体，发动机、车身、电气与电子设备及各种附属设备都直接或间接地安装在底盘上。底盘主要由传动系统、行驶系统、转向系统和制动系统4部分组成，如图1-3所示。

图1-2　发动机整体结构

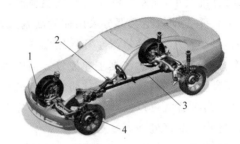

图1-3　底盘

1—行驶系统；2—转向系统；3—传动系统；4—制动系统

3. 电气与电子设备

电气设备包括电源组（蓄电池、发电机）、发动机点火设备、发动机启动设备、照明和信号装置、仪表、空调、刮水器、音像设备、门窗玻璃电动升降设备等，如图1-4所示。电子设备包括导航装置、燃油喷射及点火电子电控装置、自动变速电子电控装置、制动器防抱死电子电控装置、电子驱动防滑装置、车门锁遥控及自动防盗报警等各种人工智能装置。

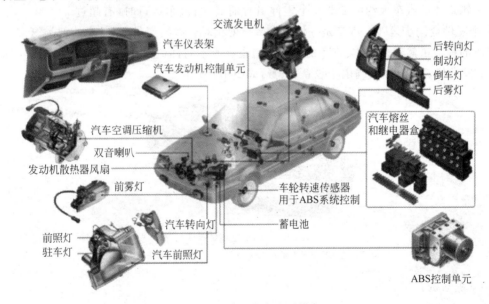

图1-4　汽车电气与电子设备

4. 车身

车身是驾驶员工作的场所，也是装载乘客和货物的部件。它分为非承载式车身和承载式车身。非承载式车身的汽车有刚性车架，又称底盘大梁架，如图1-5(a)所示。承载式车身没有底盘车架,车身兼起车架的作用,所有部件都固定在车身上,所有的力也由车身来承受,如图1-5(b)所示。

(a) 非承载式车身　　　　　　　　　　　　　(b) 承载式车身

图1-5　车身

1.1.3　汽车的总体布置形式

汽车的总体布置形式.mp4

为满足不同的使用要求,汽车的总体构造和布置形式各不相同。按照发动机和各个总成的相对位置不同,现代汽车的布置形式通常分为发动机前置前轮驱动、发动机前置后轮驱动、发动机后置后轮驱动、发动机中置后轮驱动、全轮驱动5种。

1. 发动机前置前轮驱动(FF)

发动机前置前轮驱动是现在大多数轿车中盛行的布置形式,该种形式具有结构紧凑、整车质量小、底盘高度低、高速行驶时操纵稳定性好等优点。发动机前置前轮驱动又分为发动机横置前轮驱动和发动机纵置前轮驱动两种。

2. 发动机前置后轮驱动(FR)

发动机前置后轮驱动是传统的布置形式,大多数货车、部分高档轿车和部分客车采用这种形式,该种形式具有爬坡能力强、传动效率低等优点。

3. 发动机后置后轮驱动(RR)

发动机后置后轮驱动是在目前大中型客车中盛行的布置形式,该种形式具有降低车内噪声、有利于车身内部布置等优点。少数轿车也采用这种形式,这类轿车驱动力大,但对方向的操纵性要求较高。

4. 发动机中置后轮驱动(MR)

发动机中置后轮驱动是目前大多数跑车及方程式赛车所采用的形式。由于这些汽车采用功率和尺寸很大的发动机,将发动机布置在驾驶员座椅之后和后轴之前有利于获得最佳轴荷分配,以提高汽车的性能。

5. 全轮驱动(nWD)

全轮驱动是越野汽车常采用的布置形式,通常发动机前置,通过变速器之后的分动器将动力分别输送给全部驱动轮。目前,部分轿车也采用全轮驱动形式,以提高整车的性能。

1.1.4　汽车行驶基本原理

要使汽车行驶必须具备以下两个基本的行驶条件。

1. 驱动条件

发动机产生的动力经过汽车的传动系统传到车轮,车轮转矩 M_t 力图使车轮旋转。在车轮与地面接触处,车轮向地面施加一个力 F_0,其数值为车轮转矩 M_t 与车轮半径 r 之比,即 $F_0 = \dfrac{M_t}{r}$,与此同时,地面给车轮一个与 F_0 数值相等、方向相反的反作用力 F_t,这个反作用力就是汽车前进的驱动力,如图 1-6 所示。

汽车行驶的基本原理.mp4

图 1-6　汽车受力图

汽车要想运动,除了有驱动力,还必须克服它所受到的各种行驶阻力。一般汽车的行驶阻力包括滚动阻力、空气阻力、坡度阻力以及加速阻力。

(1) 滚动阻力(F_f)。滚动阻力是由于车轮滚动时,轮胎与路面在接触区域发生变形而产生的。

$$F_f = W_t \cdot f$$

式中:F_f——滚动阻力(N);W_t——车轮载荷(N);f——滚动阻力系数。

汽车滚动阻力的大小取决于汽车的重量、路面性质、车轮轴承的摩擦力、轮胎气压、轮胎结构等,克服滚动阻力所需要的功率随着汽车行驶速度而变化,速度越高,功率消耗越大。

(2) 空气阻力(F_w)。空气阻力是汽车行驶时受到的空气作用力在行驶方向上的分力,包括压力阻力和摩擦阻力。压力阻力是空气作用在汽车外表面上的法向压力的合力在行驶方向的分力;摩擦阻力是由于空气的黏性在车身表面产生的摩擦作用的阻力。空气阻力与汽车的形状、汽车的正面投影面积有关,与汽车、空气的相对速度的平方成正比。当车速很高时,空气阻力是行驶阻力的主要部分。

(3) 坡度阻力(F_i)。坡度阻力是汽车上坡时其总重量沿路面方向的分力

$$F_i = G\sin\alpha$$

式中:F_i——坡度阻力(N);G——汽车重力(N);α——坡度角。

(4) 加速阻力(F_j)。加速阻力是汽车在加速时要克服自身质量加速运动的惯性力。汽车行驶时,有一个保持等速运动的惯性力,如果要使汽车加速,就必须克服这一惯性力,也就是加速度阻力。汽车的质量越大,加速阻力越大;加速度越大,加速阻力也越大。

由此可知,当汽车驱动力等于滚动阻力、空气阻力、坡度阻力和加速阻力之和时,汽车匀速行驶;当驱动力大于滚动阻力、空气阻力、坡度阻力和加速阻力之和时,汽车起步或加速行驶;当驱动力小于滚动阻力、空气阻力、坡度阻力和加速阻力之和时,则汽车无法起步或减速行驶。

2. 附着条件

汽车正常行驶,还要受到轮胎与地面的附着情况的影响。正如人走路时若脚蹬地时打滑,就会摔跤而无法行走,汽车驱动轮也只有附着于地面不打滑时才能行驶。

在驱动轮转矩的作用下,驱动轮给地面一个向后的圆周力,只要地面不打滑,地面会产生一个推动汽车行驶的反作用力。

因此,附着力就是抵抗车轮在地面上产生滑动的能力,用 F_φ 表示。附着力与车轮所受垂直于路面的法向力 G(称为附着重力)成正比,即 $F_\varphi = G\varphi$。式中,φ 为附着系数,主要取决于路面的种类和状况、汽车的行驶速度、车轮的运动状况以及轮胎的花纹状况等因素。附着重力 G 是指汽车总重力分配到驱动轮上的那部分力。

由此可知,汽车所能获得的驱动力受附着力的限制,当驱动力小于等于附着力时,汽车正常行驶;当驱动力大于附着力时,汽车车轮打滑。

【任务实施】

1. 每班分成若干小组,每组 4～6 人,每组选出一位组长。
2. 每组一辆轿车,以组为单位,以角色扮演的形式,完成任务引入中的任务。
   (1) 介绍汽车的类型。
   (2) 介绍汽车的构造。
   (3) 介绍汽车的布置形式。
   (4) 讲解汽车的行驶原理。

【自我检测】

1.1

任务 1.2　发动机的认知

任务引入.mp4

【任务引入】

王女士想购买一辆经济实用型轿车,第一次在 4S 店获取有关汽车的知识后,又从网上查阅了一些资料,她觉得发动机是一辆汽车性能好坏的关键,于是到汽车 4S 店进行咨询对比。现在要求汽车销售顾问能够解答王女士关于发动机缸数、增压进气、排量、压缩比、百公里油耗等相关问题。

【知识学习】

1.2.1　发动机的分类

车用内燃机根据其热能转化为机械能的主要构件的形式,分为活塞式内燃机和燃气轮机两大类,前者按照活塞运动方式又分为往复活塞式内燃机和旋转活塞式内燃机。往复活塞式内燃机在汽车上应用最为广泛。采用往复式内燃机的汽车发动机按照不同的特征分类如下。

1. 按所使用的燃料分类

按照所使用的燃料不同,汽车发动机可分为汽油机和柴油机,如图 1-7 所示。以汽油为燃料的内燃机称为汽油机,以柴油为燃料的内燃机称为柴油机。汽油机转速高、质量小、噪声小、启动容易、制造成本低。柴油机压缩比大、热效率高,经济性能和排放性能都比汽油机好。

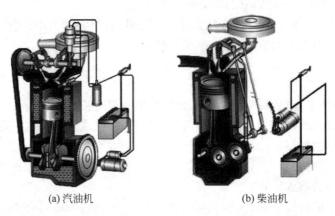

(a) 汽油机　　　　　　　　　　(b) 柴油机

图 1-7　按燃料分类

2. 按冲程分类

按照完成一个工作循环所需的行程数,汽车发动机可以分为四冲程内燃机和二冲程内燃机,如图 1-8 所示。曲轴旋转两圈(720°),活塞在气缸内上下往复运动四个行程,完成一个工作循环的内燃机称为四冲程内燃机。曲轴旋转一圈(360°),活塞在气缸内上下往复运动两个行程,完成一个工作循环的内燃机称为二冲程内燃机。汽车发动机广泛使用的是四冲程内燃机。

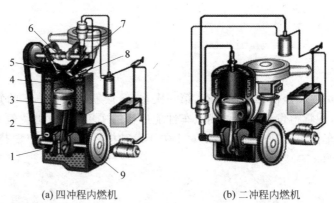

(a) 四冲程内燃机　　　　　　　　(b) 二冲程内燃机

图 1-8　按冲程分类

1—曲轴;2—连杆;3—活塞;4—气缸;5—排气门;6—凸轮轴;7—进气门;8—火花塞;9—飞轮

3. 按冷却方式分类

按照冷却方式不同,汽车发动机分为水冷发动机和风冷发动机,如图1-9所示。水冷发动机是利用在气缸体和气缸盖冷却水套中进行循环的冷却液作为冷却介质进行冷却的。风冷发动机是利用流动于气缸体和气缸盖外表面散热片之间的空气作为冷却介质进行冷却的。水冷发动机冷却均匀、工作可靠、冷却效果好,被广泛地应用于现代汽车发动机。

(a) 水冷发动机　　　　　　　(b) 风冷发动机

图1-9　按冷却方式分类

4. 按气缸数目分类

按照气缸数目不同,汽车发动机可以分为单缸发动机和多缸发动机,如图1-10所示。仅有一个气缸的发动机称为单缸发动机,有两个以上气缸的发动机称为多缸发动机,如双缸、三缸、四缸、五缸、六缸、八缸、十二缸等都是多缸发动机。现代汽车多采用四缸、六缸、八缸发动机。

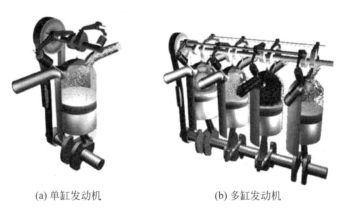

(a) 单缸发动机　　　　　　　(b) 多缸发动机

图1-10　按气缸数目分类

5. 按照进气系统是否采用增压方式分类

按照进气系统是否采用增压方式分类,汽车发动机可以分为自然吸气(非增压)式发动机和强制进气(增压)式发动机,如图1-11所示。

1.2.2　发动机的总体结构

发动机是一部有许多机构和系统组成的复杂机器,发动机的类型各不相同,但其基本构造相似，通常汽油机由曲柄连杆机构、配气机构"两大机构"和燃料供给系统、润滑系统、冷却系统、点火系统、启动系统"五大系统"组成，柴油机相比汽油机少了点火系统。

1. 曲柄连杆机构

曲柄连杆机构是发动机实现工作循环、完成能量转换的主要机构。它由机体组、活塞连杆组和曲轴飞轮组组成，如图 1-12 所示。在做功行程中，活塞承受燃气压力在气缸内做直线运动，通过连杆转换成曲轴的旋转运动，并从曲轴对外输出动力。而在进气、压缩和排气行程中，飞轮释放能量又把曲轴的旋转运动转化为活塞的直线运动。

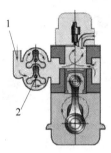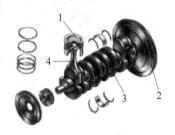

(a) 自然吸气式发动机　　(b) 强制进气式发动机

图 1-11　按进气系统是否采用增压方式分类

1—进气口；2—增压器

图 1-12　曲柄连杆机构

1—活塞；2—飞轮；3—曲轴；4—连杆

2. 配气机构

配气机构的功用是根据发动机的工作顺序和工作过程，定时开启和关闭进气门和排气门，使可燃混合气或空气进入气缸，并使废气从气缸内排出，实现换气的过程。配气机构大多采用顶置气门式配气机构，一般由气门组和气门传动组组成，如图 1-13 所示。

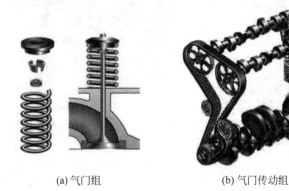

(a) 气门组　　　　　　　(b) 气门传动组

图 1-13　配气机构

3. 燃料供给系统

图 1-14 所示为歧管喷射汽油机燃料供给系统，它的功用是根据发动机的要求，在歧管内配制出一定数量和浓度的混合气，进入气缸，并将燃烧后的废气从气缸内排出到大气中。缸内直喷汽油机和柴油机燃料供给系统的功用是把汽油或柴油和空气分别供入气缸，在燃烧室内形成混合气并燃烧，最后将燃烧后的废气排出。

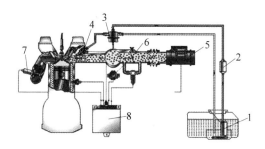

图1-14　歧管喷射汽油机燃料供给系统

1—电动燃油泵；2—燃油滤清器；3—油压调节器；4—喷油器；5—空气流量计；
6—节气门控制组件；7—氧传感器；8—电子控制单元

4. 润滑系统

润滑系统如图1-15所示，它的功用是向做相对运动的零件表面输送定量的清洁润滑油，以实现液体摩擦，减小摩擦阻力，减轻机件的磨损，并对零件表面进行清洗和冷却。润滑系统通常由润滑油道、机油泵、机油滤清器和一些阀门等组成。

5. 冷却系统

冷却系统如图1-16所示，它的功用是将受热零件吸收的部分热量及时散发出去，保证发动机在最适宜的温度状态下工作，水冷发动机的冷却系统通常由冷却水套、水泵、风扇、水箱、节温器等组成。

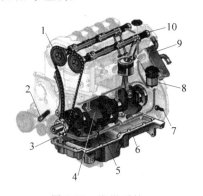

图1-15　润滑系统

1—正时链条；2—机油泄压阀；3—放油螺塞；4—曲轴；
5—发动机润滑油；6—油底壳；7—油压传感器；8—机油滤清器；9—机油冷却器；10—凸轮轴

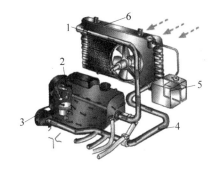

图1-16　冷却系统

1—回水管；2—发动机；3—水泵；4—进水管；5—膨胀水箱；6—散热器

6. 点火系统

点火系统如图1-17所示，在汽油机中，气缸内的可燃混合气是靠电火花点燃。为此，在汽油机的气缸上装有火花塞，火花塞头部伸入燃烧室内。能够按时在火花塞电极间产生电火花的全部设备称为点火系统。点火系统通常由蓄电池、点火模块、点火线圈和火花塞等组成。

7. 启动系统

要使发动机由静止状态过渡到运动状态，必须先用外力转动发动机的曲轴，使活塞做往复运动,以便气缸内的可燃混合气燃烧膨胀做功,推动活塞向下运动使曲轴旋转,发动机才能自行运转,工作循环才能自行进行。因此,曲轴在外力作用下开始转动到发动机开始自动怠速运转的全过程,称为发动机的启动。完成启动过程所需的装置,称为发动机的启动系统,如图 1-18 所示。

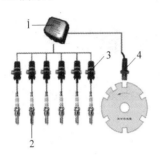

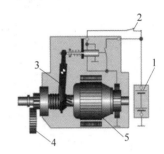

图 1-17　点火系统

1—点火模块;2—火花塞;

3—点火线圈;4—传感器

图 1-18　启动系统

1—蓄电池;2—点火开关;3—推杆;

4—驱动齿轮;5—电动机

1.2.3　汽车发动机的基本术语

1. 上止点和下止点

汽车发动机的
基本术语. mp4

活塞在气缸里做往复直线运动时,当活塞向上运动到最高位置,即活塞顶部距离曲轴旋转中心最远的极限位置,称为上止点(Top Dead Center, TDC)。活塞在气缸里做往复直线运动时,当活塞向下运动到最低位置,即活塞顶部距离曲轴旋转中心最近的极限位置,称为下止点(Bottom Dead Center, BDC),如图 1-19 所示。

2. 活塞行程和曲柄半径

活塞行程是指活塞由一个止点移动到另一个止点的运动过程。行程的长度即为上止点和下止点间的距离。活塞行程用 S 表示,单位为 mm,对应一个活塞行程,曲轴旋转 $180°$。曲轴旋转中心到曲柄销中心之间的距离称为曲柄半径,一般用 R 表示。通常活塞行程为曲柄半径的两倍,即 $S=2R$,如图 1-20 所示。

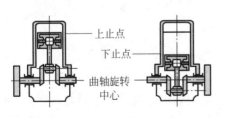

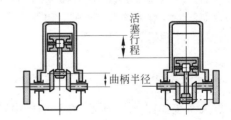

图 1-19　上止点、下止点

图 1-20　活塞行程、曲柄半径

3. 气缸工作容积

活塞从一个止点运动到另一个止点所扫过的容积,称为气缸工作容积,如图 1-21 所示。

一般用 V_h 表示：

$$V_h = \frac{\pi D^2}{4} \times 10^{-6} \times S$$

式中：V_h——气缸工作容积(L)；D——气缸直径(mm)；S——活塞行程(mm)。

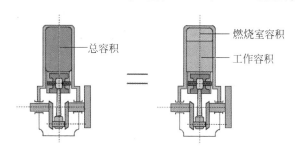

图 1-21　工作容积、燃烧室容积、总容积

4. 燃烧室的容积

活塞在上止点时，活塞顶部上方整个空间(活塞顶、气缸盖底面和气缸表面等零件之间所包围的空间)称为燃烧室容积，一般用 V_c 表示，如图 1-21 所示。

5. 气缸总容积

活塞位于下止点时，其顶部与气缸盖之间的容积称为气缸总容积，一般用 V_a 表示。显而易见，气缸的总容积就是气缸工作容积和燃烧室容积之和，即 $V_a = V_c + V_h$，如图 1-21 所示。

6. 发动机排量

多缸发动机各气缸工作容积的总和，称为发动机排量，一般用 V_L 表示。

$$V_L = i V_h$$

式中，V_h——气缸工作容积；i——气缸数目。

7. 压缩比

压缩比是发动机中一个非常重要的概念，压缩比表示了气体的压缩程度，它是气体压缩前的容积与气体压缩后的容积之比，即气缸总容积与燃烧室容积之比称为压缩比。一般用 ε 表示：

$$\varepsilon = \frac{V_a}{V_c} = 1 + \frac{V_h}{V_c}$$

式中：V_a——气缸总容积；V_h——气缸工作容积；V_c——燃烧室容积。

压缩比越大，在压缩终了时混合气压力和温度越高，燃烧速度越快，因而发动机输出功率越大，热效率越高，经济性越好。但压缩比过大时，不仅不能进一步改善燃烧情况，反而会出现爆燃和表面点火等不正常的燃烧现象。通常汽油机的压缩比的范围在 6～10，柴油机的压缩比较高，一般为 16～22。

1.2.4　发动机的工作原理

在发动机气缸内进行的每一次将燃料燃烧的热能转化为机械能的工作过程称为发动机

的一个工作循环。

1. 四冲程汽油机的工作原理

四冲程汽油机的工作循环包括四个活塞行程,即进气
行程、压缩行程、做功行程和排气行程。由于此期间气缸
中气体的压力随气缸容积的改变而不断地变化,因此,采用
气体压力 P 随气缸容积 V 变化的示功图如图 1-22 所示。

四冲程汽油机的
工作原理.mp4

缸内直喷汽油机
的工作原理.mp4

（1）进气冲程。如图 1-22(a)所示,进气门开启,排气门关闭。随着活塞从上止点向下
止点移动,活塞上方的气缸容积增大,气缸内的压力下降,当压力降低到大气压以下时,即在
气缸内形成真空吸力,这样,可燃混合气便经进气门吸入气缸。由于进气系统有阻力,进气
终了时气缸内的气体压力为 0.075～0.09MPa,略小于大气压力。进入气缸内的可燃混合
气与气缸壁、活塞顶等高温部件表面接触,并与前一循环留下的高温残余废气混合,所以温
度升高到 370～400K。

在如图 1-23(a)所示的示功图上,进气行程曲线用 ra 表示。曲线 ra 大部分位于大气压
力线下面,这部分与大气压力线纵坐标之差即表示气缸内的真空度。

（2）压缩冲程。如图 1-22(b)所示,进气门和排气门全部关闭,曲轴推动活塞由下止点
向上止点移动一个行程,称为压缩冲程。在如图 1-23(b)所示的示功图上,压缩冲程用曲线
ac 表示。活塞到达上止点压缩终了,混合气被压缩到活塞上方很小的空间,即燃烧室中。
可使混合气压力 P 升高到 0.6～1.2MPa,温度可达 600～700K。

（3）做功冲程。如图 1-22(c)所示,当压缩冲程结束,活塞到达上止点附近时,装在气缸
盖上的火花塞发出电火花,点燃被压缩的可燃混合气,可燃混合气燃烧后,放出大量的热能,
压力和温度迅速增加,高温、高压燃气推动活塞从上止点向下止点运动,这一行程称为做功
冲程。做功冲程中混合气燃烧产生的热能,通过活塞、连杆使曲轴旋转并输出机械能,机械
能除了用于维持发动机本身继续运转之外,其余用于对外做功。在此行程中,进气门和排气
门仍旧是关闭的,曲轴在活塞的推动下转动 180°。图 1-23(c)所示的示功图上,曲线 cb 分为
两部分,在前期极短的行程内,可燃混合气极短时间内迅速燃烧,缸内压力和温度急速升
高,最高压力可达 3～5MPa,相应的温度达到 2200～2800K,形成 cb 曲线段的上升部分;
随着燃烧结束,活塞继续向下运动,气缸内容积增加,气体压力和温度都降低,在行程终
了的 b 点,压力降至 0.3～0.5MPa,温度则降为 1500～1700K,cb 曲线段下降部分反映了
此过程。

（4）排气冲程。如图 1-22(d)所示,可燃混合气燃烧后生成的废气必须从气缸中排出,
以便进行下一个工作循环。当做功冲程终了时,排气门开启,靠废气的压力进行自由排气,
活塞到达下止点后再向上止点移动时,继续将废气强制排到大气中。活塞到上止点附近时,
排气冲程结束。在如图 1-23(d)所示的示功图上,用曲线 br 表示。在排气冲程中,气缸内压
力稍高于大气压力,为 0.105～0.115MPa;排气终了时,废气温度为 900～1200K。由于燃
烧室占有一定的容积,因此在排气终了时,不可能将废气排净,这一部分留下的废气称为残
余废气。

综上所述,四冲程发动机在一个工作循环中,曲轴旋转两周,进气门和排气门各打开一
次,完成进气、压缩、做功、排气四个冲程。其中,只有一个冲程是做功的,其他三个冲程是做
功的辅助行程。

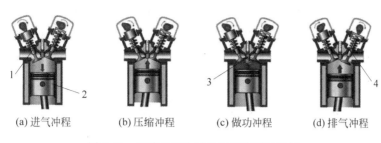

(a) 进气冲程　　　(b) 压缩冲程　　　(c) 做功冲程　　　(d) 排气冲程

图 1-22　四冲程汽油机的工作原理示意图

1—进气门；2—活塞；3—火花塞；4—排气门

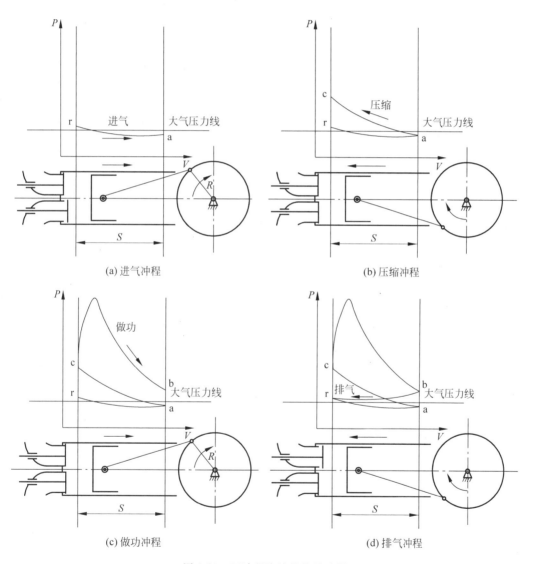

(a) 进气冲程

(b) 压缩冲程

(c) 做功冲程

(d) 排气冲程

图 1-23　四冲程汽油机的示功图

2. 四冲程柴油机工作原理

柴油发动机的优点是扭矩大、经济性能好。四冲程柴油机的每个工作循环也经历了进气、压缩、做功和排气四个冲程,如图 1-24 所示,但由于柴油机的燃料是柴油,其黏度比汽油大,而其自然温度却比汽油低,故可燃混合气的形成及着火方式都与汽油机不同。

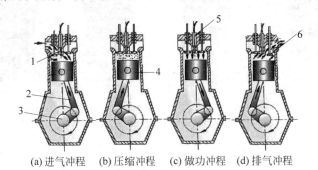

(a) 进气冲程   (b) 压缩冲程   (c) 做功冲程   (d) 排气冲程

图 1-24   四冲程柴油机的工作原理示意图

1—进气门;2—连杆;3—曲轴;4—活塞;5—喷油器;6—排气门

柴油机在进气冲程吸入的是纯空气,在压缩冲程接近终了时,柴油机喷油泵将油压提高到 10MPa 以上,将柴油通过喷油器喷入气缸,在很短的时间内与压缩后的高温空气混合,形成可燃混合气。因此,这种发动机的可燃混合气是在气缸内部形成的。

由于柴油机的压缩比高(一般为 16～22),所以压缩终了时气缸内的空气压力可达 3～5MPa,同时温度可达 750～1000K,大大超过柴油的自燃温度,因此柴油喷入气缸后,在很短的时间内与空气混合便立即自行发火燃烧。气缸内气压急剧上升到 6～9MPa,温度也升到 2000～2500K。在高压气体的推动下,活塞向下运动并带动曲轴旋转而做功,废气同样经排气管排入大气中。

柴油机与汽油机相比各有特点。汽油机具有转速高、质量小、工作噪声小、启动容易、制造和维修费用低的特点,故在轿车、轻型货车及越野汽车上得到了广泛的应用,其不足之处是燃油消耗率高,燃油经济性差。柴油机因压缩比高,柴油消耗率平均比汽油机低 20%～30%,所以燃油经济性好。一般装载质量为 3.5t 以上的货车大都采用柴油机,其缺点是转速较汽油机低、质量大、制造和维修费用高,但目前柴油机的这些缺点正在逐渐得到改善,其应用范围正在向中、轻型货车扩展,国内外有的轿车也采用柴油机,其最高转速可达 5000r/min。

由此可见,四冲程发动机在一个工作循环的四个活塞冲程中,只有一个冲程是做功的,其余三个冲程是做功的辅助冲程。因此,在单缸发动机内,曲轴每转两周中只有半周是由于气体膨胀的作用使曲轴旋转,其余一周半则依靠飞轮惯性维持转动。显然,在做功行程时,曲轴的转速比其他三个冲程内的曲轴转速要高,所以曲轴转速是不均匀的,因而发动机运转就不平衡。为了解决这个问题,飞轮必须具有很大的转动惯量,由此会使整个发动机质量增加,显然单缸发动机工作震动大。采用多缸发动机可以弥补上述缺点,因此现代汽车上的发动机基本不用单缸,而是多采用四缸、六缸和八缸的发动机。

在多缸四冲程发动机的每一个气缸内,所有的工作过程都是相同的,并按上述次序进行,但所有气缸的做功冲程并不同时发生。例如,在四缸发动机内曲轴每转半周便有一个气缸在做功;在八缸发动机内曲轴每转 1/4 周便有一个做功冲程。气缸数越多,发动机的工作越平稳。但发动机气缸数增多,结构会更加复杂,尺寸及质量也会增加。

1.2.5 发动机主要性能指标

发动机的主要性能指标有动力性指标(有效转矩、有效功率和转速等)、经济性指标(燃油消耗率)和运转性指标(排气品质、噪声和启动性能等)。

发动机的主要
性能指标.mp4

1. 动力性指标

(1)有效转矩。发动机通过飞轮对外输出的平均转矩称为有效转矩,以 T_{tq} 表示。有效转矩与外界施加于发动机曲轴上的阻力矩相平衡。

(2)有效功率。发动机通过飞轮对外输出的功率称为有效功率,以 P_e 表示。它等于有效转矩与曲轴角速度的乘积。发动机的有效功率可以用台架试验的方法确定,也可以用测功器测定有效转矩和曲轴转速。发动机的有效功率(kW)的计算公式如下。

$$P_e = T_{tq} \frac{2\pi n}{60} \times 10^{-3} = \frac{T_{tq}n}{9550}$$

式中,T_{tq}——有效转矩(N·m);n——曲轴转速(r/min)。

(3)发动机转速。发动机的转速指的是曲轴每分钟转过的圈数(r/min),可以通过转速传感器测得。

发动机曲轴转速的高低,关系到单位时间内做功次数的多少或发动机有效功率的大小,即发动机的有效功率随曲轴转速的不同而改变。因此,在说明发动机有效功率的大小时,必须同时指明其相应的转速。在发动机产品标牌上规定的功率及相应的转速分别称为标定功率和标定转速。发动机在标定功率和标定转速下的工作状况称为标定工况。标定功率是发动机所能发出的最大功率,是根据发动机的用途而制定的有效功率最大使用限度。同一型号的发动机,当其用途不同时,其标定功率值并不相同。按照汽车发动机可靠性试验方法的规定,汽车发动机应能在标定工况下连续运行 300～1000h。

2. 经济性指标

发动机的经济性指标一般用有效燃油消耗率表示。发动机每输出 1kW·h 的有效功所消耗的燃油量(以 g 为单位)称为有效燃油消耗率,用 b_e 表示。很明显,燃油消耗率越低,经济性越好。燃油消耗率 b_e 的计算公式为:

$$b_e = \frac{B}{P_e} \times 10^3$$

式中,B——发动机单位时间内的耗油量(kg/h),可由实验测定;P_e——发动机的有效功率(kW)。

发动机经济性指标有时也用百公里油耗表示。百公里油耗指汽车每行驶 100km,发动机所消耗的燃油量(L/100km)。

3. 运转性指标

发动机的运转性指标主要指排气指标、噪声、启动性能等。这些性能不仅与使用者的利益相关,更关系到人类的健康。

(1)排气指标。排气指标主要是指从发动机油箱、曲轴箱排出的气体和从气缸排出的废气中所含的有害排放物的量。对汽油机来说主要是废气中的一氧化碳(CO)和碳氢化合物(HC)的含量；对柴油机来说主要是废气中的氮氧化合物(NO_x)和可吸入颗粒(PM)的含量。

（2）噪声。噪声是指对人的健康造成不良影响，对学习、工作和休息等正常活动产生干扰的声音。由于汽车是城市中的主要噪声源之一，而发动机又是汽车的主要噪声源，因此控制发动机的噪声就显得十分重要。如我国的噪声标准(GB/T 18697—2002)中规定，轿车的噪声不得大于 79dB(A)。

（3）启动性能。启动性能好的发动机在一定温度下能可靠而迅速地启动，启动消耗的功率小，启动期磨损少。发动机启动性能的好坏除与发动机结构有关外，还与发动机工作过程相关，它直接影响汽车的机动性、操作者的安全和劳动强度。不采用特殊的低温启动措施，汽油机在−10℃、柴油机在−5℃以下的气温条件下启动发动机时，15s 以内发动机要能自行运转。

【任务实施】

（1）每班分成若干小组，每组 4~6 人，每组选出一位组长。

（2）每组一辆解剖的发动机，能以电驱动的形式运转，以组为单位，以角色扮演的形式，完成任务描述中的任务。

① 介绍发动机的类型。

② 介绍发动机的构造。

③ 讲解发动机的相关名词术语。

④ 介绍发动机的工作过程。

⑤ 介绍发动机的性能指标。

【自我检测】

1.2

项目2

曲柄连杆机构的构造与检修

知识目标

(1) 掌握发动机气缸体、气缸盖、油底壳等机体组零部件的结构特点。

(2) 掌握气缸体、气缸盖等机体组零部件常见的损伤形式及原因。

(3) 掌握活塞、活塞环、连杆等活塞连杆组零部件的结构及装配关系。

(4) 掌握活塞、活塞环、连杆等活塞连杆组零部件常见的损伤形式及原因。

(5) 掌握曲轴结构特点、常见损伤及原因。

(6) 掌握多缸发动机气缸工作顺序关系及对应曲拐布置形式。

(7) 掌握曲柄连杆机构的拆装工艺、损伤检测及修复方法。

能力要求

(1) 能准确识别曲柄连杆机构的所有零部件。

(2) 能正确选用工具,按工艺要求拆装发动机曲柄连杆机构。

(3) 能正确使用量具、工具检测气缸、活塞环、曲轴等曲柄连杆机构零部件的损伤情况,判断检测结果,并进行必要的修复。

(4) 能向客户清晰地介绍由于气缸、活塞环、气缸盖等问题造成动力不足(漏气)等故障产生的原因。

曲柄连杆机构的功用是将燃料燃烧产生的热能转化为活塞直线往复运动的机械能,再通过连杆将活塞的往复运动转化为曲轴的旋转运动,并对外输出转矩。

曲柄连杆机构在高温、高压、高速和化学腐蚀的环境下工作。现代汽车发动机的最高转速可达 6000r/min,在发动机的做功行程中,气缸内的最高温度可达 2800K,最高压力可达 9MPa,与气缸内气体接触的零部件会受到化学腐蚀的作用。同时,曲柄连杆机构在工作时做变速运动,受力情况复杂,有气体作用力、往复惯性力与离心力、相对运动件接触表面的摩擦力等。

曲柄连杆机构由机体组、活塞连杆组和曲轴飞轮组 3 部分组成。

任务2.1 机体组的构造与检修

【任务引入】

一辆卡罗拉轿车车主反映最近汽车启动困难,一般要启动 2～3 次;爬坡无力,以前挂 3 挡顺利爬坡,现在挂 2 挡都爬坡困难。经维修组检查分析,判断可能是气缸盖、气缸垫或气缸体存在故障,需要拆检机体组,进行检修。

了解曲柄连杆机构.mp4

任务引入.wmv

【知识学习】

机体组是发动机的支架,是曲柄连杆机构、配气机构和发动机各系统主要零部件的装配基体。发动机正常工作时,机体组承受各种载荷,各相对运动件的润滑和受热机件的冷却也是通过机体组实现的。因此,机体组必须具有足够的强度和刚度。如图 2-1 所示,现代汽车发动机机体组主要由气缸盖罩、气缸盖、气缸垫、气缸体以及油底壳等零部件组成。

2.1.1 气缸体

1. 气缸体的结构

气缸体的结构.mp4

水冷发动机的气缸体和上曲轴箱通常铸成一体,称为气缸体—曲轴箱,简称气缸体。气缸体上半部有一个或若干个为活塞在其中运动导向的圆柱形空腔,称为气缸;下半部为支承曲轴的曲轴箱。气缸体主要由气缸、冷却水套、螺栓孔、曲轴支承座、润滑油道、机油回油孔等组成,如图 2-2 所示。

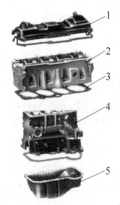

图 2-1　机体组

1—气缸盖罩;2—气缸盖;3—气缸垫;4—气缸体;5—油底壳

图 2-2　气缸体的结构

1—机油回油孔;2—气缸;3—冷却水套;4—润滑油主油道;5—曲轴支承座

2. 气缸体的材料

气缸体在工作过程中会受到气体热负荷、摩擦力、冲击力、螺栓预紧力等的作用,因此气缸体应具有足够的强度和刚度,良好的耐热性、耐磨性和耐蚀性。气缸体的材料一般采用灰铸铁、球墨铸铁和铝合金。目前家用轿车气缸体的材料多为铝合金。

3. 气缸体的分类

按气缸体与油底壳安装平面位置的不同,气缸体主要分为一般式、龙门式和隧道式3种形式,如图 2-3 所示。

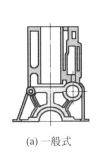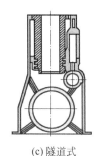

(a) 一般式　　　　　　(b) 龙门式　　　　　　(c) 隧道式

图 2-3　气缸体的结构形式

（1）一般式气缸体。一般式气缸体的油底壳安装平面和曲轴旋转中心在同一高度。这种气缸体的优点是气缸体高度小、重量轻、结构紧凑,便于加工和拆卸;缺点是刚度和强度差。一般式气缸体一般适用于中、小型发动机。

（2）龙门式气缸体。龙门式气缸体的油底壳安装平面低于曲轴的旋转中心。这种气缸体的优点是强度和刚度较好;缺点是工艺性差、结构笨重、加工困难。轿车较多使用龙门式气缸体发动机。

（3）隧道式气缸体。隧道式气缸体上曲轴的主轴承孔为整体式。这种气缸体的优点是结构紧凑、刚度和强度好;缺点是难加工、工艺性差、曲轴拆卸不方便。隧道式气缸体一般适用于大负荷柴油机。

4. 气缸

气缸是气缸体中的圆筒型空腔,用于引导活塞进行直线往复运动,同时气缸壁将多余热量传递给冷却液,保证发动机处于正常工作温度。多缸发动机中气缸的排列形式一般可分为 L 型(直列式)、V 型、W 型和 H 型(水平对置式),如图 2-4 所示,其中以 L 型、V 型多见。

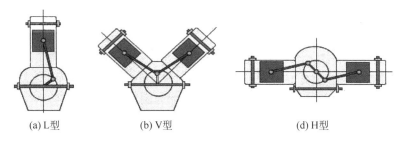

(a)L型　　　　　　(b)V型　　　　　　(d)H型

图 2-4　气缸的排列形式

（1）L型（直列式）。L型的所有气缸排成一列进行上下往复运动。它的特点是工艺简单，结构紧凑，制造成本低，便于维修，但是发动机排量增大和气缸数增加使发动机长度大大增加。L型气缸在6缸以下的发动机上应用广泛，主要有L3、L4、L5、L6等形式。

（2）V型。V型的所有气缸分成两排，相当于两列直列气缸以一定的角度连接起来，是比较理想的发动机气缸排列形式。两列气缸之间的角度大小对发动机的平顺性影响比较大，90°是最理想的角度，也会有60°、110°等多种形式。V型气缸可以降低发动机高度，缩短发动机长度，但宽度会增大。采用V型气缸的发动机运转平稳，震动及噪音都要小于L型发动机，但构造相对复杂，制造成本及维修费用也比较高。常见的V型发动机有V6、V8、V10、V12，多应用于中高档汽车。

（3）W型。如图2-5所示，将V型发动机的每侧气缸再进行小角度的错开，就成了W型发动机，严格地讲，W型发动机也属于V型发动机。W型与V型发动机相比，结构更紧凑，可以有效增加气缸数或增大发动机排量。但这种类型发动机结构复杂，制造和维修费用高。目前W型发动机主要有W8、W12、W16和W18四种。

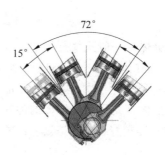

图 2-5　W型气缸

（4）H型（水平对置式）。H型的两列气缸以水平方式对向连接，所有活塞都做水平的往复运动。采用H型的发动机的运转平衡性比较好，而且重心相对比较低，有利于汽车的稳定性；但发动机太宽，造价高，只在个别车型中使用。

5. 气缸套

气缸套可分为干式气缸套和湿式气缸套两种，如图2-6所示。干式气缸套的特点是气缸套装入气缸体后，气缸套外表面不与冷却液直接接触，而是与气缸体的壁面直接接触。干式气缸套的壁厚一般为1～3mm，这种气缸具有整体式气缸的优点，强度和刚度较好，但干式气缸套加工比较复杂，内外表面均需要进行精加工，拆装不方便，散热困难。湿式气缸套的特点是气缸套装入气缸体后，气缸套外表面直接与冷却液接触。湿式气缸套的壁厚一般为5～9mm，这种气缸散热良好，冷却均匀、拆装方便，通常只需要精加工气缸套的内表面，而与冷却液接触的外表面不需要加工。缺点是强度和刚度都不如用干式气缸套的气缸好，而且容易产生漏水现象。

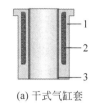 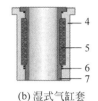

(a) 干式气缸套　　　　　(b) 湿式气缸套

图2-6　气缸套的类型

1,4—气缸壁；2,5—冷却液；3—干式缸套；6—密封圈；7—湿式缸套

6. 气缸的损伤及原因

气缸的损伤包括机械磨损、磨料损伤、化学腐蚀、外力损伤等形式,这些损伤将破坏气缸的正确几何形状,造成漏气,从而影响发动机的工作性能。

气缸的损伤
及原因.mp4

(1) 机械磨损。活塞在气缸中往复运动时,为防止燃烧室中的混合气进入油底壳,会在活塞上装活塞环。当活塞环随活塞在缸内做相对运动时,虽然有飞溅的机油起到润滑作用,但活塞环与气缸壁产生磨损是不可避免的。同时,活塞起导向作用的裙部也会与气缸壁间产生磨损。

气缸机械磨损为轴向磨损,呈上大下小的锥形特点,如图2-7所示。最大磨损部位是活塞处于上止点时第一道活塞环对应的气缸壁位置,磨损较严重时,会形成明显的"缸肩";气缸径向磨损在气缸上部呈不规则椭圆形,其最大磨损部位一般是前后或左右方向。

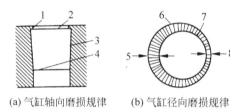

(a) 气缸轴向磨损规律　　　(b) 气缸径向磨损规律

图2-7　气缸的磨损规律

1—缸肩；2—第一道活塞环上止点；3—气缸壁；4—最后一道活塞环下止点；5—磨损最大；
6—磨损后的气缸横截面；7—磨损前的气缸横截面；8—磨损最小

(2) 磨料磨损。磨料磨损主要是因为飞溅或喷射到气缸壁上的机油含有杂质造成的。造成机油含有杂质的因素包括机油本身的质量问题；机油在润滑工作中将冲刷下来的金属碎屑带入循环中；在吸进的混合气中含有粉尘,并随可燃混合气冲击在气缸壁表面的机油油膜上,形成粒状物并参与润滑；机油过滤不良,对较少颗粒物质起不到过滤或未过滤干净等作用。

(3) 化学腐蚀。汽油发动机的燃料汽油中含有一定的硫离子(约为 $0.15\%/g$),在燃烧之后结合空气中的氧离子、水分子形成硫酸蒸汽。形成之后,一旦气缸壁温度稍低,蒸汽则会凝结成珠点并附着于气缸壁上,进而对气缸产生腐蚀。长期如此工作,则会造成气缸壁出现坑块损伤。

(4) 外力损伤。外力损伤最典型的现象是发动机拉缸。拉缸是指发动机活塞或活塞环将气缸壁表面拉成伤痕,导致活塞、活塞环与气缸壁摩擦副丧失密封性。

2.1.2 气缸盖

气缸盖安装在气缸体的上部,与气缸、活塞等共同组成燃烧室,支承、安装发动机部分零部件。气缸盖经常与高温、高压燃气相接触,它需要承受很大的气体压力、紧固气缸盖螺栓的机械负荷以及很高的热负荷。因此,气缸盖应具有足够的强度和刚度,以及良好的散热性。气缸体的材料一般采用灰铸铁、合金铸铁、铝合金。目前家用轿车的气缸盖多使用铝合金材料。

1. 气缸盖的结构

气缸盖的
结构.mp4

图 2-8 为水冷式发动机气缸盖的典型结构。气缸盖内有铸造水套,用于冷却燃烧室及其周围的零部件,气缸盖下平面的冷却水孔与气缸体上平面的冷却水孔相通,保证冷却水的循环流动。气缸盖上的油道与气缸体上的油道相通,保证润滑油的循环流动。气缸盖的上端面有气门安装孔、液力挺柱安装孔、火花塞安装孔、气门导管孔、凸轮轴轴承座。气缸盖的两侧有进气道、排气道。气缸盖的下端面有水孔、油孔、气门座孔、螺栓孔。

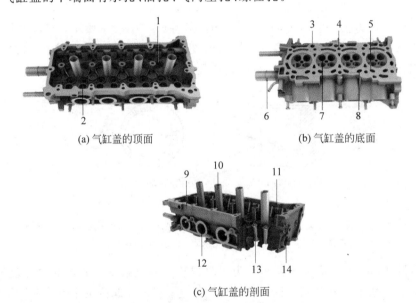

(a) 气缸盖的顶面   (b) 气缸盖的底面

(c) 气缸盖的剖面

图 2-8 水冷式发动机气缸盖的典型结构

1—气门安装孔;2—液压挺柱安装孔;3—回油孔;4—气缸盖螺栓孔;5—排气门座孔;6—冷却液管;7—进气门座孔;8—水道孔;9—气缸盖;10—火花塞安装导管;11,12—润滑油道;13—排气道;14—气门导管

2. 气缸盖的分类

气缸盖有整体式、分体式、单体式 3 种结构形式,如图 2-9 所示。整体式气缸盖的特点是全部气缸共用一个气缸盖;分体式气缸盖的特点是每两缸或三缸共用一个气缸盖;单体式气缸盖的特点是每缸一个气缸盖。

(a) 单体式气缸盖　　(b) 整体式气缸盖　　(c) 分体式气缸盖

图 2-9　气缸盖的结构形式

3. 燃烧室的形状

活塞位于上止点时,活塞顶面以上、气缸盖底面以下所形成的空间称为燃烧室。气缸盖是燃烧室的组成部分,燃烧室的形状对发动机的工作影响较大。由于汽油机与柴油机燃烧的方式不同,因此燃烧室差距较大,汽油机燃烧室主要集中在气缸盖上,柴油机燃烧室主要集中在活塞顶部的凹坑。如图 2-10 所示为汽油机燃烧室形状,其主要有半球形、楔形、浴盆形、多球形、蓬形等。

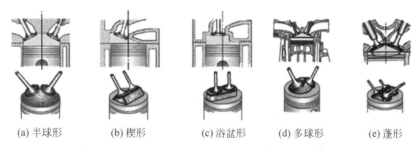

(a) 半球形　　　(b) 楔形　　　(c) 浴盆形　　　(d) 多球形　　　(e) 蓬形

图 2-10　汽油机燃烧室的形状

4. 气缸盖的损伤

气缸盖的损伤包括破损、裂纹、翘曲变形等,这些损伤可能会导致气缸密封不严,发动机动力下降,或者机油、冷却液渗漏。

气缸盖的损伤
及原因.mp4

(1) 破损、裂纹产生的原因主要包括以下几点。

① 气缸盖工作环境温度不均匀,导致热应力产生,在薄弱环节因刚度不足而产生破裂。

② 长期工作疲劳产生裂纹。

③ 发动机过热时,突然加入冷却液导致爆裂。

④ 在运行或操作中出现严重冲击或撞击。

⑤ 在装配中过度拧紧紧固螺栓或操作不规范等。

(2) 翘曲变形产生的原因。在上述破损、裂纹产生的原因中,在情况较轻时,都有可能导致气缸盖翘曲变形。其中,受热不均与维修操作不当是导致翘曲变形最常见的原因。

2.1.3　气缸垫

气缸垫位于气缸体与气缸盖之间，用于密封气缸体和气缸盖的结合面，防止气体、冷却液和润滑油的泄漏。

发动机正常工作时，气缸垫应具有以下特点。有一定的弹性、延展性，能够补偿结合面的不平度，保证密封；有足够的强度，在高温、高压燃气作用下，不易损坏；耐高温、耐腐蚀、导热性好，在高温、高压燃气下，不烧损、不变形。

气缸垫可分为金属—石棉垫、金属—复合材料垫、纯金属垫等多种类型，目前应用较多的是金属—石棉垫，金属—石棉垫翻边处有三层金属，压紧时石棉不易变形。有的发动机还采用在石棉中心用编织的钢丝网或有孔钢板为骨架，两面用石棉及橡胶黏结剂压成的气缸垫。

气缸垫为一次性的垫子，不能重复使用。安装时，有标记或配件号的一面朝向气缸盖，并保证气缸垫与气缸盖上的所有水道孔、油孔、螺栓孔对准。气缸垫如图 2-11 所示。

气缸垫会出现破损、裂纹、烧蚀等损伤，其中烧蚀最为常见，如图 2-12 所示。损伤部位一般在水道孔、油道孔、气缸孔之间，损伤后会导致油、水、气相互渗透，导致发动机不能正常工作。损伤一般是由于工作疲劳、高温、高压、化学物质腐蚀、安装不当、本身质量问题造成的。

气缸盖、气缸垫的更换.mp4

气缸垫的认识.mp4

气缸垫功用.mp4

图 2-11　气缸垫

图 2-12　气缸垫的烧蚀

2.1.4　油底壳

油底壳安装在气缸体下端并用密封垫或密封胶密封，用于盛装发动机机油，封闭曲轴箱，还起到沉淀机油杂质、冷却机油的作用，如图 2-13 所示。

油底壳由于受力较小，一般用薄钢板冲压而成，或者用铝合金铸造而成。

油底壳的认识.mp4

图 2-13　油底壳

油底壳底部安装有放油螺塞，有的放油螺塞带有磁性，可以吸附机油中的金属屑。

油底壳使用中会出现破裂、变形、漏油以及放油螺塞滑扣等损伤。破裂、变形可能是在行驶或维修中外力所致。漏油的原因可能是密封圈因老化破裂，也可能是放油螺栓滑扣密封不严造成的。放油螺栓滑扣可能是维护保养中人为因素造成的，或是长期使用机件疲劳磨损所致。

【任务实施】

　　"任务引入"中给出的故障现象主要是由于气缸漏气造成的,形成气缸漏气的原因可能是气缸盖翘曲、气缸体上端面平面度变差、气缸垫损坏、气缸严重磨损造成的。为了完成修复,要完成机体组拆装、气缸体与气缸盖结合面的检测与修复、气缸磨损的检测与修复几项工作。

油底壳的
更换.mp4

1. 机体组拆装

使用设备	发动机裸机(大众 BYJ)	使用资料	维修手册
序号　操作内容	拆装工具	操作过程	

序号	操作内容	拆装工具	操作过程
1	拆卸气缸盖罩 更换气缸盖罩.mp4	棘轮扳手、接杆、T30	(1) 按照由两边向中间的顺序均匀拧松气缸盖罩螺栓。 (2) 依次用工具旋出气缸盖罩螺栓。 (3) 取下气缸盖罩和凸轮轴。 注意: ① 取下气缸盖罩时,避免污物和密封剂残余物进入气缸盖中。 ② 拆卸气缸盖罩后将其安装平面朝上放置。 ③ 根据维修手册要求,每次拆卸气缸盖罩螺栓后需更换新的螺栓
2	拆卸气缸盖螺栓	棘轮扳手、M10(专用工具)、吸棒	(1) 按照由两边向中间的顺序拧松气缸盖螺栓。 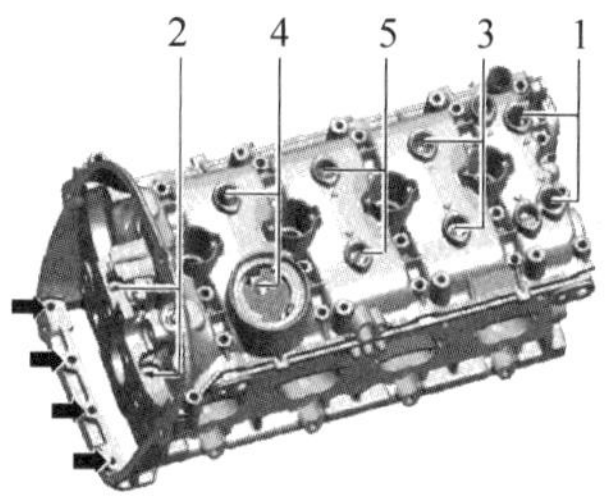 2　4　5　3　1 (2) 依图中标序使用工具旋出气缸盖螺栓; (3) 取出气缸盖螺栓。 注意:根据维修手册要求,每次拆卸气缸盖螺栓后需更换新的螺栓
3	拆卸气缸盖及气缸垫 更换气缸盖、气缸垫.mp4	缠胶带的螺丝刀、橡胶锤	(1) 撬动气缸盖并向上敲击气缸盖使其松动。 (2) 取下气缸盖和气缸垫。 注意: ① 取下的气缸盖放置在一个软垫层上(泡沫塑料)。 ② 根据维修手册要求,每次拆卸气缸垫后需更换新的气缸垫

序号	操作内容	拆装工具	操作过程
4	拆卸油底壳 更换油底壳.mp4	棘轮扳手、接杆、T30、橡胶锤	(1) 交叉拧松油底壳螺栓。 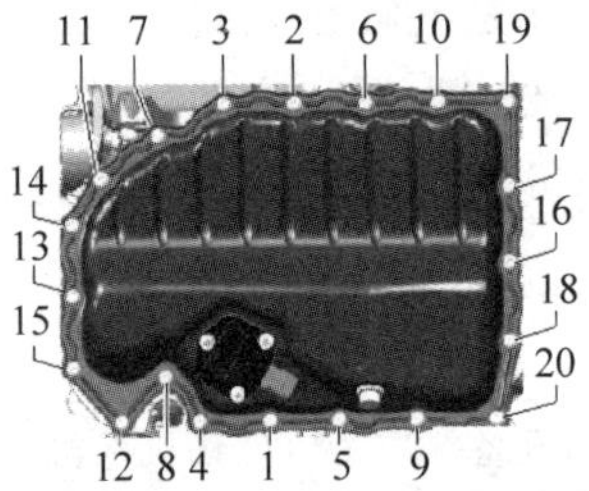 11 7 3 2 6 10 19 14 17 13 16 15 18 20 12 8 4 1 9 (2) 依图中标序使用工具旋出油底壳螺栓。 (3) 取出油底壳螺栓。 (4) 取下油底壳,必要时用橡胶锤轻轻敲打松开。 注意: 放置时,油底壳的安装平面朝上
5	清洁零部件	平刮刀、抹布、吹枪	(1) 用平刮刀小心地清除气缸盖罩下平面、气缸盖上平面、油底壳支架下平面和油底壳上平面的密封胶残余物。 (2) 清洁气缸盖罩、气缸盖、油底壳支架、油底壳及螺栓孔、油道孔、水孔。 注意:清理、清洁时,需由里向外,防止异物进入零部件内
6	安装油底壳支架及油底壳	棘轮扳手、指针式扭力扳手、接杆、T30、硅胶密封剂	(1) 安装油底壳支架。 (2) 将硅胶密封剂涂敷到油底壳的密封面上。 注意: ① 涂敷密封剂时,密封面必须无油脂。 ② 密封剂需涂敷均匀,防止在安装油底壳时破坏密封胶,从而造成漏油。 ③ 螺纹孔沿内边缘涂胶,不可覆盖螺纹孔。 ④ 油底壳必须在涂敷硅胶密封剂后 5min 内安装 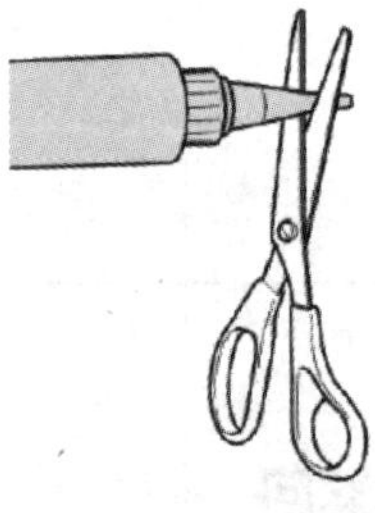 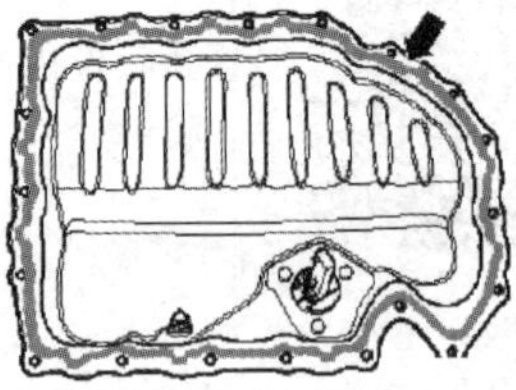

续表

序号	操作内容	拆装工具	操作过程
6	安装油底壳支架及油底壳	棘轮扳手、指针式扭力扳手、接杆、T30、硅胶密封剂	（3）安装油底壳，将螺栓按如下图所示顺序均匀拧紧至规定转矩。 规范：油底壳螺栓扭矩如下。 铝制为 13N·m＋90°。 铁制为 13N·m＋90°＋30°。 放油螺塞为 30N·m。 注意：装配机油壳后，密封剂干燥 30min 后，才能加注机油 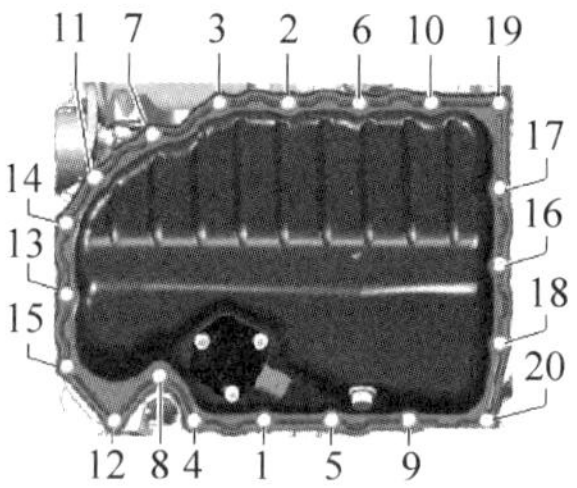
7	安装气缸垫、气缸盖		（1）更换新气缸垫并安装。 注意：更换新气缸垫需检查型号是否一致，安装时，有配件号的一面必须可见，并保证气缸垫与气缸盖上的所有水道孔、油孔、螺栓孔对准。 （2）安装气缸盖
8	安装气缸盖螺栓	棘轮扳手、M10（专用工具）、指针式扭力扳手	（1）更换新气缸盖螺栓并用手旋入 2～3 圈。 （2）用棘轮扳手拧紧气缸盖螺栓。 （3）按照由中间向两边的顺序，如下图所示，用指针式扭力扳手拧至规定扭矩。 规范：气缸盖螺栓力矩为 40N·m＋90°＋90°。 注意：气缸盖螺栓安装时一定要按照规定顺序及要求拧紧，防止安装不到位造成气缸盖变形 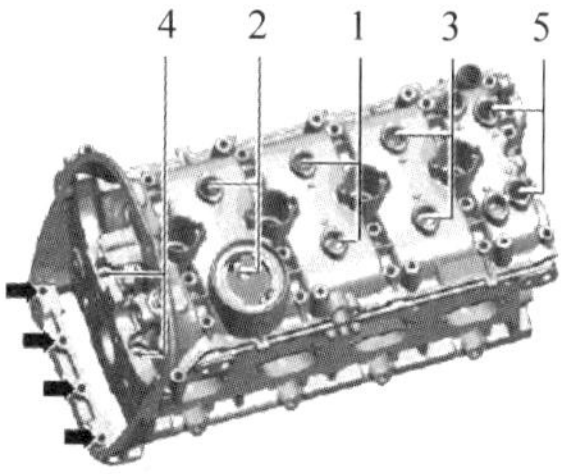

序号	操作内容	拆装工具	操作过程
9	安装气缸盖罩	硅胶密封剂、棘轮扳手、扭力扳手、接杆、T30	（1）将硅胶密封剂涂敷到气缸盖罩的密封面上。 注意： ① 涂敷硅胶密封剂时，密封面必须无油脂。 ② 气缸盖罩必须在涂敷硅胶密封剂后 5min 内安装。 （2）更换新气缸盖罩螺栓并用手旋入 2~3 圈。 （3）用棘轮扳手拧紧气缸盖罩螺栓。 （4）按照由中间向两边的顺序，用扭力扳手拧至规定扭矩。 规范：气缸盖罩螺栓力矩为 $8N \cdot m + 90°$。 注意：气缸盖罩螺栓安装时一定要按照规定顺序及要求拧紧，防止安装不到位造成气缸盖罩变形

2. 气缸体与气缸盖结合面漏气的检测与修复

（1）气缸盖螺栓的检查。采用扭力扳手检查紧固的力矩，必要时重新紧固。

（2）气缸垫的检查。检查气缸垫安装方向是否正确，是否有破损（注：不管是否损坏，都要更换新的气缸垫）。

（3）气缸盖下平面翘曲变形检查与修复。

气缸体与气缸盖结合
面漏气的检测.mp4

气缸盖下平面翘
曲变形检查.mp4

序号	操作内容	工具	操作过程	维修规范与操作要求
1	清洁气缸盖	木质刮刀、抹布	清洁气缸盖下平面的积炭、水垢、胶质等污物	操作要求： (1) 利用木质刮刀、抹布对气缸盖进行清理、清洁时，需由里向外操作，防止异物进入气缸盖的孔中。 (2) 使用吹气枪时，先吹气缸盖燃烧室，再吹螺栓孔、油孔，最后吹整个平面，由中间向两边吹
		柴油、油池、毛刷	将气缸盖放入油池中清洗下平面	
		吹气枪	用压缩空气对气缸盖下平面进行清洁	
2	气缸盖下平面翘曲变形检查	抹布、刀口尺、塞尺	用刀口尺和塞尺将等于或大于被测平面全长的刀口尺放到检测平面上，沿检测平面的纵向、横向和对角线方向多处用塞尺进行测量，取最大值作为该平面的平面度误差	维修规范： (1) 用抹布清洁刀口尺、塞尺。 (2) 测量方法见下图。  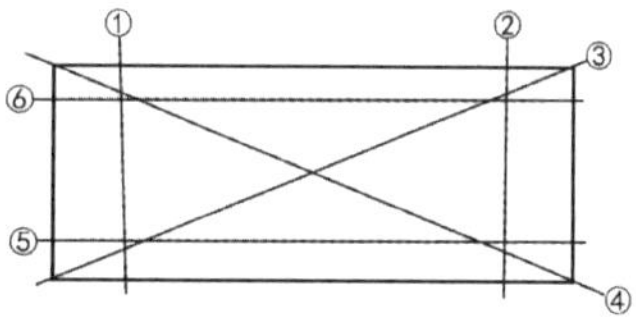 (3) 允许最大变形为 0.05mm

3	记录结果（单位：mm）	发动机型号			标准值		
		位置1	位置2	位置3	位置4	位置5	位置6
	结果分析						

4	维修方法选择	(1) 气缸盖下平面的平面度误差大于 1mm 时，采用专用平板进行冷压矫正；平面度误差大于 0.10mm 且小于 0.50mm 时，采用铣削或磨削来修理。 (2) 变形量不大时，用铲刀修刮突出的部分。 (3) 在变形量较小的情况下，用研磨的方法修复。即在平面上涂一些研磨膏，把气缸盖放在气缸体上扣合研磨修复

（4）气缸体上平面变形检查。与气缸盖下平面翘曲变形检查方法相同，气缸盖下平面比气缸体上平面更容易变形，在实际工作过程中，一般不进行气缸体上平面变形检查。

3. 气缸磨损的检测与修复

气缸磨损的检测.mp4

气缸磨损的检测过程.mp4

使用设备		发动机裸机(气缸体)		使用资料	维修手册
序号	操作步骤	工具	操作过程	维修规范与操作要求	
1	清洁、检查气缸	抹布	擦拭气缸	操作要求: (1) 用抹布将气缸擦拭干净。 (2) 如发现气缸有划痕、裂纹等明显损伤,需进行维修或更换	
			观察气缸有无损坏		
2	清洁、检查测量工具	抹布	擦拭测量工具	操作要求: (1) 用抹布将测量工具擦拭干净。 (2) 校准外径千分尺。 (3) 检查量缸表:①检查百分表表头活动是否灵活,转动表盘无卡滞;②检查表杆是否弯曲;③检查量缸表导向端的活动情况;④检查调整垫片是否有锈蚀或脏物	
			检查测量工具		
3	估测气缸直径	游标卡尺	测量气缸的内表面直径。如果知道所测气缸直径的大小,这一步可以省略	操作要求: (1) 游标卡尺的一端固定,轻轻转动游标卡尺的另一端,测量到气缸的最大直径位置。 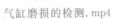 (2) 拧紧固定螺钉,然后再从气缸中拿出游标卡尺	
4	安装量缸表	量缸表	安装百分表	操作要求: (1) 安装量缸表时,百分表应有0.5~1mm的预压缩。 (2) 百分表盘面在活动测量杆一侧	
			安装接杆	操作要求: (1) 根据第3步测量的气缸直径,选择合适的接杆。 (2) 安装量缸表时,使伸缩杆有1.5mm左右的压缩行程,锁紧接杆上的锁紧螺母	

序号	操作步骤	工具	操作过程	维修规范与操作要求
5	校准量缸表	量缸表、外径千分尺	将外径千分尺调到被测气缸的标准尺寸,把量缸表放入外径千分尺进行校准	操作要求: (1) 百分表的大指针调零。 (2) 记住百分表小指针的位置
6	测量气缸直径	量缸表	将校准后的量缸表放入气缸,在沿气缸上、中、下三个位置进行测量,每个位置测两个数据:测量接杆平行于曲轴轴线方向和垂直于曲轴轴线方向	操作要求: (1) 测量气缸直径时,先将导向端放入气缸并贴着缸壁,直到表头达到待测位置,切勿磨损表头。 (2) 使用量缸表时,手握隔热套。 (3) 测量气缸直径时,要前后摆动量缸表,指针出现最大偏转时的计数即为该位置气缸的直径。 维修规范: 测量位置为距离气缸上平面 10mm 处、气缸中部和距离气缸下口 10mm 处的三个截面,按 A、B 两个方向分别测量气缸的直径

续表

序号	操作步骤	工具	操作过程	维修规范与操作要求		
7	记录数据(单位：mm)					
	发动机型号			标准缸径		
	标准圆度			标准圆柱度		
	气缸号	测量位置	直径 A	直径 B	圆度	圆柱度
		上部				
		中部				
		下部				
	结果分析					
	维修尺寸级别					
8	维修方法	（1）发动机中磨损量最大的气缸，其磨损程度超过标准值时，应进行修理。 （2）气缸的修理通常采用修理尺寸法和镶套修复法。 ① 修理尺寸法。修理尺寸法是指在零件结构、强度和强化层允许的条件下，将配合副中主要件的磨损部位经过机械加工至规定尺寸，恢复其正确的几何形状和精度，然后更换相应的配合件，得到尺寸改变而配合性质不变的修理方法。 修复后的尺寸称为修理尺寸，对于孔件是扩大的，对于轴件是缩小了的。 a. 确定气缸的修理尺寸。 　　　气缸的修理尺寸＝气缸最大磨损直径＋镗磨余量 其中，镗磨余量一般取 0.10～0.20mm。 计算出的修理尺寸应与修理级别相对照。修理级别一般分为 4～6 级，每加大0.25mm 为一级，即＋0.25mm、＋0.50mm、＋0.75mm、＋1.00mm、＋1.25mm、＋1.50mm。最大不超过 1.50mm。常用的气缸修理加大尺寸为＋0.50mm、＋1.00mm、＋1.50mm。 b. 确定镗削量。 　　　镗削量＝活塞裙部最大直径－气缸最小直径＋配合间隙－磨缸余量 其中，磨缸余量一般取 0.01～0.05mm。 c. 镗缸，在镗缸机上进行操作。 d. 气缸的珩磨。气缸珩磨后的技术要求是：缸壁表面粗糙度应不大于 $Ra0.63$；气缸的圆度、圆柱度及配缸间隙符合规定。 ② 镶套修复法。镶套修复法是对于经多次修理，直径超过最大修理尺寸，或气缸壁上有特殊损伤时，可对气缸承孔进行加工，用过盈配合的方法镶上新的气缸套，使气缸恢复到原来尺寸的修理方法。 气缸用修理尺寸法修理超过最后一级时，可用镶套法恢复至原始尺寸				

【自我检测】

2.1

任务2.2　活塞连杆组的构造与检修

任务引入.wmv

【任务引入】

　　一辆本田雅阁汽车在一次长途出车后,发动机出现动力不足、加速不良、排气管严重冒蓝烟的情况。经维修组检查分析,判断是活塞或活塞环磨损严重,导致气缸漏气,机油进入燃烧室。此时需要拆检活塞连杆组,对其进行修复。

【知识学习】

　　活塞连杆组的零部件是运动件,是将气缸内燃料燃烧的热能转化为曲轴的机械能,将活塞的往复运动转变为曲轴的旋转运动,将作用于活塞上的力转变为曲轴对外输出的转矩,以驱动汽车的行驶。活塞连杆组由活塞、活塞环、活塞销、连杆、连杆衬套、连杆轴承、连杆螺栓等零部件组成,如图 2-14 所示。

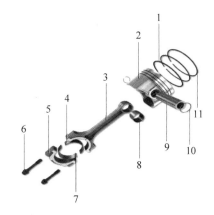

图 2-14　活塞连杆组

1—油环;2—活塞;3—连杆;4—连杆上轴承;5—连杆轴承盖;6—连杆螺栓;
7—连杆下轴承;8—活塞销衬套;9—活塞销;10—卡簧;11—气环

2.2.1　活塞

1. 活塞的功用

　　活塞在气缸内作往复直线运动,承受气缸中的气体压力,在做功行程中通过活塞销传给连杆驱使曲轴旋转。活塞顶部与气缸、气缸盖等零部件共同组成燃烧室。现代汽车发动机不论是汽油机还是柴油机均广泛采用铝合金活塞,只在极少数汽车发动机上采用灰铸铁或耐热钢活塞。

2. 活塞的结构及特点

　　活塞由活塞顶部、活塞头部和活塞裙部 3 部分组成,图 2-15 所示为活塞半剖结构示意图。

活塞的结构.mp4

（1）活塞顶部。第一道活塞环槽上边缘以上部分称为活塞顶部。活塞顶部承受气体压力,参与构成燃烧室。其形状、位置、大小都和燃烧室的具体形式有关,可满足可燃混合气形成和燃烧的要求。按顶部的形状分,活塞可分为平顶活塞、凹顶活塞和凸顶活塞,如图 2-16 所示。平顶活塞吸热面积小,制造工艺简单,一般用于汽油机活塞;凹顶活塞通过改变凹坑大小可以调节发动机压缩比,但是其顶部温度高,易积炭,加工困难,一般用于柴油机活塞;凸顶活塞一般用于二冲程汽油机,以利于完成换气过程。现代缸内直喷汽油机的活塞顶部采用的均是凹顶活塞,活塞顶部的凹坑主要对气缸内气流起导向作用。

图 2-15 活塞半剖结构

1—恒范钢片;2—活塞头部;3—活塞环槽;4—活塞销座孔;5—卡环槽;6—活塞顶部;7—回油孔;8—活塞裙部

(a) 平顶活塞　　(b) 凹顶活塞　　(c) 凸顶活塞

图 2-16 活塞顶部的形状

（2）活塞头部。第一道环槽上边缘与最后一道环槽下边缘之间的部分称为活塞头部。头部有数道环槽,用来安装活塞环。汽油机一般有三道环槽,上面二道安装气环,下面一道安装油环;柴油机的压缩比高,一般有四道环槽,上面三道安装气环,下面一道安装油环。在油环环槽的底面上有许多径向的小孔,被油环从气缸壁上刮下的机油经过这些小孔流回油底壳。

活塞顶部吸收的热量主要通过活塞环传给气缸壁,通过冷却液的循环流动带走。此外,活塞头部还与活塞环一起密封气缸,防止可燃混合气漏入曲轴箱。

（3）活塞裙部。最后一道环槽下边缘以下部分称为活塞裙部。活塞裙部对活塞在气缸内的往复运动起导向作用,并承受侧压力。侧压力是指在压缩行程和做功行程中,作用在活塞顶部气体压力的水平分力使活塞压向气缸壁。压缩行程和做功行程的气体侧压力方向相反,由于气缸内混合气燃烧产生的气体压力高于压缩行程中气缸内的气体压力,所以,做功行程中的侧压力大于压缩行程中的侧压力。

活塞裙部的形状应该保证活塞在气缸内得到良好的导向,气缸与活塞之间在任何工况下都应保持均匀的、适宜的间隙,气缸与活塞之间的这个间隙称为配缸间隙。配缸间隙过大,活塞敲缸;配缸间隙过小,活塞可能被气缸卡住。活塞裙部的形状取决于活塞所受侧压力的大小和活塞直径。活塞裙部有全裙式、半拖板式和拖板式 3 种类型,如图 2-17 所示。

发动机工作过程中,由于受到机械负荷、热负荷的影响,活塞裙部会发生变形,如图 2-18 所示。燃烧气体压力均匀作用在活塞顶上,而活塞销给予的支反力则作用在活塞裙部的销座处,由此而产生的变形是裙部直径沿活塞销座轴线方向增大。活塞在侧压力的作用下,有使圆形裙部压扁的趋势,同时迫使活塞裙部直径沿销座轴在同一方向上增大。此外,活塞销座附近的金属堆积,受热后膨胀量大,致使裙部在受热变形时,在沿活塞销座轴线方向的直径增量大于其他方向,所以,活塞工作时产生的机械变形和热变形,使得其裙部断面变成长轴在活塞销方向上的椭圆。活塞沿高度方向的温度分布也很不均匀,越接近顶部温度越高,相应各断面的膨胀量也呈现上大下小。

(a) 全裙式活塞裙部　　　(b) 半拖板式活塞裙部　　　(c) 拖板式活塞裙部

图 2-17　活塞裙部形状

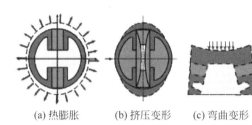

(a) 热膨胀　　(b) 挤压变形　　(c) 弯曲变形　　(d) 裙部变形

图 2-18　活塞裙部变形

在活塞制造的过程中,为了保证活塞在工作时与气缸壁间保持比较均匀的配缸间隙,防止在气缸内卡死或引起局部磨损,采取了以下加工工艺。

(1)冷态时,活塞裙部断面制造成长轴在活塞销垂直方向上的椭圆,如图 2-19 所示。

(2)冷态时,活塞制造成活塞轴线方向为上小下大的近似椭圆锥形,如图 2-20 所示。

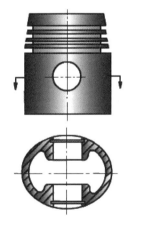

(a)阶梯形活塞　　　　　(b)锥形活塞

图 2-19　活塞裙部断面形状　　　　图 2-20　活塞

(3)活塞销座附近的裙部外表面制成凹陷 0.5～1mm。

(4)制造成拖板式活塞,在保证裙部有足够承压面积的条件下,将不承受侧向力一侧的裙部部分去掉。

（5）采用双金属活塞（见图2-21）。有些铝合金活塞在活塞销座孔中镶铸线膨胀系数小的恒范钢片或者是筒形钢片，牵制活塞裙部的膨胀量。

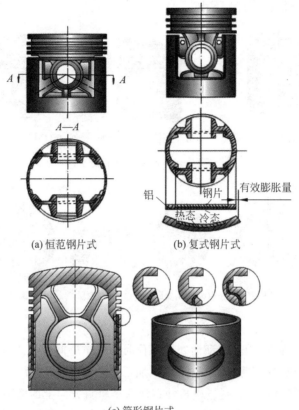

(a) 恒范钢片式　　　　(b) 复式钢片式

(c) 筒形钢片式

图 2-21　双金属活塞

3. 活塞销座孔

活塞裙部有活塞销座孔，用于安装活塞销，活塞销座孔分为非偏置销座孔、偏置销座孔，如图2-22所示。偏置销座孔的活塞销座孔的轴线与活塞中心线不相交，朝向承受做功侧压力的一面偏移1～2mm，能够有效减轻活塞换向时对气缸壁的敲击。因销座偏置，在接近上止点时，作用在活塞销座轴线以右的气体压力大于左边，使活塞倾斜，裙部下端提前换向。而活塞在越过上止点，侧压力反向时，活塞才以左下端接触处为支点，顶部向左转，而不是平移，完成换向。

活塞销座孔
的偏置.mp4

4. 活塞的冷却

活塞上的热量通过活塞环传递给气缸壁，由于曲轴转动飞溅到活塞上的机油也会对活塞起到冷却作用。随着发动机技术的不断进步，为了适应发动机机械负荷、热负荷不断增大的需要，出现了很多利用机油对活塞进行主动冷却的方法，如图2-23所示。

（1）自由喷射冷却法。从连杆小头上的喷油孔或从安装在机体上的喷油嘴向活塞顶内壁喷射机油。

(a) 非偏置销座孔   (b) 偏置销座孔

图 2-22 活塞销座孔的分类

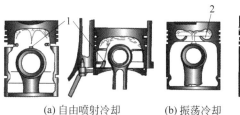

(a) 自由喷射冷却   (b) 振荡冷却   (c) 强制冷却

图 2-23 油冷活塞

1—喷油孔；2—环形油槽；3—冷却油道

（2）振荡冷却法。从连杆小头上的喷油孔将机油喷入活塞内壁的环形油槽中，由于活塞的运动使机油在槽中产生振荡而冷却活塞。

（3）强制冷却法。在活塞头部铸出冷却油道或铸入冷却油管，使机油在其中强制流动以冷却活塞。强制冷却法在增压发动机中广泛使用。

5. 活塞的损伤及原因

活塞工作时，在气缸内做高速往复运动，并始终承受高温、高压的作用，加之散热困难、润滑不良等原因，导致活塞在使用过程中，出现不同程度的损伤。活塞的常见损伤及原因如下。

活塞的损伤
及原因.mp4

（1）活塞环槽磨损。活塞环槽的磨损通常发生在高度方向上，第一道活塞环槽磨损最严重。活塞环槽磨损后使活塞环侧隙增大，如不及时修理或更换活塞，会导致发动机工作时烧机油和气缸压力下降等后果。

（2）活塞裙部磨损。活塞与气缸壁的接触仅在裙部，且与活塞销轴线垂直的部位，此部位决定了活塞与气缸的配合间隙。活塞裙部在高压气体的作用下，受侧向力作用的一面紧贴在气缸壁上，产生摩擦而磨损。正常工作时，这部分磨损一般为每 10000km 磨损 0.01～0.02mm。

（3）活塞裙部椭圆短轴部位熔着磨损。当活塞裙部圆度或圆柱度小于技术要求时，裙部原来的椭圆短轴在受热膨胀后伸长，使活塞与气缸壁的配合间隙变小，产生胀缸，拉伤气缸和活塞，并使局部产生高温，形成熔着磨损。当润滑不良或润滑油和可燃混合气内含有磨料时，将导致活塞与气缸产生拉毛现象，严重时，会因局部产生高温而导致熔着磨损。

（4）活塞销座孔磨损。活塞销座孔磨损后表现为活塞销与座孔配合间隙增大，运转时发出异常响声，低速和改变转速时更为明显。活塞销座孔磨损产生的原因有：受活塞销往复冲击而自然磨损，形成椭圆形磨损；装配时未加热活塞，强行敲入，使销孔擦伤；孔与销之间间隙较大，冲击磨损严重。

（5）活塞的刮伤。活塞刮伤一般都有明显的痕迹，轻度刮伤的活塞，如果不影响与气缸的配合间隙，允许用细砂布研磨后继续使用，刮伤严重的活塞必须更换，并根据下述情况查明故障原因。

① 活塞裙部两侧同时出现刮伤，通常是新换活塞与气缸配合间隙过小所致。

② 活塞裙部垂直活塞销方向的一侧刮伤，通常是怠速转速过低使缸壁润滑不良或发动机长期大负荷工作，导致活塞受侧压力较大的一侧刮伤。

③ 活塞裙部两侧销座处刮伤，通常是活塞销与座孔配合过紧，受热后沿活塞销方向膨胀量过大造成的。

④ 活塞第一道环槽的上部磨损或刮伤，通常由活塞与气缸配合间隙过大造成的。

⑤ 活塞刮伤部位出现在一侧活塞销座的上方，通常是连杆变形造成的。

⑥ 活塞裙部椭圆短轴部位熔着磨损。

（6）活塞烧顶。活塞顶部直接承受高温、高压气体的作用，由于点火正时不对、燃料成分不符合要求等原因产生的爆震，或者由于发动机长时间超负荷运转等，均会造成活塞烧顶。当活塞顶部烧蚀时轻者有疏松状麻坑，重者有局部烧熔现象。活塞顶面烧蚀将导致高温燃气窜入曲轴箱，加速润滑油的氧化变质、气缸密封性变差、压缩比下降、燃油燃烧过程变坏、发动机的动力性和经济性下降；严重时活塞开裂破碎，损坏缸套、连杆、曲轴、机体等零部件。

2.2.2　活塞环

活塞环分为气环和油环，如图 2-24 所示。

活塞环随活塞一起做高速运动时受到气缸中高温、高压气体的作用，加上高温机油可能变质，使润滑条件变差，活塞环面临磨损、折断等问题。为此，要求其材料应具有良好的耐磨性、导热性、耐热性、冲击韧性、弹性和足够的机械强度。

目前广泛应用的活塞环材料有优质灰铸铁、球墨铸铁、合金铸铁和钢带等。此外，用粉末冶金的金属陶瓷和聚四氟乙烯制造的活塞环也在国外试用。

发动机工作时，活塞环会受热膨胀，并且活塞环随着活塞在气缸内做往复运动时，有径向胀缩变形现象。为防止活塞环卡死在气缸内或胀死在环槽中，安装时，活塞应留有端隙、侧隙和背隙,如图 2-25 所示。端隙又称开口间隙,是活塞环装入气缸后开口处的间隙,一般为 0.25～0.50mm。侧隙又称边隙,是环高方向上与环槽之间的间隙。第一道环一般为 0.04～0.10mm,其他气环一般为 0.03～0.07mm。油环一般为 0.025～0.07mm。背隙是活塞环装入气缸后,活塞环背面与环槽底部的间隙,一般为 0.5～1mm。

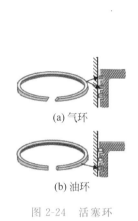

(a) 气环

(b) 油环

图 2-24　活塞环

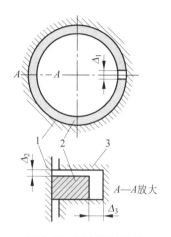

图 2-25　活塞环的间隙

1—气缸;2—活塞环;3—活塞;Δ_1—端隙;Δ_2—侧隙;Δ_3—背隙

1. 气环

1) 气环的功用

气环的功用是密封、传热和辅助布油、刮油。密封指的是保证活塞与气缸壁之间的封闭,防止气缸中的高温、高压燃气大量窜入曲轴箱;传热指的是将活塞顶部的大部分热量传给气缸壁,再由冷却液或空气带走;刮油、布油指的是刮除气缸壁上多余的机油,并在气缸壁面上均匀地涂布一层机油膜,这样既可以防止机油窜入气缸燃烧,又可以减小活塞或活塞环与气缸壁的磨损和摩擦阻力。

气环的功用.mp4

2) 气环的密封原理

活塞环在自由状态下,外径大于气缸直径,装入气缸后在其弹力 F_1 的作用下与气缸壁压紧,形成第一密封面。活塞环在运动时产生惯性力,与缸壁间产生摩擦力,在这两个力的共同作用下,使环靠在环槽的上侧或下侧,形成第二密封面。窜入背隙和侧隙的气体,在 F_2、F_3 的作用下,使活塞环对气缸壁和活塞环槽进一步压紧,加强了第一、二密封面的密封,如图 2-26 所示。

气环的密封原理.mp4

燃气从第一道气环的开口窜到第二道气环的上平面时压力已有所下降,又把这道气环压贴在第二环槽的下端面上,于是燃气又绕流到这个环的背面,再次发生膨胀,其压力又进一步降低。如此下去,从最后一道气环漏出来的燃气,其压力和流速已大大减小,因而漏气量也就很少,如图 2-27 所示。

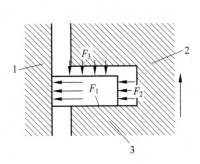

图 2-26　气环的密封原理

1—气缸体；2—活塞；3—活塞环

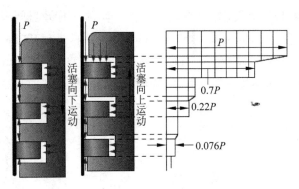

图 2-27　各环间隙处的气体压力递减图

为了进一步减少燃气的泄漏,在安装时,活塞环的开口应相互错开,构成迷宫式封气装置,增大漏气阻力,减少漏气量。如有三道环,则各道环开口应沿圆周成 120° 夹角;如有四道环,则第一、二道互错 180°,第二、三道互错 90°,第三、四道互错 180°。

3) 气环的开口形状

气缸内的燃气漏入曲轴箱的主要通路是活塞环的开口,因此,开口的形状和装入气缸后的间隙大小对于漏入曲轴箱的燃气量有一定的影响。图 2-28 所示的气环的开口形状中直开口工艺性好,但密封性差;阶梯形开口密封性好,但工艺性差;斜开口密封性和工艺性介于前两种开口之间,斜角一般为 30°或 45°。

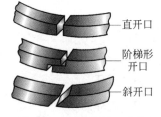

图 2-28　气环的开口形状

4) 气环的断面形状

为了达到更好的封气效果,气环断面也具有一定的形状要求。常见的气环有矩形环、锥面环、扭曲环、梯形环和桶面环等,它们各自的特点及应用见表 2-1。根据发动机的结构特点和强化程度,选择不同断面形状的气环组合,可以得到最好的密封效果和使用性能。

表 2-1　气环的断面形状

形　状	特　　点	应　　用	示　意　图
矩形环	结构简单,散热好,磨合性差,但易产生"泵油"现象	应用最广	
正扭曲内切环	具有锥形环的特点,减小了"泵油"现象,做功行程散热良好	装入第二、三道环槽	
反扭曲外切环	具有锥形环的特点,减小了"泵油"现象,做功行程散热良好	装入油环上面的那道气环	

形　状	特　点	应　用	示　意　图
锥面环	密封性好,磨合性好,上行有布油作用,下行有刮油作用,传热性差	不用作第一道气环,常装到第二、三道环槽上	
梯形环	可将沉积在环中的结焦挤出,避免了环折断,且密封性较好,但加工困难,精度要求高	热负荷较大柴油机的第一道气环	
桶面环	上下均可形成油膜,且对活塞的摆动适应性好,接触面小,利于密封,但外圆为凸圆弧形,加工困难	高速、高负荷强化柴油机的第一道气环	

为了避免装反,有些气环在开口位置的两侧端面上有标记,如图 2-29 所示,安装时,带有标记的一侧应朝向活塞顶部。扭曲环在安装时,应注意气环的断面形状和方向,内圆切槽向上,外圆切槽向下。

5)气环的"泵油"现象

矩形环在发动机工作过程中,具有一定的"泵油"现象,如图 2-30 所示,会将气缸壁上少量的机油压入燃烧室,当活塞下行时,气环将压靠在环槽的上端面,气缸壁上的机油就被刮入下边隙与背隙内;当活塞上行时,气环又压靠在环槽的下端面上,第一道环背隙里的机油经过上边隙就进入气缸中。如此反复,结果就像油泵的作用一样,将缸壁的机油最后压入燃烧室。

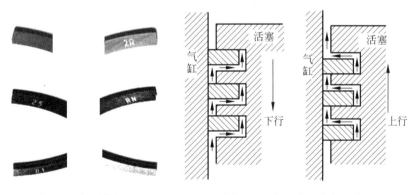

图 2-29　气环的标记　　　　　图 2-30　气环的"泵油"现象

矩形环的"泵油"现象.mp4

气环的"泵油"现象对发动机来说是有害的,具体的危害如下。

(1)增加了润滑油的消耗。

(2)火花塞沾油不跳火。

(3)燃烧室积炭增多,燃烧性能变差。

（4）环槽内形成积炭，挤压活塞环而失去密封性。

（5）加剧了气缸的磨损。

为了消除或减少有害的"泵油"现象，除在气环的下面装有油环、油环下设减压腔外，广泛采用非矩形断面的扭曲环。

油环的功用.mp4

2. 油环

1）油环的功用

油环的功用是布油润滑，辅助密封。布油润滑指的是刮除气缸壁上多余的机油，并在气缸壁面上均匀地涂布一层机油膜，这样既可以防止机油窜入气缸燃烧，又可以减小活塞、活塞环与气缸壁的磨损和摩擦阻力。辅助密封指的是辅助密封气体。

2）油环的类型

如图 2-31 所示，油环可分为普通油环和组合式油环。其中，现代发动机使用较广泛的是组合式油环，组合式油环由上刮片、下刮片和保持表面压力的衬簧构成。

3）油环的工作原理

在油环径向方向开有贯穿的油孔或油槽，在活塞的油环槽内和环岸上开有许多排小孔和斜孔。当活塞下行时，刮下的机油通过油环径向槽内的小孔或狭缝和环岸上的斜孔流入机体内；当活塞上行时，活塞环都贴在环槽下侧面，使气环与油环间的机油通过活塞环槽上的排油孔流入机体内，如图 2-32 所示。

(a) 普通油环

(b) 组合式油环

图 2-31　油环的分类

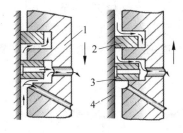

图 2-32　油环的刮油作用

1—活塞；2—气环；3—油环；4—气缸

4）活塞环的损伤及原因

活塞环的常见损伤有磨损、弹性减弱、断裂或变形等。磨损是受高温、高压燃气的作用，往复运动的冲击及润滑不良导致的；弹性减弱是受高温燃气的影响；断裂或变形是活塞环安装不当或端隙过小造成的。

2.2.3　活塞销

1. 活塞销的功用

活塞销是活塞和连杆的连接件，把活塞所受的力传给连杆。活塞销工作时，受到大小和方向都不断变化的冲击性载荷，加上高温机油可能变质，使润滑条件变差，因此，要求其材料应具有强度高、刚度大、韧性强、耐磨性高、重量轻等特点。活塞销的材料一般选用低碳钢或低碳合金钢，表面作渗碳或渗氮处理。

2. 活塞销的结构

如图 2-33 所示,活塞销是厚壁空心圆柱体,内孔有圆柱形、两段截锥形和两段截锥与一段圆柱组合形 3 种形式。

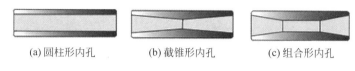

(a) 圆柱形内孔　　　　(b) 截锥形内孔　　　　(c) 组合形内孔

图 2-33　活塞销的结构

3. 活塞销的连接方式

活塞销的连接方式分为全浮式和半浮式两种,如图 2-34 所示。

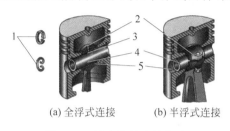

(a) 全浮式连接　　　(b) 半浮式连接

图 2-34　活塞销的连接方式

1—卡环;2—连杆小头;3—连杆衬套;4—活塞销;5—活塞销座

活塞销的连接方式.mp4

（1）全浮式连接。发动机在正常工作温度下工作时,活塞销与活塞销座孔、活塞销与连杆小头衬套孔都是间隙配合,活塞销处于"浮动"状态,可以自由转动。因此,其磨损较均匀,使用寿命长。为防止活塞销轴向窜动,活塞销用卡环进行轴向定位。

活塞销与活塞销座孔在冷态时为过渡配合,采用分组选配法。采用热装法装配,将活塞放入热水或热油中加热后,迅速将活塞销装入活塞销座孔。

（2）半浮式连接。发动机在正常工作温度下工作时,活塞销固定在连杆小头中或固定在活塞销座孔中(一般固定在连杆小头中),活塞销一处固定,一处浮动,处于半浮动状态。半浮式连接方式结构简单,活塞销座孔内无卡环,连杆小头内无衬套,修理方便。装配时,可以加热连杆小头后,将活塞销装入,冷态时为过盈配合。

2.2.4　连杆

1. 连杆的功用

连杆将活塞的往复运动转变为曲轴的旋转运动,同时将活塞承受的力传给曲轴。

连杆在工作时,要承受复杂的交变应力,要求具有足够的强度、刚度、韧性,质量要小。连杆的材料一般选用中碳钢或中碳合金钢。

2. 连杆的结构

如图 2-35 所示,连杆由连杆小头、杆身和连杆大头 3 部分组成。连杆小头呈短圆筒形,采用全浮式活塞销内压减摩的连杆衬套。连杆杆身做成"工"字形断面,其抗弯强度好,质量轻。如果连杆采用压力润滑的方式,杆身中制

连杆的结构.mp4

造有连通大、小头的油道,如图 2-36 所示。连杆杆身与连杆大头大圆弧过渡。连杆大头一般做成剖分式,连杆体与连杆盖组合镗孔,内装配对使用的连杆轴瓦(俗称小瓦),通过连杆螺栓连接。连杆体与连杆盖剖分面形式分为平切口和斜切口两种,如图 2-37 所示。

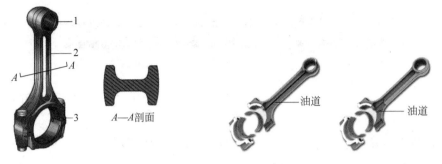

图 2-35 连杆的结构
1—连杆小头;2—连杆杆身;3—连杆大头

图 2-36 连杆杆身的油道

（1）平切口。剖分面与连杆杆身的中心线垂直,发动机多采用这种剖分形式。

（2）斜切口。剖分面与连杆杆身的中心线成30°～60°夹角。部分柴油机或少数强化汽油机采用这种剖分形式。

3. 连杆体与连杆盖的定位

连杆体与连杆盖配对加工,加工后,在其同一侧做配对记号,装配时不同气缸的连杆盖,不能互换,同

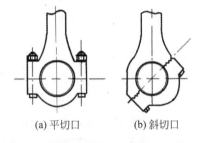

(a) 平切口　　(b) 斜切口

图 2-37 连杆体与连杆盖剖分面形式

一气缸连杆的杆身与连杆盖不能装反。平切口连杆大头的连杆体与连杆盖一般采用精加工连杆螺栓定位。斜切口采用锯齿形定位、定位套定位、定位销定位或止口定位,如图 2-38 所示。

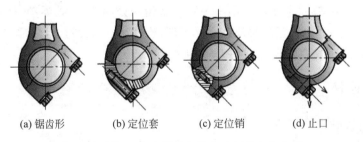

(a) 锯齿形　　(b) 定位套　　(c) 定位销　　(d) 止口

图 2-38 斜切口杆大头连杆体与连杆盖定位方式

4. V 型发动机连杆组合方式

V 型发动机连杆组合方式包括并列式、主副连杆式和叉形连杆式 3 种。

（1）并列式。如图 2-39(a)所示,两个相对的气缸连杆并列安装在曲轴同一处,两列气缸的活塞连杆组运动规律相同,连杆可以通用,但两列气缸轴心线沿曲轴轴向错开一段距离,使曲轴长度增加,刚度降低。

（2）主副连杆式。如图2-39(b)所示，副连杆通过销轴铰接在主连杆体或主连杆盖上，主连杆大头安装在曲轴上，一列气缸装主连杆，另一列气缸装副连杆，两列气缸无须沿曲轴轴向错开，从而减小了发动机的轴向尺寸。但是，主副连杆运动规律和受力不同，不能互换，副连杆还会对主连杆产生附件弯矩。

（3）叉形连杆式。如图2-39(c)所示，两列气缸的活塞连杆组运动规律相同，两列气缸无须错开，但连杆大头结构复杂，工艺性差，刚度较低。

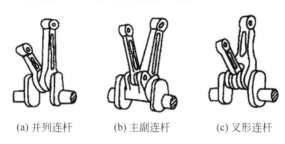

| (a) 并列连杆 | (b) 主副连杆 | (c) 叉形连杆 |

图 2-39　Ｖ形发动机连杆结构

5. 连杆的损伤及原因

连杆工作时，会承受活塞传来的巨大而又变化着的作用力，运动中所产生的方向、大小变化着的惯性力，而且这些力有些是冲击性的，由此会导致连杆发生以下损伤。

（1）杆身发生弯曲、扭转、弯扭并存和双重弯曲。

（2）大头孔、小头孔磨损。

（3）螺栓孔损坏。

（4）大头端接触面损伤。

（5）杆身裂纹乃至断裂。

2.2.5　连杆螺栓

连杆螺栓在工作过程中承受较高的预紧力、交变载荷和弯曲载荷，必须具有足够的弹性和足够的抗疲劳强度。连杆螺栓的材料一般选用优质合金钢、优质碳素钢。

安装连杆螺栓、螺母时，要用定扭扳手分2～3次均匀地拧紧，最后拧紧至规定扭矩，拧紧后还应锁紧。

2.2.6　连杆轴瓦

连杆轴瓦的功用是使曲轴上的连杆轴颈与连杆大头间保持良好的配合，减小摩擦，加速磨合。轴瓦由1～3mm的低碳钢背和0.3～0.7mm的减摩合金层组成。轴瓦由定位唇与瓦座定位槽定位，轴瓦在自由状态下有一定的自由弹势，轴瓦与瓦座过盈配合。

轴瓦的常见损伤包括：腐蚀、磨损、合金疲劳剥落、烧瓦，导致轴瓦损伤原因如下。

（1）发动机缺机油，不能形成油膜。

（2）长期超负荷工作。

（3）装配时，表面没有涂抹机油。

（4）机油不清洁、不纯。

（5）轴瓦合金和钢背烧结不牢。

【任务实施】

"任务引入"中给出故障现象,可能是活塞、活塞环磨损严重造成气缸向油底壳漏气,同时机油进入燃烧室参与了燃烧造成的。为了完成修复,恢复发动机性能,要完成活塞连杆组拆装、测量活塞磨损、活塞环磨损等检测,并确定更换的零部件等几项工作。

更换活塞连杆组总成.mp4

1. 拆装活塞连杆组

使用设备		发动机裸机(大众 BYJ)		使用资料	维修手册
序号	操作内容	工具	操作过程	维修规范与操作要求	
1	分析活塞连杆组的装配关系		1—连杆螺栓;2—连杆盖;3—连杆轴瓦;4—安全阀;5—喷油嘴;6—卡环;7—活塞销;8—活塞;9—气环;10—油环;11—连杆		
2	第一步:旋转曲轴	套筒、扭力扳手	摇转发动机翻转架,将发动机倒置。转动曲轴,使需要拆卸的活塞处于下止点位置	操作要求:先拆卸一、四缸的活塞,然后顺时针转动曲轴180°,拆卸二、三缸的活塞	
3	第二步:拆卸连杆盖	套筒、扭力扳手、快速摇把、锤子	拆卸连杆轴承盖螺栓,取下连杆轴承盖及连杆轴承	操作要求: (1)需分2~3次拧松连杆螺栓,第一次采用扭力扳手拧松。 (2)当连杆盖不易取下时,可用锤子轻敲连杆螺栓然后取下。 (3)拆卸的连杆盖、连杆轴承和连杆螺栓需对应摆放整齐,防止安装时混乱。 注意:防止活塞连杆组掉落	

序号	操作内容	工具	操作过程	维修规范与操作要求
4	第三步：拆卸活塞连杆组	锤子	用锤子的木柄在合适的位置向下推出活塞连杆组	操作要求： （1）用锤子的木柄端推动活塞。 （2）拆卸的活塞连杆组、连杆盖、连杆轴承和连杆螺栓需对应摆放整齐，防止安装时错乱
5	第四步：拆卸活塞环 更换活塞环.mp4	活塞环拆装钳	使用活塞环拆装钳拆下第一道、第二道气环，用手拆下第三道组合油环	操作要求： （1）用手先拆卸上刮片，然后拆卸下刮片，最后拆卸衬簧。 （2）为防止拆卸活塞环时出现断裂或变形情况，在拆卸过程中，应避免扭动或弯曲气环和油环

续表

序号	操作内容	工具	操作过程	维修规范与操作要求
6	第五步：清洁	软金属刮刀、煤油	活塞顶部的清理	操作要求： 活塞顶部的积炭可以先用煤油浸软后用软金属刮刀轻轻刮除
		软金属刮刀、煤油、热水、毛刷、吹气枪	清理活塞环、活塞环槽积炭	操作要求： 将活塞环、活塞浸泡在煤油中，软化后用毛刷将积炭刷除或用软金属刮刀轻轻刮除，然后用热水清洗并用吹气枪吹干
7	第六步：安装活塞环	活塞环拆装钳	用手安装第三道组合油环，使用活塞环拆装钳安装第二道、第一道气环	操作要求： 活塞环安装顺序为衬簧、下刮片、上刮片，第二道气环，第一道气环。 维修规范： (1) 活塞环的"TOP"标记必须朝向活塞顶部。 (2) 活塞环的开口错开一定的角度，形成"迷宫式"密封。第一道气环开口与活塞销轴线成45°且不在活塞的承压面一侧，各道活塞环的开口相互错开180°

续表

序号	操作内容	工具	操作过程	维修规范与操作要求
8	第七步：安装活塞连杆组	活塞环压缩器、锤子	安装连杆轴瓦并在表面涂抹机油，按照装配记号放入活塞，用锤子的木柄端轻轻推入	操作要求： (1) 在连杆轴瓦表面涂抹机油，不要在背面涂抹机油。 (2) 安装连杆轴瓦时注意定位标记。 (3) 活塞顶部的箭头必须朝向发动机前端。 (4) 摇转发动机翻转架至气缸朝上位置，放入活塞安装工具，调整安装工具，按照装配记号放入活塞，用锤子的木柄端轻轻推入
9	第八步：安装连杆盖	套筒、扭力扳手、快速摇把	安装连杆盖	操作要求： 先安装一、四缸的活塞连杆组，再安装二、三缸的活塞连杆组。 维修规范： (1) 连杆螺栓拧紧力矩为 $30N \cdot m + 90°$。 (2) 连杆螺栓在拆卸后更换。 (3) 应在连杆螺栓的螺纹和接触表面涂抹机油。 (4) 连杆体与连杆盖上的标记"B"应在同一侧，并且标记"B"指向皮带盘侧 A、B—装配标记

2. 活塞的检测

序号	操作步骤	工具	操作过程	维修规范与操作要求
1	清洁活塞	软金属刮刀、煤油、热水、毛刷、吹气枪	将活塞浸泡在煤油中,软化后用毛刷将积炭刷除或用软金属刮刀轻轻刮除,然后用热水清洗并用吹气枪吹干	操作要求: 用金属刮刀清洁时,不能划伤、损伤活塞
2	活塞裙部直径的测量	外径千分尺	清洁、校准外径千分尺 活塞裙部直径的测量	维修规范: (1) 测量位置在距离活塞下边缘 10mm 处,与活塞销的轴线错开 90°。 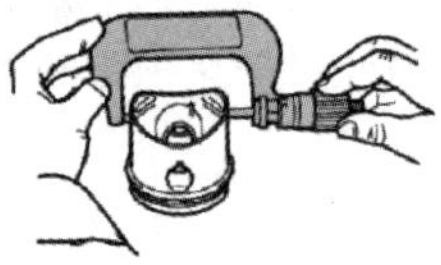 (2) 活塞的标准尺寸:82.465mm。 (3) 测量值与标准尺寸的偏差最大:0.04mm
3	活塞环槽的测量	塞尺	清洁塞尺,选择合适厚度的塞尺 活塞环槽的测量	操作要求: 将一新活塞环放入环槽内,围绕环槽滚动一周,确定能自由滚动,既不松动,又无阻滞现象。用塞尺按下图所示的方法测量。 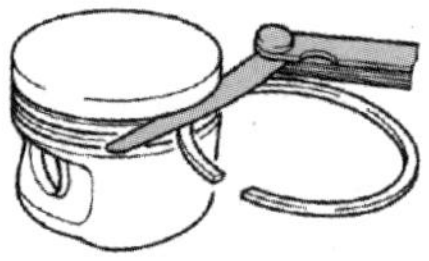 维修规范:

活塞环尺寸 (mm)	新的	磨损极限
第一道气环	0.04~0.08	0.15
第二道气环	0.02~0.06	0.15
油环	无法测量	

序号	操作步骤			
4	记录数据(单位:mm)	标准直径		测量直径	
		最大偏差		偏差	
5	结果分析			
6	维修方法	若活塞不合格时,一般是直接更换活塞		

3. 活塞环的检测

序号	操作步骤	工具	操作过程	维修规范与操作要求
1	清洁活塞环、活塞	软金属刮刀、煤油、热水、毛刷、吹气枪	清理活塞、活塞环槽积炭	操作要求： 将活塞环、活塞浸泡在煤油中，软化后用毛刷将积炭刷除或用软金属刮刀轻轻刮除，然后用热水清洗并用吹气枪吹干
2	活塞环端隙的测量 气环端隙的检测.mp4	塞尺	清洁塞尺，选择合适厚度的塞尺 活塞环端隙的测量	操作要求： (1) 将活塞环平整地放入气缸内，用不带环的活塞顶部把它推平，活塞环开口两端应对齐，活塞环的平面与气缸壁垂直。 (2) 塞尺在间隙中拉动时，能够明显感到阻力，即为端隙的测量值。 维修规范： (1) 测量位置距离气缸上边缘约15mm。 (2) 活塞环端隙的标准值为： 表见下
3	活塞环侧隙的测量 气环侧隙的检测.mp4	塞尺	清洁塞尺，选择合适厚度的塞尺 活塞环侧隙的测量	操作要求： 将活塞环放入环槽内，围绕环槽滚动一周，确定能自由滚动，既不松动，又无阻滞现象。用塞尺按下图所示的方法测量。 维修规范： 表见下

活塞环端隙的标准值：

活塞环尺寸（mm）	新的	磨损极限
气环	0.20～0.40	0.8
油环	0.25～0.50	0.8

活塞环侧隙的维修规范：

活塞环尺寸（mm）	新的	磨损极限
第一道气环	0.04～0.08	0.15
第二道气环	0.02～0.06	0.15
油环	无法测量	

续表

序号	操作步骤	工具	操作过程	维修规范与操作要求	
4	记录数据 （单位：mm）	端隙的测量值		端隙的磨损极限	
		侧隙的测量值		侧隙的磨损极限	
5	结果分析				
6	维修方法	若活塞环不合格时，一般是直接更换活塞环			

【自我检测】

2.2

任务2.3 曲轴飞轮组的构造与检修

任务引入.mp4

【任务引入】

一辆宝马轿车搭载的 N55 发动机，发动机工作时，传来"唧唧"的异响，即使发动机熄火，这种异响仍会持续一分钟左右。经维修组检查分析，判断故障来自曲轴飞轮组，要求拆检曲轴飞轮组是否存在故障，制订维修计划，完成此任务。

【知识学习】

曲轴飞轮组主要由曲轴、飞轮、正时带轮（或正时齿轮、正时链轮）、驱动带轮、曲轴扭转减振器等零部件组成，如图 2-40 所示。

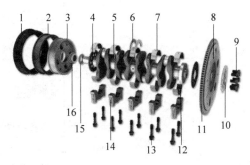

图 2-40 曲轴飞轮组的组成

1—曲轴皮带轮；2—橡胶环；3—摩擦盘；4—曲轴位置传感器信号转子；5—曲轴；6—止推垫片；7—主轴承上轴瓦；8,11—飞轮；9—螺钉；10—飞轮挡圈；12—主轴承下轴瓦；13—主轴承盖螺栓；14—主轴承盖；15—机油泵驱动链轮；16—曲轴正时齿轮

2.3.1 曲轴

1. 曲轴的功用

曲轴的功用是在发动机做功行程中将活塞的往复运动转变为旋转运动,并承受连杆传来的力并转换成扭矩,对外输出功率。同时,利用发动机转动惯性推动活塞连杆组完成进气、压缩、排气三个辅助冲程。曲轴还驱动发动机其他辅助装置的运动(如水泵、发电机、空调压缩机等)。

曲轴在工作过程中承受复杂的弯曲、扭转、剪切、挤压等交变应力作用。曲轴应具有足够的抗弯曲、抗扭转的疲劳强度和刚度,轴颈应有足够大的抗挤压能力和耐磨性,工作表面要有良好的润滑,转动时动平衡良好。

一般选用优质中碳钢、中碳合金钢或球墨铸铁能够满足曲轴的要求,现代汽车发动机广泛采用球墨铸铁曲轴。

曲轴在生产过程中,一般采取模锻或铸造,表面高频淬火或渗氮处理,最后进行精磨加工的工艺流程。为提高曲轴的疲劳强度,消除应力集中,轴颈表面应进行喷丸处理,圆角处要经滚压处理。

2. 曲轴的结构

曲轴由曲轴前端(输入端)、主轴颈、曲柄、连杆轴颈、曲轴后端(输出端)、平衡块等组成,如图 2-41 所示。曲轴前端用于安装曲轴正时齿轮(正时带轮、正时链轮)、驱动带轮、驱动链轮、油封等零部件;曲轴后端用于安装飞轮、油封等零部件。曲轴上加工有油孔,其中,主轴颈与连杆轴颈的油孔是相通的,机油在机油压力的作用下,通过主轴颈进入连杆轴颈。一个连杆轴颈和它两端的曲柄臂及主轴颈构成一个曲拐。直列发动机曲轴的曲拐数等于气缸数,V 型发动机曲轴的曲拐数等于气缸数一半。

曲轴的结构.mp4

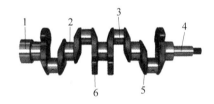

图 2-41 曲轴的结构

1—后端;2—主轴颈;3—连杆轴颈;4—前端;5—曲柄臂;6—平衡块

3. 曲轴的分类

曲轴有整体式和分体式两种类型。整体式曲轴的各个曲拐及前、后端都做成一个整体,一般采用滑动轴承支承;组合式曲轴的各个曲拐分段加工,然后再利用连接件将各个曲拐连成一体,一般采用滚动轴承支承,并且必须与隧道式气缸体配合使用。

根据支承形式的不同,曲轴还可以分为全支承曲轴和非全支承曲轴,如图 2-42 所示。在相邻的两个曲拐之间都设置一个主轴颈的曲轴是全支承曲轴,否则就是非全支承曲轴。直列发动机的全支承曲轴的主轴颈的总数比气缸数多一个;V 型发动机的全支承曲轴的主轴颈的总数比气缸数的一半多一个。

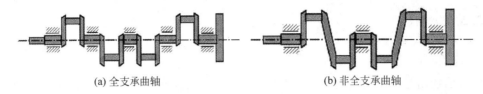

(a) 全支承曲轴　　　　　　　　　　(b) 非全支承曲轴

图 2-42　曲轴的支承形式

4. 曲轴的平衡

发动机在高速运转过程中,曲轴高速旋转,产生很大的旋转惯性力和离心力,使曲轴运转不平稳,因此,曲轴必须保证严格的静平衡和动平衡。

当曲轴不平衡时,采取的措施一般是在曲柄处铸造(或紧固)平衡块,如图 2-41 所示,或者在曲轴的旁边加装平衡轴,如图 2-43 所示,用来平衡曲轴运转过程中产生的离心力、离心力矩和往复惯性力。

曲轴的平衡.mp4

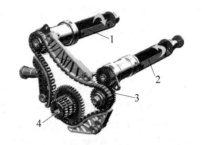

图 2-43　平衡轴

1—平衡轴 1；2—平衡轴 2；3—换向齿轮；4—曲轴链轮

5. 曲轴曲拐的布置

曲轴的形状和各曲拐的相对位置取决于气缸数、气缸排列形式和发动机工作顺序。当气缸数和气缸排列形式确定之后,曲拐布置就只取决于发动机工作顺序。多缸发动机的点火顺序设计遵循了以下原则。

曲轴曲拐的
布置.mp4

(1) 连续做功的两缸相隔尽量远一些,以减轻主轴颈的载荷,同时避免可能发生的进气重叠现象。

(2) 各缸的点火间隔角应力求均匀,发动机完成一个工作循环时,每个气缸都应点火做功一次,各缸点火的时间间隔以曲轴转角表示,称为点火间隔角。对于缸数为 i 的四冲程直列发动机来说,点火间隔角 $=720°/i$。

(3) 曲拐布置尽量对称均匀。

(4) V 型发动机左、右两缸尽量交替做功。

几种常见发动机的曲轴曲拐布置及点火次序如下。

(1) 四冲程直列四缸发动机的点火间隔角为 $720°/4=180°$,曲轴每转半圈做功一次,4 个缸的做功行程是交替进行的,并在曲轴旋转两圈的过程中全部完成,因此可使曲轴获得均匀的转速,使工作平稳。对于每个气缸来说,工作过程与单缸机的工作过程完全相同,只不过要求其与其他 3 个缸配合按照一定的顺序工作,即发动机的工作顺序(点火顺序)。可见,多缸发动机的工作顺序就是各缸完成同名冲程的顺序。如图 2-44 所示,直列四缸发动机的 4 个曲拐在同一平面内,一、四缸的连杆轴颈轴线重合,二、三缸的连杆轴颈轴线重合,相互错开 180°。发动机的工作顺序只有 1-3-4-2 或 1-2-4-3 两种可能(气缸编号从曲轴前段计起,下同),两种工作顺序的工作循环表分别如表 2-2 和表 2-3 所示。

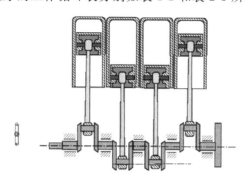

图 2-44　直列四缸发动机的曲拐布置

表 2-2　直列四缸发动机的工作循环表(工作顺序：1-3-4-2)

曲轴转角(°)	第一缸	第二缸	第三缸	第四缸
0~180	**做功**	排气	压缩	进气
180~360	排气	进气	**做功**	压缩
360~540	进气	压缩	排气	**做功**
540~720	压缩	**做功**	进气	排气

表 2-3　直列 4 缸发动机的工作循环表(工作顺序：1-2-4-3)

曲轴转角(°)	第一缸	第二缸	第三缸	第四缸
0~180	**做功**	压缩	排气	进气
180~360	排气	**做功**	进气	压缩
360~540	进气	排气	压缩	**做功**
540~720	压缩	进气	**做功**	排气

(2) 四冲程直列六缸发动机的点火间隔角为 720°/6＝120°,6 个曲拐分别布置在三个平面内,如图 2-45 所示,各平面的夹角为 120°。6 个缸的工作顺序是 1-5-3-6-2-4 或 1-4-2-6-3-5,其中工作顺序是 1-5-3-6-2-4 的应用比较普遍,国产四冲程直列六缸发动机都采用这种工作顺序,两种工作顺序的工作循环表分别如表 2-4 和表 2-5 所示。

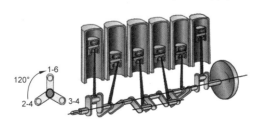

图 2-45　直列六缸发动机的曲拐布置

表 2-4　直列六缸发动机的工作循环表（工作顺序：1-5-3-6-2-4）

曲轴转角(°)		第一缸	第二缸	第三缸	第四缸	第五缸	第六缸
0～180	0～60	做功	排气	进气	做功	压缩	进气
	60～120	做功	排气	压缩	排气	压缩	进气
	120～180	做功	进气	压缩	排气	做功	进气
180～360	180～240	排气	进气	压缩	排气	做功	压缩
	240～300	排气	进气	做功	进气	做功	压缩
	300～360	排气	压缩	做功	进气	排气	压缩
360～540	360～420	进气	压缩	做功	进气	排气	做功
	420～480	进气	压缩	排气	压缩	排气	做功
	480～540	进气	做功	排气	压缩	进气	做功
540～720	540～600	压缩	做功	排气	压缩	进气	排气
	600～660	压缩	做功	进气	做功	进气	排气
	660～720	压缩	排气	进气	做功	压缩	排气

表 2-5　直列六缸发动机的工作循环表（工作顺序：1-4-2-6-3-5）

曲轴转角(°)		第一缸	第二缸	第三缸	第四缸	第五缸	第六缸
0～180	0～60	做功	进气	排气	压缩	做功	进气
	60～120	做功	压缩	排气	压缩	排气	进气
	120～180	做功	压缩	进气	做功	排气	进气
180～360	180～240	排气	压缩	进气	做功	排气	压缩
	240～300	排气	做功	进气	做功	进气	压缩
	300～360	排气	做功	压缩	排气	进气	压缩
360～540	360～420	进气	做功	压缩	排气	进气	做功
	420～480	进气	排气	压缩	排气	压缩	做功
	480～540	进气	排气	做功	进气	压缩	做功
540～720	540～600	压缩	排气	做功	进气	压缩	排气
	600～660	压缩	进气	做功	进气	做功	排气
	660～720	压缩	进气	排气	压缩	做功	排气

（3）四冲程 V 型六缸发动机的点火间隔角为 $720°/6＝120°$，V 型发动机左右两列中对应的一对连杆共用一个曲拐，所以，V 型六缸发动机只有三个曲拐，如图 2-46 所示。曲拐布置与直列六缸发动机相同，三个曲拐布置在 3 个平面内，3 个曲拐互成 $120°$，使发动机有更好的平衡。6 个缸的工作顺序是 R1-L3-R3-L2-R2-L1，其工作循环见表 2-6。

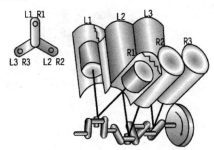

图 2-46　V 型六缸发动机的曲拐布置

表 2-6　V 型六缸发动机的工作循环表(工作顺序：R1-L3-R3-L2-R2-L1)

曲轴转角(°)		R1	R2	R3	L1	L2	L3
0~180	0~60			进气			压缩
	60~120	做功	排气		做功	进气	
	120~180			压缩			
180~360	180~240		进气		排气		做功
	240~300	排气				压缩	
	300~360			做功			
360~540	360~420		压缩		进气		排气
	420~480	进气				做功	
	480~540			排气			
540~720	540~600		做功		压缩		进气
	600~660	压缩		进气		排气	
	660~720		排气		做功		压缩

6．曲轴的轴向定位

发动机工作时,曲轴会受到来自离合器施加于飞轮的轴向力,汽车行驶阻力的变化,或者突然急加速、急减速出现的轴向力作用,都会引起曲轴的轴向窜动。曲轴的轴向窜动将破坏曲柄连杆机构各零件的正确相对位置关系,导致活塞偏缸,影响配气正时,造成离合器打滑或分离不彻底。因此,曲轴需有轴向定位措施,曲轴的轴向定位是通过止推装置实现的,一般只设置一处,可设在曲轴的前端、中间和后端。

止推装置有止推片、翻边轴瓦、止推环等几种形式,如图 2-47 所示。止推片是外侧表面镀有耐磨合金层的半圆钢片,装在主轴承座及相应主轴承盖侧面。安装时,止推片的定位舌卡在环槽内,有减磨层的一面朝向转动件。翻边轴瓦安装在曲轴的某一道主轴承盖内,利用翻边轴瓦的翻边进行轴向定位。止推环是带有耐磨合金层的止推钢环,它从曲轴的端部直接套住主轴颈,一般放置于曲轴的第一道主轴颈上。止推环的定位舌卡在环槽内,防止其转动。

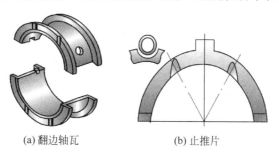

(a) 翻边轴瓦　　　　　　(b) 止推片

图 2-47　曲轴止推装置

7．曲轴的损伤

1) 曲轴裂纹

曲轴在曲柄臂与轴颈之间的过渡圆角处以及油孔处易产生应力集中,裂纹多出现在此位置,严重以后往往导致曲轴断裂。

2) 曲轴弯曲、扭曲变形

导致曲轴弯曲的主要原因有：①曲轴超负荷、冲击、振动；②少数缸不工作或工作不平衡。

导致曲轴扭曲的主要原因有：①某一缸活塞卡缸；②活塞运动阻力过大；③紧急制动，没踏下离合器；④发动机超载，负荷过重。

3）轴颈磨损

在长期工作中，主轴颈和连杆轴颈会出现不均匀磨损、擦伤和缺机油烧瓦后引起的轴颈表面的烧灼伤。主轴颈和连杆轴颈径向最大磨损部位相互对应，即各主轴颈的最大磨损靠近连杆轴颈一侧，连杆轴颈的最大磨损部位在主轴颈一侧。直列发动机，连杆轴颈的磨损比主轴颈的磨损严重，这主要是由于连杆轴颈的负荷较大、润滑条件差所造成的。

2.3.2 曲轴主轴承

曲轴主轴承（俗称大瓦）安装于曲轴主轴承座和主轴承盖孔内，结构与连杆轴承相同。为了向连杆轴承输送润滑油，在主轴承上开有周向油槽和通油孔，有些小负荷发动机，为了通用化，上、下两半轴承上都开有油槽；有些发动机只在上轴承开油槽和通油孔，而负荷较重的下轴承不开油槽。安装时，后一种主轴承上、下片不能互换，否则，主轴承的油通道将被堵塞。

2.3.3 曲轴扭转减振器

发动机在工作过程中，由于飞轮的转动惯性很大，可看作等速运动。而各缸的气体压力和往复运动的惯性力周期性地作用在曲轴连杆轴颈上，对曲轴施加周期性变化的扭转外力，使曲轴发生忽快忽慢的转动，形成曲轴对飞轮的扭转摆动，从而引起功率损失、曲轴扭转变形甚至断裂、正时齿轮（正时带轮或正时链轮）产生冲击噪声等。为了吸收曲轴扭转振动的能量，消减扭转振动，有些发动机上装有扭转减振器。

扭转减振器安装在曲轴前端的皮带轮上。汽车发动机上常用的有橡胶扭转减振器（见图 2-48）、硅油扭转减振器、硅油-橡胶扭转减振器等几种。

扭转减振器的认识.mp4

图 2-48 橡胶扭转减振器
1—曲轴皮带轮轮毂；2—摩擦盘；3—曲轴皮带轮；4—橡胶环

图 2-48 所示的橡胶扭转减振器的减振器圆盘用螺栓与曲轴带轮及轮毂紧固在一起，橡胶层及惯性盘硫化在一起。当曲轴发生扭转振动时，力图保持等速转动的惯性盘便使橡胶层发生内摩擦，从而消除扭转振动的能量，避免了扭转振动。

2.3.4 飞轮

飞轮的功用是保证曲轴的旋转角速度和输出转矩尽可能均匀，并使发动机有可能克服短时间的超载荷，同时将发动机的动力传给离合器。

飞轮是一个转动惯量较大的圆盘,多采用灰铸铁制造,飞轮外圆压有齿圈,启动时,与启动机的驱动齿轮啮合,启动后,飞轮的齿圈与启动机的驱动齿轮会脱离啮合。有些发动机飞轮上刻有第一缸点火正时记号,如图 2-49 所示,解放 CA6102 型发动机的正时记号是"上止点/1-6",当记号与飞轮壳上的刻线对齐时,表示一缸和六缸活塞处于上止点位置。

飞轮的功用.mp4

图 2-49　发动机点火正时记号

1—离合器外壳上的记号;2—观察孔盖板;3—飞轮上的记号

飞轮与曲轴在制造时一起进行过动平衡实验,在拆装时为了不破坏它们之间的平衡关系,飞轮与曲轴之间应有严格不变的相对位置,通常用定位销或不对称布置的螺栓来定位。

飞轮常见的损伤是齿圈磨损、打坏、松动和断面打毛,飞轮与离合器摩擦片接触的工作面磨损、起槽和刮痕等。

【任务实施】

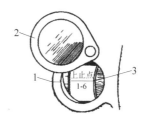

更换曲轴、主轴瓦.mp4

为了排除"任务引入"中的故障,要完成曲轴飞轮组的拆装、曲轴轴颈磨损、曲轴弯曲度检测和轴瓦检测(目测),并确定需要更换的零部件、需要修复矫正的零部件并进行更换或修复。

1. 曲轴飞轮组拆装

使用设备	发动机裸机(大众 BYJ)		使用资料	维修手册
序号	操作步骤	工具	操作过程	维修规范与操作要求
1	分析曲轴飞轮组的装配关系		图 1　曲轴飞轮组 1—气缸体;2—下主轴瓦;3—曲轴;4—上主轴瓦;5—主轴承盖螺栓; 6—主轴承盖;7—螺栓;8—脉冲信号轮;9—止推片;10—螺栓		

序号	操作步骤	工具	操作过程	维修规范与操作要求
1	分析曲轴飞轮组的装配关系			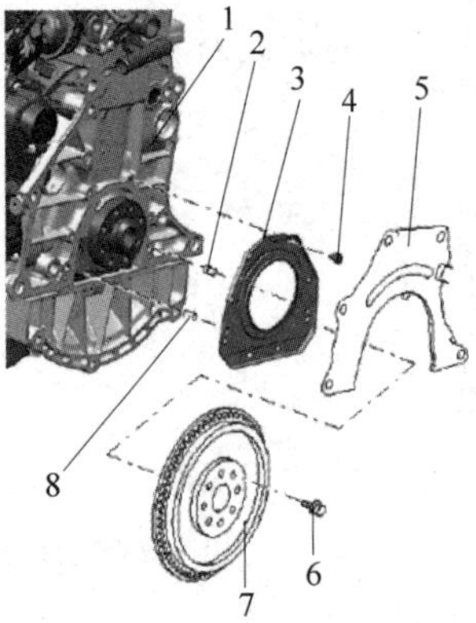 图 2 发动机的后端 1—气缸体；2—定位销；3—后密封法兰；4—螺栓；5—垫板； 6—螺栓；7—双质飞轮；8—定位销
2	第 1 步：拆卸正时链下部盖板 更换曲轴前油封.mp4	棘轮扳手、接杆、T30、扭力扳手	拆卸正时链下部盖板的螺栓 撬出正时链下部盖板	操作要求： (1) 分 2 次拆卸。第 1 次使用扭力扳手，按照下图所示的顺序拧松螺栓；第 2 次依次拧下螺栓。 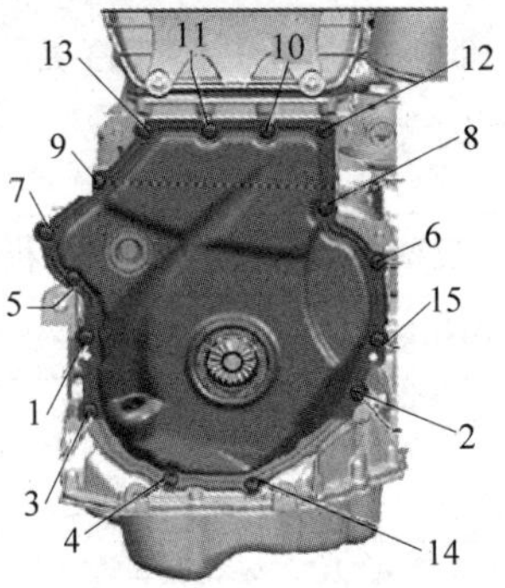 (2) 撬出正时链下部盖板时，小心盖板变形
3	第 2 步：拆卸双质飞轮	棘轮扳手、接杆、套筒、扭力扳手	拆卸双质飞轮螺栓	操作要求： (1) 为了避免双质飞轮在拆卸时被损坏，不允许用气动扳手或冲击式螺钉机来旋出螺栓，只允许用手拆卸螺栓。 (2) 转动双质飞轮，使螺栓位于钻孔中心。

续表

序号	操作步骤	工具	操作过程	维修规范与操作要求
3	第2步：拆卸双质飞轮	3067夹具	取下双质飞轮	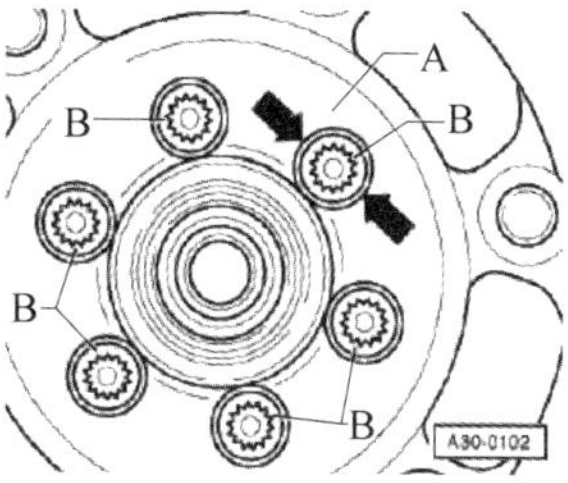 A—双质量飞轮；B—螺栓 （3）在拧出螺栓时注意，勿将螺栓头露出在双质飞轮上，避免由此在继续旋转时螺栓头损坏双质飞轮。 （4）将3067夹具插在气缸体孔中，取下双质飞轮
4	第3步：拆卸后密封法兰 更换曲轴后密封法兰.mp4	棘轮扳手、接杆、T30、扭力扳手	拆卸后密封法兰螺栓 取下后密封法兰	操作要求： （1）分2次拆卸。第1次使用扭力扳手，按照下图所示的顺序拧松螺栓；第2次依次拧下螺栓。  （2）取下后密封法兰时，小心后密封法兰变形
5	第4步：拆卸主轴承盖	套筒、定扭扳手、棘轮扳手	拆卸主轴承盖螺栓，取下主轴承盖	维修规范： 检查轴承盖和轴承标记。 操作要求： （1）拆卸顺序：由两边向中间如下图所示顺序。 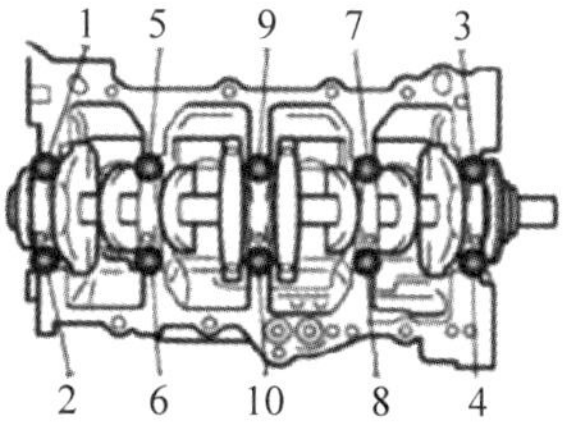

序号	操作步骤	工具	操作过程	维修规范与操作要求
5	第4步：拆卸主轴承盖	套筒、定扭扳手、棘轮扳手	拆卸主轴承盖螺栓，取下主轴承盖	（2）分2～3次拧松主轴承盖螺栓。 （3）使用拆下的主轴承盖螺栓，前后晃动取下主轴承盖 1—主轴承盖螺栓；2—主轴承盖
6	第5步：拆卸曲轴		取下曲轴和止推垫片	操作要求： （1）抬出曲轴，平行放在V型块上。 （2）把下轴瓦和主轴承盖放在一起，并按顺序摆放。 （3）检查下轴瓦标记
7	第6步：拆卸主轴瓦	平口螺丝刀	拆卸主轴瓦	操作要求： 平口螺丝刀的头部需缠胶带 1—主轴瓦；2—主轴承盖；A—定位槽
8	第7步：清洁、检查曲轴及相关零件	抹布、吹气枪	清洁曲轴轴颈、轴瓦和主轴承盖 检查主轴颈、连杆轴颈和轴瓦有无麻点和划痕	维修规范： 每个主轴颈、连杆轴颈和轴瓦应无麻点与划痕，否则应更换曲轴和视情况修理

序号	操作步骤	工具	操作过程	维修规范与操作要求
9	第8步：安装主轴瓦		安装主轴瓦、抹油	操作要求： (1) 安装时，对号入座，不能混乱。 (2) 主轴瓦上的定位唇与主轴承盖或气缸体上的定位槽对齐。 (3) 主轴瓦的内侧需要涂抹机油，外侧一定不能涂抹机油 1—主轴瓦；2—主轴承盖
10	第9步：安装曲轴		安装止推垫片和曲轴	操作要求： (1) 止推垫片带槽的一面朝外。 (2) 止推垫片及轴颈需要涂抹机油
11	第10步：安装主轴承盖		按照顺序依次安装主轴承盖	维修规范： 轴承盖标记向前，按顺序摆放，相互位置不要更换。 操作要求： (1) 对准轴承凸起和主轴承盖凹槽。 (2) 润滑轴承内面
12	第11步：安装主轴承盖螺栓	套筒、定扭扳手、棘轮扳手	紧固主轴承盖螺栓	维修规范： (1) 规定力矩为60N·m+90°。 (2) 每拧紧一道主轴承盖连接螺栓，都应转动曲轴几圈，转动中不得有忽重忽轻的现象，否则应查明原因，及时排除。 (3) 更换新主轴承盖螺栓。 操作要求： (1) 主轴承盖螺栓的螺纹和螺栓头下面涂一薄层机油。 (2) 由中间向两边(3、2、4、1、5)分2~3次拧紧主轴承盖螺栓，最后用定扭扳手拧紧至规定力矩

序号	操作步骤	工具	操作过程	维修规范与操作要求
13	第12步：测量曲轴的轴向间隙 曲轴轴向间隙检测.mp4	撬棒、百分表、磁性表座	安装测量工具，测量轴向间隙	操作要求： (1) 主轴承盖螺栓按规定力矩拧紧。 (2) 确保百分表与曲轴接触。 (3) 检测时，用撬棒将曲轴撬向后端极限位置，在曲轴前端面处安装一只百分表，将百分表调零。再将曲轴撬向前端极限位置，千分表的摆动量即为曲轴的轴向间隙。 维修规范： (1) 装配新止推片的间隙：0.07~0.23mm，磨损极限：0.30mm。 (2) 若曲轴轴向间隙过大，应更换止推垫片
14	第13步：安装后密封法兰	棘轮扳手、接杆、T30、定扭扳手	将螺栓用手旋入，拧紧螺栓	操作要求： 将螺栓按照下图所示的顺序拧紧。  维修规范： 规定力矩为9N·m
15	第14步：安装双质飞轮	棘轮扳手、接杆、套筒、定扭扳手、3067夹具	安装双质飞轮，拧入螺栓	操作要求： (1) 螺栓的螺纹位置需涂抹密封胶。 (2) 对称交叉拧紧螺栓。 (3) 需用3067夹具固定飞轮。 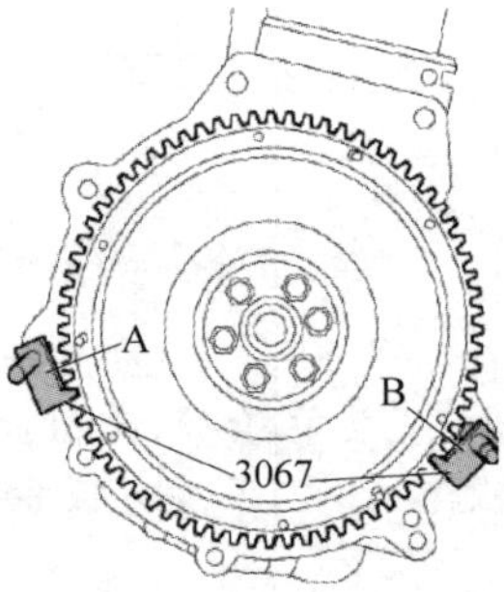 A，B—气缸体的孔；3067—夹具 维修规范： (1) 更换新螺栓。 (2) 规定力矩为60N·m+90°

续表

序号	操作步骤	工具	操作过程	维修规范与操作要求
16	第15步：安装正时链下部盖板	棘轮扳手、接杆、T30、定扭扳手	安装正时链下部盖板，拧紧螺栓	操作要求： 将硅胶密封剂涂敷到正时链下部盖板的密封面上。 (1) 硅胶密封剂条厚度为 2～3mm。 (2) 涂敷硅胶密封剂前，需将正时链下部盖板清洁干净。 (3) 油底壳必须在涂敷硅胶密封剂后 5min 内安装。 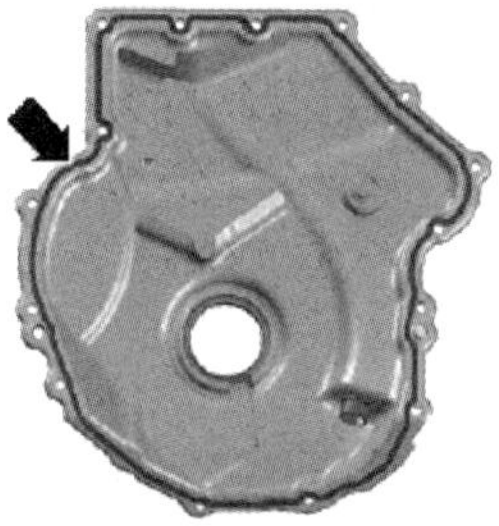 (4) 将螺栓按照下图所示的顺序拧紧。 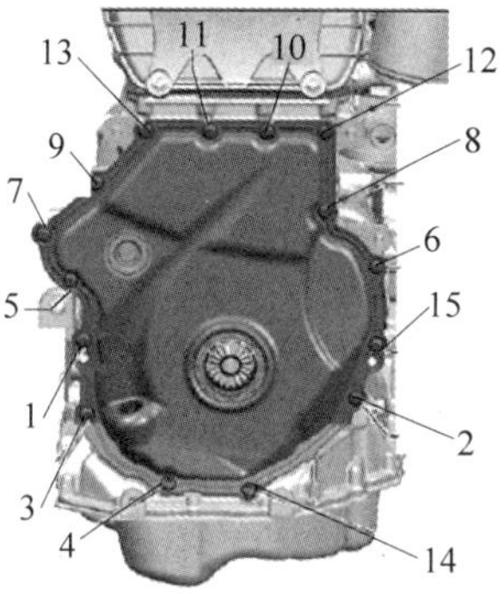 维修规范： 规定力矩为 8N·m＋90°

2. 曲轴的检测

使用设备	曲轴（大众 BYJ）		使用资料	维修手册
序号	操作步骤	工具	操作过程	维修规范与操作要求
1	清洁、检查曲轴	抹布、吹气枪	清洁曲轴	操作要求： 如有损伤应视情况修理或更换曲轴
			检查主轴颈、连杆轴颈有无裂纹、麻点和划痕	

序号	操作步骤	工具	操作过程	维修规范与操作要求
2	曲轴磨损的检测 曲轴磨损的 检测.mp4	外径千分尺、V型块	清洁、校准外径千分尺	操作要求： 在每道轴颈油孔的前后各取两个测量部位截面，每个部位取与曲柄平行和垂直的方向进行测量。 注意：在直列式发动机中，连杆轴颈的磨损比主轴颈磨损严重。 1—外径千分尺；2—连杆轴颈；3—主轴颈 维修规范： 主轴颈标准直径为 $54.00_{-0.037}^{-0.017}$。 圆度、圆柱度误差为 0.02mm
			测量曲轴连杆轴颈	
3	曲轴弯曲变形的 检测 曲轴弯曲变形 的检测.mp4	磁性表座、百分表、V型块	清洁、组装测量工具	操作要求： (1) 检查百分表、磁性表座，组装时，百分表的调整螺钉必须锁紧。 (2) 调整百分表，使百分表杆与曲轴主轴颈接触，并对百分表预压 1mm 左右。 (3) 轻轻转动曲轴一圈，在转动过程中观察指针的摆动，指针摆过的格数乘以百分表的测量精度，即为曲轴的圆跳动。 1—百分表；2—V型块；3—磁性表座 维修规范： 径向圆跳动标准值为 0.03mm
			曲轴弯曲变形的检测	

续表

序号	操作步骤	工具	操作过程	维修规范与操作要求			
4	记录数据(单位：mm)			测量部位	测量数据		截面圆度
					截面 A	截面 B	
				连杆轴颈(1 缸)			
				连杆轴颈(2 缸)			
				连杆轴颈(3 缸)			
				连杆轴颈(4 缸)			
				圆度标准值		圆度测量值	
				圆柱度标准值		圆柱度测量值	
				圆跳动标准值		圆跳动测量值	

注：圆度＝(最大值－最小值)/2(同一截面)

　　圆柱度＝(最大值－最小值)/2(不同截面)

5	结果分析	
6	维修方法	(1) 小修时，可用油石、细锉刀或砂布加以修磨。 (2) 大修时，按修理尺寸，光磨主轴颈、连杆轴颈。 (3) 应用热喷涂、堆焊或更换曲轴

【自我检测】

2.3

项目3

配气机构的构造与检修

知识目标

(1) 掌握发动机配气机构总体结构及作用。

(2) 掌握气门组的组成、功用，零部件的结构，以及常见的损伤。

(3) 掌握气门传动组的组成、功用，零部件的结构，以及常见的损伤。

(4) 理解配气相位内涵。

(5) 掌握 VTEC、VVT 的结构；理解 VTEC、VVT 的工作原理。

(6) 掌握气门间隙调整方法。

能力要求

(1) 能正确规范拆装气门组、气门传动组，会进行零部件的检测和结果判定。

(2) 能够正确分析发动机进气、排气过程的配气相位特点。

(3) 能够规范完成配气正时皮带(链条)的安装调整。

(4) 能够正确检查与调整气门间隙。

(5) 能够判断零部件的损伤形式，分析损伤原因。

(6) 能向客户(他人)清晰地介绍配气机构基本结构和工作过程。

配气机构是按照发动机各个气缸所进行的工作循环和点火次序，按时开启和关闭各缸的进气门和排气门，将新鲜充量(可燃混合气或新鲜空气)吸入气缸，并将燃烧后的废气从气缸内排出的装置。

新鲜充量充满气缸的程度，用充量系数表示，充量系数指发动机在每一工作循环进入气缸的实际充量与进气状态下充满气缸工作容积的理论充量的比值。充量系数越高，表明进入气缸内的新鲜充量的质量越多，可燃混合气燃烧时放出的热量越大，发动机发出的功率就会越大。自然吸气式发动机的充量系数一般为0.8～0.9,增压发动机的充量系数有可能大于1。

影响发动机充量系数的因素比较多,就配气机构而言,主要是要求其结构对进气和排气产生的阻力要小,进气门、排气门的开启时刻和开启持续时间适当,尽可能保证进气充分、排气彻底。

图3-1所示为一种典型的配气机构,由气门组(气门弹簧、气门、气门座等)和气门传动组(凸轮轴、挺柱、推杆、摇臂)两部分组成。其中,凸轮轴由曲轴驱动。

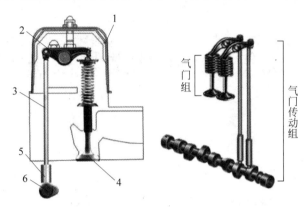

图 3-1　配气机构基本工作过程

1—气缸盖罩；2—摇臂；3—推杆；4—气门；5—挺柱；6—凸轮轴

凸轮轴在曲轴的驱动下连续转动,当气缸的工作循环需要将气门打开进行换气时,凸轮轴上的凸轮凸起部分通过挺柱、推杆,推动摇臂摆转,摇臂的另一端便向下推动气门,同时弹簧被进一步压缩,气缸进气道(或排气道)逐渐被打开。

当凸轮的凸起部分的顶点转过挺柱后,气门在弹簧张力的作用下向上运动,气缸进气孔(或排气道)开度逐渐减小,直到最后关闭。

根据凸轮轴在发动机中的位置,配气机构分为凸轮轴下置式配气机构、凸轮轴中置式配气机构和凸轮轴上置式配气机构。

1. 凸轮轴下置式配气机构

凸轮轴置于曲轴箱内,如图3-2(a)所示。曲轴与凸轮轴之间采用齿轮传动,传动简单可靠,有利于发动机的布置。但是,凸轮轴与气门组之间动力传递路线较长,通常采用杆件传动,不适用于高速发动机,在中、重型发动机上采用较多。

配气机构的
分类.mp4

2. 凸轮轴中置式配气机构

凸轮轴置于机体中上部,如图3-2(b)所示。与凸轮轴下置式配气机构的组成相比,推杆较短或减少了推杆,从而减轻了配气机构的往复运动质量,增大了机构的刚度,适用于较高转速的发动机。

3. 凸轮轴上置式配气机构

凸轮轴置于气缸盖中,如图3-2(c)所示。凸轮轴通过摇臂、摆臂或凸轮直接驱动气门。凸轮轴上置式配气机构的运动件少,传动链短,整个机构的刚度大,往复运动惯性力小,适用于高速发动机。但是,曲轴与凸轮轴之间传动路线长,气缸盖拆卸困难。

(a) 凸轮轴下置式配气机构　　(b) 凸轮轴中置式配气机构　　(c) 凸轮轴上置式配气机构

图 3-2　凸轮轴的布置形式

任务 3.1　气门组的构造与检修

任务引入.wmv

【任务引入】

一辆迈腾轿车车主反映最近机油消耗较快,排气管冒蓝烟。经维修组检查,排除了活塞连杆组因素,并判断可能由于气门组零部件而引起的故障,需要拆检气门组并进行修复。

【知识学习】

现代汽车发动机气门组的零部件安装在发动机的气缸盖中,进气门和排气门均倒挂在气缸上方,如图 3-3 所示。气门组主要由气门、气门座圈、气门弹簧、气门弹簧座、气门锁片、气门导管、气门油封等零件组成,如图 3-4 所示。

配气机构的
组成.mp4

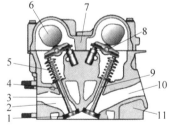

图 3-3　气门在气缸盖中的位置

1—气门座；2—排气道；3—排气门；4—气门导管；
5—气门弹簧；6—排气凸轮轴；7—气缸盖罩；8—摆臂；9—进气门；10—进气道；11—气缸盖

图 3-4　气门组的组成

1—气门锁片；2—气门弹簧；3—气门油封；
4—气门弹簧座；5—气门导管；6—气门

3.1.1　气门

1. 气门的功用与要求

气门安装在气缸盖上,用于控制进气道和排气道的开启或关闭。气门分为进气门和排气门,进气门安装在进气道处,排气门安装在排气道处。

气门工作时的润滑条件差,受热严重、散热困难,承受惯性冲击力,并受到混合气的腐蚀。因此,要求气门具有足够的强度和刚度,耐高温、耐冲击、耐腐蚀、耐磨损。进气门的材料一般采用中碳合金钢制造,排气门的材料一般采用耐热合金钢制造。

2. 气门的结构

汽车发动机的进气门和排气门由气门头部、密封锥面、气门杆、气门尾部、锁片环槽构成,如图3-5所示。

气门头部与气门座配合,气流通道起密封、传热作用。气门头部的热量一部分经过气门座圈传给气缸盖,一部分通过气门杆和气门导管传给气缸盖,最终都传给气缸盖水套中的冷却液,然后通过冷却液的循环流动带走。气门头部与杆身连接处有较大的圆角过渡,以减小气流阻力和应力集中。气门头部形状有平顶、喇叭形顶和球面顶等形状,如图3-6所示。平顶气门吸热面积小、质量小,进气门和排气门均可采用。喇叭形顶气门排气阻力小,废气清除效果好,适合应用于排气门。球面顶气门的流动阻力小,但受热面积大,适合应用于进气门。

气门的结构.mp4

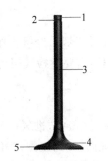

图 3-5　气门的结构

1—气门尾部;2—锁片环槽;3—气门杆;4—气门头部;5—密封锥面

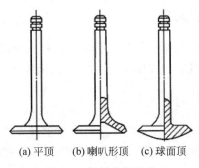

(a) 平顶　　(b) 喇叭形顶　　(c) 球面顶

图 3-6　气门头部形状

气门头部与气门座接触的工作面称为密封锥面。密封锥面是一个与气门杆同心的锥面,该锥面与气门顶平面的夹角称为气门锥角。气门锥角一般为45°,有些发动机的进气门锥角为30°,如图3-7所示。气门升程相同的情况下,气门锥角小时,气流通过断面大,进气阻力小。但是,气门锥角小的气门头部边缘薄、刚度小,气门头与气门座的密封性及导热性差。密封锥面应保持一定的厚度,一般为1~3mm的密封环带,以防止工作中受冲击而损坏或密封锥面受热变形,导致发动机漏气。为了减少进气阻力,提高充气效率,一般进气门头部直径大于排气门头部直径。

(a) 45°锥角　　　　(b) 30°锥角

图 3-7　气门锥角

气门杆为圆柱形,表面加工精度高,耐磨性好,与气门导管保持有正确的配合间隙,以减小磨损,起到导向、传热的作用。

3. 气门尾部的固定方式

气门尾部与气门弹簧座连接,承受驱动力。气门尾部的形状取决于气门弹簧座的固定方式。气门尾部有气门锁片、气门卡块、圆柱销3种定位方式,如图3-8所示。采用剖分成两半且外表面为锥面的气门锁片固定上气门弹簧座,结构简单,工作可靠,拆装方便,应用广泛。气门锁片内表面有多种形状,相应地气门尾部也有各种不同形状的气门尾部槽。

气门锁片的
功用.mp4

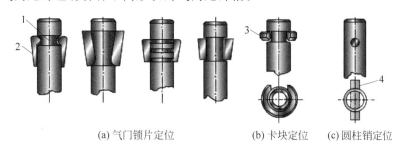

(a) 气门锁片定位　　　　　　　　(b) 卡块定位　　(c) 圆柱销定位

图 3-8　气门尾部固定方式

1—气门尾部;2—气门锁片;3—气门卡块;4—圆柱销

4. 气门的布置

一般发动机每个气缸有两个气门,即一个进气门和一个排气门。为了提高换气效果,要尽可能地增大进气门和排气门的直径,尤其是进气门直径,以增大进气门混合气(空气)通过的断面积,减小进气阻力,增加进气量,提高发动机性能。因为空间的限制,加之排气阻力对发动机性能的影响小于进气阻力的影响,所以包括两气门机在内,但凡每缸进气门和排气门数量相同时,进气门头部直径总比排气门大。

随着技术的发展,现代轿车发动机的最高时速普遍可达 6000r/min 以上,完成一个行程只需要约 0.005s,两气门已不能在如此短时间内有效换气,从而限制了发动机性能的提高。现代高速发动机采用多气门技术,即每个气缸的气门为3~5个。

三气门发动机每缸 2 个进气门,1 个排气门,排气门的头部直径比进气门大,与两气门发动机相比,进气量明显增加。

四气门发动机每缸 2 个进气门,2 个排气门。其突出的优点是:首先,气门通过断面积大,进气、排气充分,进气量增加,发动机的转矩和功率提高。其次,每缸 4 个气门,每个气门的头部直径较小,每个气门的质量减轻,运动惯性力减小,有利于提高发动机转速。最后,四气门发动机多采用篷形燃烧室,火花塞布置在燃烧室中央,有利于燃烧。四气门的排列有两种方式,一种是如图 3-9(a)所示的同名气门分布在两列,另一种是如图 3-9(b)所示的同名气门排成一列,由相应的凸轮轴驱动。

采用每缸五气门的发动机其气流通过面积更大,充气效率更高。五气门排列通常是同名气门排成一列,分别由进气凸轮轴和排气凸轮轴驱动。

需要注意的是气门数不是越多越好,根据理论计算,当每个单缸的气门数增加到 6 个时,其进气门和排气门的气流通过总截面反而比五气门小。同时,气门数增加就要增加配气

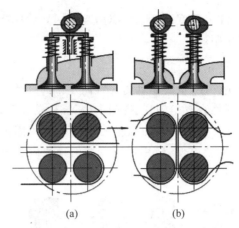

图 3-9　四气门排列方式

机构装置,使配气机构构造更复杂,成本更高。因而,现代高性能汽车发动机普遍采用每缸3个、4个或5个气门,其中以四气门应用最为广泛。

5. 气门的驱动

气门驱动有摇臂驱动、摆臂驱动和凸轮轴直接驱动3种方式。

(1)摇臂驱动。图3-1中气门就是由摇臂驱动的,图3-10的凸轮轴上置式配气机中凸轮轴推动液力挺柱,液力挺柱推动摇臂,摇臂再驱动气门,有的配气机构中,凸轮轴直接驱动摇臂,摇臂驱动气门。

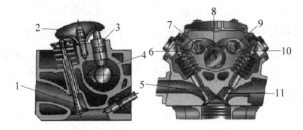

图 3-10　凸轮轴上置摇臂驱动式配气机构

1,11—进气门;2,6,10—摇臂;3—液力挺柱;4,8—凸轮轴;5—排气门;7,9—摇臂轴

(2)摆臂驱动。由于摆臂驱动气门的配气机构比摇臂驱动气门的配气机构的刚度更好,更有利于高速发动机,因此在轿车发动机中得到广泛应用。凸轮轴上置摆臂驱动式配气机构如图3-11所示。

(3)凸轮轴直接驱动。图3-12中凸轮轴通过液力挺柱直接驱动气门,与其他驱动形式的配气机构相比,直接驱动式配气机构刚度最大,驱动气门的能量损失最小。因此,在高度强化的轿车发动机上得到了广泛的应用。

6. 气门的损伤

气门是发动机的重要零部件。由于工作时会长时间处于高温、有害气体腐蚀及反复的冲击载荷的作用下,其工作环境十分恶劣,加之修理装配、使用方面不按技术规范进行,以及气门相关件的质量不合格等原因,气门造成损伤是在所难免的。气门的损伤主要包括:气门杆磨损、气门杆端面磨损、气门工作面磨损或烧蚀、气门杆弯曲变形,如图3-13所示。

气门组零部件的
损伤及原因.mp4

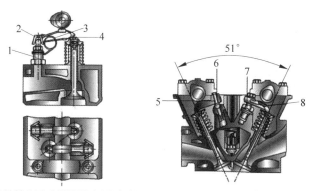

(a) 单凸轮轴上置式摆臂驱动配气机构　(b) 双凸轮轴上置式摆臂驱动配气机构

图 3-11　凸轮轴上置摆臂驱动式配气机构

1,7—摆臂支座；2,8—摆臂；3—弹簧扣；4—气门间隙调整块；5—气门间隙调整螺钉；6—锁紧螺母

图 3-12　凸轮轴直接驱动式配气机构

1—凸轮轴；2—液力挺柱；3—气门弹簧座；4—气门弹簧；5—气门导管；6—气门；7—气门座圈

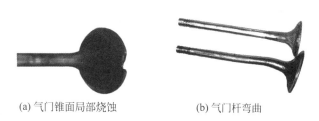

(a) 气门锥面局部烧蚀　　　　　(b) 气门杆弯曲

图 3-13　气门的损伤

3.1.2　气门座

1. 气门座的功用

气缸盖与气门锥面相结合的部位称为气门座，气门座的锥角与气门锥角相适应，如图 3-14 所示。气门座的功用是密封气缸内的气体、传递气门热量。气门与气门座之间的密封要求是比较严格的，气门把热量传递给气门座，气门座再把热量传递给冷却液，通过冷却液的循环流动带走热量。

2. 气门座的结构

气门座按结构形式分，可分为整体式和镶嵌式。整体式气门座是在气缸盖上加工成型的；镶嵌式气门座是在气缸盖的座圈孔中镶嵌了一个零部件，这个零部件就是气门座圈，如图 3-15 所示。整体式气门座散热效果好，但是由于气门座经常在高温、冲击、润滑条件差的环境下工作，易磨损。现代汽车发动机多采用镶嵌式气门座，以延长气缸盖的使用寿命，便于修理更换。气门座圈一般选用耐高温、耐磨损的材料，如合金铸铁、铁基粉末冶金、奥氏体钢等材料。气门座圈与气门座圈孔之间是过盈配合，可采用热装法或冷装法装配。

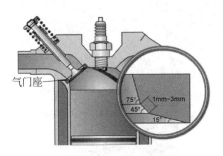

图 3-14 气门座及结构

图 3-15 气门座圈

3. 气门座的损伤及原因

配气机构的主要工作就是气门不断地开启和关闭,以便完成气体的交换。在气门完成工作的过程中要不断地撞击气门座,使气门座工作面起槽、变宽。在排气过程中,气门座还要受到高温气体的冲刷,使工作面氧化烧蚀出现斑点和凹蚀。由此可知,气门座常见损坏形式是磨损、烧蚀、凹痕、裂纹以及气门座圈脱落。

3.1.3 气门导管

气门导管的功用是对气门的运动起导向作用,保证气门做直线往复运动,使气门与气门座正确贴合。此外,还在气门杆与气缸盖之间起导热作用。

气门导管的工作温度较高,气门杆在气门导管中运动时,依靠凸轮轴飞溅出来的机油进行润滑,较易磨损。因此,要求气门导管材料的耐磨性好、导热性好、加工性好。气门导管一般选用的材料是含石墨较多的灰铸铁或铁基粉末冶金。

气门导管通常单独制成零部件,再压入气缸盖的孔中。气门导管与气门杆之间是间隙配合,配合间隙一般为 0.05～0.12mm,使气门杆能在气门导管中自由运动。

气门导管的常见损伤是磨损。气门导管磨损会导致气门杆的配合间隙增大,导向作用下降,使气门出现偏磨、密封不严。

气门导管的
功用. mp4

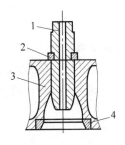

图 3-16 气门导管安装结构图
1—气门导管;2—卡环;
3—气缸盖;4—气门座

为了防止气门导管产生轴向移动,有些发动机对气门导管用凸台或卡环定位,如图 3-16 所示。带凸台和卡环的气门导管较压入式导管的配合过盈量要小,因为下气门弹簧座将凸台或卡环压住,使气门导管有了可靠的轴向定位,不致脱落。

3.1.4 气门油封

发动机工作时,凸轮轴飞溅起来的机油会顺着间隙流到气门杆和气门导管之间,对气门杆和气门导管摩擦副起润滑作用。发

气门油封的
功用. mp4

动机高速运转时,进气管中的真空度会显著升高,气缸盖罩中的机油会通过气门杆和气门导管之间的间隙被吸入气缸内,造成机油消耗增加,气门、燃烧室积炭。为此,在气门导管上安装有气门油封。气门油封的功用是防止机油进入进气管和排气管,避免造

成机油流失；防止汽油与空气的混合气体以及排放废气泄漏；防止发动机机油进入燃烧室。气门油封是一种耐高温、密封可靠的骨架式氟橡胶油封，其结构由外骨架和氟橡胶共同硫化而成，径口部装有自紧弹簧或钢丝。

气门油封是汽车的易损件之一，长期处于高温、高压、机油、摩擦环境下往复运动，易产生损坏。气门油封老化损坏后，会导致汽车加速乏力，烧机油，排气冒蓝烟等。

3.1.5 气门弹簧

气门弹簧使气门自动回位关闭，保证气门与气门座的密封，并吸收气门在关闭过程中各传动零件所产生的惯性力，以防传动件的跳动而破坏其密封性。

气门弹簧的功用.mp4

气门弹簧一般为圆柱形螺旋弹簧，如图 3-17(a)所示。气门弹簧的下端支承在气缸盖平面的弹簧凹坑内，上端与上气门弹簧座接触。气门弹簧安装时，需要具有一定的预紧力。气门弹簧一般选用的材料是合金弹簧钢。

(a)圆柱形螺旋弹簧　　(b)双气门弹簧　　(c)不等螺距弹簧

图 3-17　气门弹簧

当气门弹簧的工作频率与其固有的振动频率相等或为整数倍时，气门弹簧就会发生共振。共振时将使配气定时遭到破坏，使气门发生反跳和冲击，甚至使弹簧折断。减小或消除弹簧共振的措施如下。

（1）提高气门弹簧的固有振动频率。即提高气门弹簧的刚度，如加粗钢丝直径，减小弹簧的螺距。会增加功率消耗和零件之间的冲击载荷。

（2）采用双气门弹簧，如图 3-17(b)所示。安装时，双气门弹簧的旋向应相反。由于两弹簧的固有频率不同，当一个弹簧发生共振时，另一个弹簧可起减震作用。此外，当一个弹簧折断时，另一个弹簧仍可维持气门的工作。

（3）采用不等螺距弹簧，如图 3-17(c)所示。弹簧工作时，先在螺距大的一端变形，有效圈数逐渐减少，固有频率逐渐提高，使共振成为不可能。不等螺距弹簧安装时，螺距小的一端应朝向气门头部。

（4）采用锥形气门弹簧。锥形气门弹簧的刚度和固有振动频率沿弹簧轴线方向是变化的，因此，可以消除发生共振的可能性。

（5）采用加阻尼摩擦片的等螺距的单弹簧。

气门弹簧的主要损伤是弹性减弱、磨损、折断。气门弹簧损伤后，会造成气门关闭不严，发动机启动困难，功率下降，甚至造成气门顶置式配气机构的气门掉入气缸中。

【任务实施】

气门磨损严重会导致机油沿着气门进入燃烧室燃烧,消耗机油,尾气产生蓝烟,气缸内产生积炭。气门密封面与气门座密封不严导致气缸工作压力下降,发动机动力下降。为修复由于气门组造成的故障,就要完成气门组拆装、气门检测,确定更换的零部件等任务。

更换气门
油封.mp4

1. 气门组的拆装

使用设备	发动机裸机(大众 BYJ)		使用资料	维修手册
序号	操作步骤	工具	操作过程	维修规范与操作要求
1	气门组的装配关系分析			1—液压挺柱;2—气门锁片;3—气门弹簧座;4—气门弹簧;5—气门油封;6—气门导管;7—气缸盖;8—排气门;9—进气门
2	拆卸液力挺柱	吸棒	拆卸液力挺柱	维修规范: 用吸棒依次取下液力挺柱,并在工作台上按顺序摆放整齐
3	拆卸气门	气门拆装钳、吸棒	组装气门拆装钳	操作要求: (1) 在安装气门拆装钳时,要使其与气门头部和气门弹簧的中心线在同一条直线上,如下图所示。
			拆卸气门锁片	
			松开气门拆装钳,取出气门组零部件	(2) 在压缩过程中,当气门锁片露出时,用吸棒取出两片气门锁片。 (3) 松开气门拆装钳后,取出气门组的零部件,并在工作台上按顺序摆放整齐

续表

序号	操作步骤	工具	操作过程	维修规范与操作要求
4	拆卸气门油封	油封拆装钳	拆卸气门油封	操作要求： 用油封拆装钳慢慢取出气门油封,防止刮伤气门导管,如下图所示 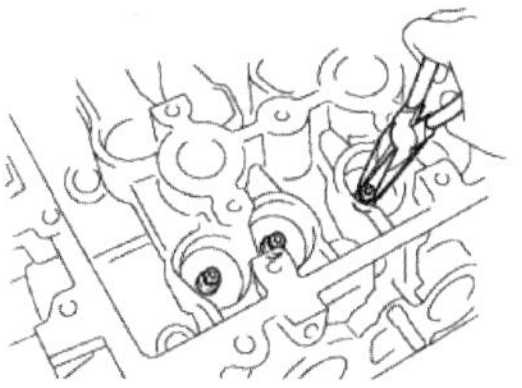
5	清洁、检查气门组零部件	抹布	清洁零部件 检查零部件	操作要求： 用抹布清洁零部件,检查零部件是否存在裂纹、划痕、变形等,视情况进行更换
6	安装气门油封	油封拆装钳	安装气门油封	操作要求： (1) 更换新气门油封。 (2) 使用油封拆装钳,将油封安装到位
7	安装气门	气门拆装钳	安装气门组零部件	操作要求： (1) 在气门杆身涂抹机油,然后从燃烧室插入气门导管中。 (2) 确保气门能够顺利地上下移动。 (3) 安装气门拆装钳,要使其与气门头部和气门弹簧的中心线在同一条直线上。 维修规范： (1) 在装配过程中,气门不能互换。 (2) 拆下气门拆装钳,用橡胶锤轻轻敲击气门尾端,使气门锁片锁止到位
8	安装液力挺柱		安装液力挺柱	操作要求： (1) 液力挺柱和液力挺柱安装孔需涂抹机油。 (2) 确保液力挺柱安装到位。 维修规范： (1) 安装前,液力挺柱需进行人工排气。 (2) 液力挺柱需原位装回,不能互换

2. 气门的检测

使用设备	发动机裸机(大众 BYJ)		使用资料	维修手册
序号	操作步骤	工具	操作过程	维修规范与操作要求
1	清洁、检查气门	抹布	用抹布清洁气门	操作要求: 检查气门是否存在裂纹、划痕、烧蚀等,视情况进行更换
			检查气门	
2	测量气门	游标卡尺	测量气门的长度	维修规范: 不允许修整进气门、排气门,只允许研磨。
			测量气门的头部直径	
		外径千分尺	清洁、校准外径千分尺	
			测量气门杆的直径	
3	检查气门密封锥面	普鲁士蓝	在气门锥面上涂抹薄薄的一层普鲁士蓝	操作要求: (1) 普鲁士蓝不能涂抹得太多。 (2) 气门被压在气门座上后,不能转动气门。 (3) 如果气门弯曲。气门导管间隙太大,则不能进行正确检查
			将气门装入气门导管	
			检查气门接触宽度和接触位置	

气门的标准值如下

(单位:mm)

尺寸	进气门	排气门
ϕa	33.85±0.10	28.0±0.10
ϕb	5.98±0.01	5.96±0.01
c	104.0±0.2	101.9±0.2
α	45	45

【自我检测】

3.1

任务 3.2 气门传动组检修

任务引入.mp4

【任务引入】

一辆皇冠轿车,发动机型号为 1G-GE,在行驶过程中,司机感觉发动机工作出现不稳,有轻微抖动。当时没有理会,经过一段时期后他才到 4S 店维修这辆轿车。经维修组检查,判断可能是凸轮轴存在故障,需要拆装气门传动组,检测凸轮。

【知识学习】

由于气门驱动形式和凸轮轴位置的不同,气门传动组的零部件组成差别很大。常见气门传动组主要包括凸轮轴正时齿轮(或正时带轮、正时链轮)、同步齿形带(或同步齿形链)、凸轮轴、挺柱、推杆、摆臂、摇臂、摇臂轴、摇臂轴座和气门间隙调整螺钉等零部件。

3.2.1 凸轮轴

1. 凸轮轴的功用及要求

凸轮轴是由曲轴驱动而旋转,驱动和控制各缸进气门和排气门的开闭,保证气门有足够的升程。有些凸轮上还带有驱动齿轮,用于驱动其他部件的工作。

凸轮轴的功用.mp4

凸轮轴在工作过程中承受气门间歇性开启的周期性冲击载荷,凸轮与挺柱或摇臂之间的接触应力很大,相对滑动速度很高,凸轮工作表面的磨损比较严重。因此,凸轮轴需具有韧性、刚度,足够的耐磨性,还要有良好的润滑条件。凸轮轴通常由优质碳钢或合金钢锻造,也可用合金铸铁或球墨铸铁铸造。

2. 凸轮轴的结构

凸轮轴分为进气凸轮轴和排气凸轮轴。如图 3-18 所示,凸轮轴主要由凸轮、轴颈、凸轮轴位置传感器信号盘、可变气门正时控制器轴颈等组成。凸轮轴的凸轮与轴是制成一体的。上置凸轮轴的支承轴颈直径一般比凸轮的最大外圆直径小。下置凸轮轴的支承轴颈直径一般比凸轮的最大外圆直径大,为了安装方便,凸轮轴的各轴颈直径是做成从前向后依次减小的。

凸轮轴的结构.mp4

凸轮用于控制气门的开启和关闭时刻、持续时间以及开闭的速度。凸轮轮廓的曲线形状不仅影响配气相位,而且影响气门的升程和气门的升降规律。凸轮的轮廓形状如图 3-19 所示,O 点为凸轮旋转中心,AE 是以 O 点为圆心、OA 为半径的圆弧,称为凸轮的基圆,圆弧 AM、NE 为凸轮的缓冲段,NC 为凸轮的上升段,CM 为凸轮的下降段,h 为凸轮的高度,也是对应的气门升程。以凸轮直接驱动气门的配气机构为例,凸轮转过 A 点后,挺柱开始下移,旋转至 M 点,气门间隙消除,气门开始开启,至 C 点时,气门开度最大,而后气门开度逐渐减小,至 N 点气门完全关闭,旋转至 E 点,气门间隙达到最大值。其中,ϕ 对应着气门开启的持续角。

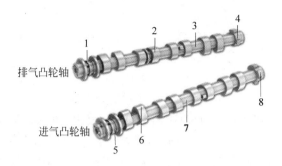

图 3-18　进气凸轮轴和排气凸轮轴

1,5—VVT 控制器轴颈；2—排气凸轮；3,7—凸轮轴轴颈；4—排气凸轮轴位
置传感器信号盘；6—进气凸轮；8—进气凸轮轴位置传感器信号盘

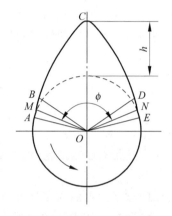

图 3-19　凸轮的轮廓形状

　　凸轮的数目由气门的多少确定,通常每一气缸有 4 个凸轮,分别用于进气门和排气门。同一气缸进气与排气凸轮之间的夹角取决于配气相位及凸轮轴旋转方向。凸轮轴上各同名凸轮(各进气凸轮或各排气凸轮)的相对角位置与凸轮轴旋转方向、发动机工作顺序、气缸数有关。对于缸数为 i 的四冲程直列发动机来说,相邻工作的两缸同名凸轮之间的夹角＝$360°/$ i。在四缸发动机中,相邻工作的两缸同名凸轮(进气凸轮或排气凸轮)之间的夹角为 $90°$；在六缸发动机中,相邻工作的两缸同名凸轮(进气凸轮或排气凸轮)之间的夹角为 $60°$。

　　在发动机工作的过程中,凸轮轴是由曲轴通过传动装置驱动的。四冲程发动机每完成一个工作循环,曲轴旋转两圈,各缸的进气门和排气门各开启一次,凸轮轴旋转一周。因此,曲轴与凸轮轴之间的传动比是 2∶1。

　　发动机在工作的过程中,防止凸轮轴在工作中产生轴向窜动,需进行轴向定位。凸轮轴轴向定位的定位方法有 3 种,分别为凸肩轴向定位、止推板轴向定位、止推螺钉定位。

　　3. 凸轮轴的驱动

　　凸轮轴通过传动系统由曲轴进行驱动。四冲程发动机一个工作循环曲轴转动 2 圈,即 $720°$。由于一个工作循环内进气门和排气门都只打开一次,所以凸轮轴只需要转动 1 圈,即 $360°$。因而曲轴驱动凸轮轴转动时要严格遵循 2∶1 的传动比关系。曲轴与凸轮轴间传动方式有以下3种。

（1）齿形皮带传动。凸轮轴上置式配气机构可采用齿形皮带传动，如图3-20（a）所示。为使皮带在工作过程中具有一定的张力而不致跳齿或脱落，装有机械张紧装置。这种结构工作平稳，噪声小，不需润滑，制造、安装精度要求高，价格较贵，使用寿命短。

（2）链条传动。凸轮轴上置、中置式配气机构可采用链条传动，如图3-20（b）所示。为使链条在工作过程中具有一定的张力而不致脱链，装有导链板和液压张紧装置等。这种结构适于远距离传动，传动平稳性较差，有冲击和噪声，价格较贵。

（3）齿轮传动。凸轮轴下置、中置式配气机构中多采用齿轮传动，如图3-20（c）所示。一般曲轴与凸轮轴之间只需一对定时齿轮，必要时，可加中间齿轮。这种结构传动效率高，制造、安装方便。

(a) 齿形皮带传动　　　(b) 链条传动　　　(c) 齿轮传动

图 3-20　凸轮轴的传动方式

4. 凸轮轴的损伤

凸轮轴的主要损伤包括凸轮工作表面磨损、点蚀、擦伤，凸轮轴弯曲变形，凸轮轴轴颈磨损，正时齿轮（或链轮、带轮）损坏等。

气门传动组零部件的损伤.mp4

3.2.2　挺柱

凸轮轴下置式配气机构的挺柱位于凸轮与推杆之间，凸轮轴上置式配气机构的挺柱位于凸轮与气门杆之间。挺柱的功用是将凸轮的推力传给推杆或气门杆，并承受凸轮轴旋转时所施加的侧向力。常用镍铬合金铸铁或冷激合金铸铁制造。挺柱分为机械挺柱和液压挺柱（液力挺柱）。

1. 机械挺柱

机械挺柱分为平底挺柱、球面挺柱、菌式挺柱和滚轮式挺柱。挺柱在工作的过程中，一边上下移动一边旋转，旋转的目的是为了使挺柱与凸轮、挺柱与气门导管之间摩擦均匀。实现挺柱旋转的方式有两种：①挺柱偏置，如图3-21（a）所示，挺柱的中心线与凸轮的中心线之间有一个偏移距；②锥面凸轮球面挺柱，如图3-21（b）所示，凸轮的形状是锥形的，挺柱的这个位置是球面的。

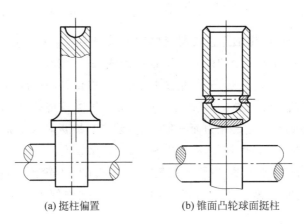

(a) 挺柱偏置　　　　　　　(b) 锥面凸轮球面挺柱

图 3-21　挺柱旋转的方式

2. 液压挺柱

1）液压挺柱的结构

如图 3-22 所示为一种用于凸轮轴直接驱动气门的液压挺柱，主要由进油口、球阀、低压油腔、高压油腔、键型槽、柱塞、液压缸、挺柱体和挺柱导向座组成。挺柱体外圆柱面上有一环形油槽，油槽内有一进油孔与低压油腔相通，顶面内侧有一键型槽将低压油腔与柱塞上部相通。液压缸外侧与挺柱体内导向座配合，液压缸内侧与柱塞配合，两者都有相对运动。液压缸底部的压力弹簧把球阀压靠在柱塞底部的阀座上，当球阀关闭柱塞的中间孔时，可将挺柱分成上部的低压油腔和下部的高压油腔，当球阀打开时，则成为一个通腔。

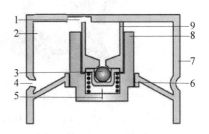

图 3-22　液压挺柱结构图

1—键型槽；2—低压油腔；3—球阀；4—进油口；5—高压油腔；6—挺柱导向座；7—挺柱体；8—液压缸；9—柱塞

液压挺柱与凸轮的接触面为平面，为了减小平面的磨损，液压挺柱在工作中，会进行旋转。为了保证液压挺柱的旋转，液压挺柱中心线与凸轮的对称中心线偏移 1.5mm，同时，凸轮在轴向倾斜 0.002～0.02mm，使挺柱在工作过程中能绕其轴线微微转动。

采用液压挺柱消除了气门与传动机构之间的间隙，减小了各零件的冲击载荷和噪声。同时凸轮轮廓可设计得陡一些，使气门的开启和关闭更快，以减小进、排气阻力，延长气门与气门座的接触时间，提高发动机的高速运转性能。从而改善气门的冷却，延长气门的使用寿命。

2）液压挺柱的工作过程

当凸轮基圆与挺柱接触时，压力弹簧使挺柱顶面与凸轮轮廓线保持紧密接触，液压缸下端面与气门杆尾部紧密接触，因此没有气门间隙。同时，挺柱体上的环形油槽与气缸盖上的油孔对齐，来自气缸盖油道的机油经环形油槽流入挺柱体内的低压油腔，并经键型槽流入柱塞上方的低压油腔。

当凸轮转过基圆使凸起部分与挺柱接触时，挺柱体和柱塞向下移动，高

液压挺柱工作原理.mp4

压油腔中的机油被压缩,油压升高,加上压力弹簧的作用,使球阀紧压在柱塞下端的阀座上,这时高压油腔和低压油腔被分隔开。由于液体的不可压缩性,整个挺柱如同一个刚性体,下移打开气门。此时,挺柱体环形油槽已经离开了进油的位置并停止进油。

当挺柱到达下止点后开始上行时,由于仍受到气门弹簧和凸轮两方面的顶压,高压油腔继续封闭,球阀也不会打开,液压挺柱仍可认为是一个刚性体,直至气门完全关闭时为止。此时,凸轮重新转到基圆与挺柱接触位置,气缸盖油道中的机油又重新进入挺柱的低压油腔。同时,挺柱无凸轮的压力,高压油腔内的压力油和压力弹簧一起推动柱塞上行,高压油腔的油压下降。从低压油腔来的压力油推开球阀进入高压油腔,使两腔连通并充满机油。这时挺柱顶面仍和凸轮紧贴,气门间隙得到补偿。

3)气门间隙的自动补偿原理

在气门受热膨胀时,柱塞和液压缸作轴向相对运动,高压油腔的机油可经过油缸与柱塞间的缝隙挤入低压油腔,使柱塞自动"缩短",保证气门关闭紧密。当气门冷却收缩时,压力弹簧将油缸向下推动,而使柱塞与挺柱体向上移动,高压油腔内压力下降,球阀打开,低压油腔的机油进入高压油腔,挺柱自动"伸长",保证配气机构无间隙。所以使用液压挺柱时,可以不预留气门间隙,也不需要调整气门间隙。

4)使用注意事项

液压挺柱在使用过程中需注意以下几点。

(1)液压挺柱对机油的压力和滤清质量要求严格。

(2)液压挺柱安装前必须人工排气充机油,以免工作时产生额外噪声。

(3)液压挺柱是不可拆卸的组件,磨损后无法调整,只能更换。

(4)若通往气缸体—气缸盖油道中的单向阀损坏,则发动机无法启动。

3.2.3 推杆

推杆的功用是将从凸轮轴经过挺柱传来的运动和作用力传给摇臂。推杆通常采用无缝钢管制成。杆的两端焊接或压配有不同形状的端头,下端头通常是圆球形,以便与挺柱的凹球形支座相适应;上端头一般采用凹球形,主要是为了与摇臂上的气门间隙调整螺钉的球形头部相适应,如图3-23所示。另外还可以积存少量润滑油以减小磨损。推杆的上、下端头均经热处理并磨光,以提高其耐磨性。

推杆的主要损伤包括弯曲变形和端头磨损。弯曲应通过校直修理,磨损严重的应更换新件。

3.2.4 摇臂

摇臂的功用是将推杆或凸轮传来的力改变方向,作用到气门杆端以推开气门。摇臂动力点和阻力点在支点两侧,起不等臂杠杆的作用,靠气门一端比靠推杆一端的臂长长30%~50%,这种结构可以获得较大的气门升程,减少推杆和挺柱的移动量,也减少了往复运动产生的惯性力。图3-24所示为一种常见的摇臂,其一端为扁圆的工作面,与气门杆端相接触,另一端为带球头的调整螺钉,与推杆相接触,以调整气门间隙。中部为摇臂轴孔,装有青铜衬套,与摇臂轴相结合。

摇臂的功用.mp4

图 3-23　推杆

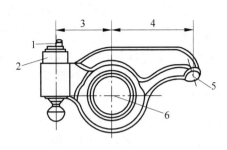

图 3-24　摇臂

1—气门间隙调整螺钉；2—调整螺母；3—短臂；4—长臂；
5—头部工作面；6—摇臂轴孔

长时间使用后，摇臂头部工作面会出现磨损、凹陷，摇臂轴孔内铜套磨损，润滑油孔堵塞等现象。对于损伤的检测修复方法如下。

（1）检修摇臂与气门杆（或推杆）头部接触圆柱面，用手触摸头部接触圆柱面。

① 若光洁无损伤或磨损轻微时，可以继续使用。

② 头部磨损凹陷或有轻微台阶时，可对照圆弧样板用油石进行修整（在平行于轴孔方向上不应有弧形），然后用 00 号砂布抛光。需要注意的是，有的摇臂头部镀有 0.02～0.05mm 厚的镀铬层，修磨时不能破坏镀铬层。

③ 头部严重磨损凹陷后，应更换新件，必要时也可堆焊修磨。修整加工后，摇臂圆柱弧面对摇臂孔中心线的平行度偏差应不大于 0.03mm。

④ 对于头部有镀铬层或粘合金块的气门摇臂，头部严重磨损后，应更换新件。

⑤ 对凸轮轴顶置式配气机构的摇臂，还应检查另一端所装调整螺钉尾部球面磨损变形情况。如有不均匀磨损，应修平，以恢复原来的形状。

⑥ 当无修复条件时，可更换新的气门摇臂。

（2）摇臂轴孔内的铜套磨损超限后，应更换。

（3）安装调整螺钉的螺孔损坏时，一般应更换摇臂。

（4）检查摇臂的机油孔，若已有堵塞，必须清洁、修整和疏通。

3.2.5　摆臂

摆臂的功用是凸轮传来的力作用到气门杆端以推开气门，摆臂只用在凸轮轴位于气门上方的配气机构中。摆臂是一种动力点（凸轮作用点）与阻力点（气门作用点）在同侧的杠杆机构，其一端连接固定在液力挺柱上，另一端为工作面作用在气门上，凸轮轴作用在中间。图 3-25 所示为滚子式摆臂，由具有杠杆作用的钢板型材和一个带有滚珠轴承的滚柱组成，其一端被固定在液压挺柱之上，另一端则固定于气门之上，当凸轮轴通过"滚子"对摇臂施加作用力后，由摇臂完成对气门的驱动。

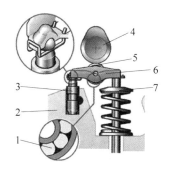

图 3-25 滚子摆臂气门驱动总成

更换凸轮轴、液力挺柱.mp4

1,5—滚子;2—气缸盖;3—液力挺柱;4—凸轮;6—摆臂;7—气门弹簧座

【任务实施】

下面完成"任务引入"提到的凸轮轴拆装和检测任务。

1. 凸轮轴的拆装

使用设备	发动机裸机(大众 BYJ)		使用资料	维修手册
序号	操作内容	工具	操作过程	维修规范与操作要求
1	分析凸轮轴装配关系		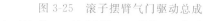 1—密封塞;2—O形环;3—进气凸轮轴;4—密封盖;5—气缸盖;6—排气凸轮轴;7—气缸盖罩;8—气缸盖罩螺栓	
2	拆卸凸轮轴	棘轮扳手、接杆、T30	旋出气缸盖罩螺栓	操作要求: (1) 按照由两边向中间的顺序均匀拧松气缸盖罩螺栓。 (2) 取下气缸盖罩时,避免污物和硅胶密封剂残余物进入气缸盖中。
			取下气缸盖罩、凸轮轴	(3) 拆卸气缸盖罩后将其安装平面朝上放置。 (4) 根据维修手册要求,每次拆卸气缸盖罩螺栓后需更换新螺栓

续表

序号	操作内容	工具	操作过程	维修规范与操作要求
3	安装凸轮轴	凸轮轴夹具	安装、固定凸轮轴夹具	操作要求: (1) 转动进气、排气凸轮轴直至能够将凸轮轴夹具推入凸轮轴孔中至极限位置。 (2) 用一个 M6 螺栓固定凸轮轴夹具,用手拧紧。 (3) 不允许将凸轮轴夹具用作止动工具。 (4) 将硅胶密封剂涂敷到气缸盖罩的密封面上。 注意: ① 涂敷硅胶密封剂时,密封面必须无油脂。 ② 气缸盖罩必须在涂敷硅胶密封剂后 5min 内安装。 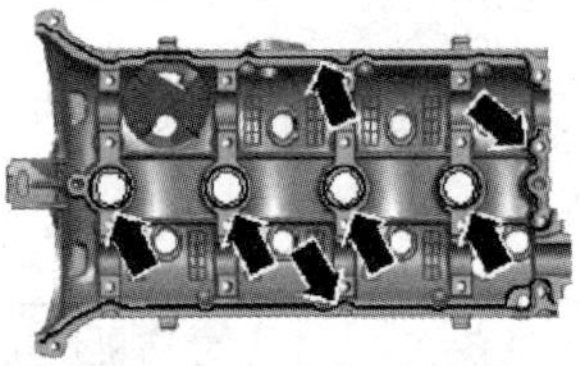 (5) 按照由中间向两边的顺序,如下图标序所示,用扭力扳手拧至规定扭矩。 注意:气缸盖罩螺栓安装时一定要按照规定顺序及要求拧紧,防止安装不到位造成气缸盖罩变形。 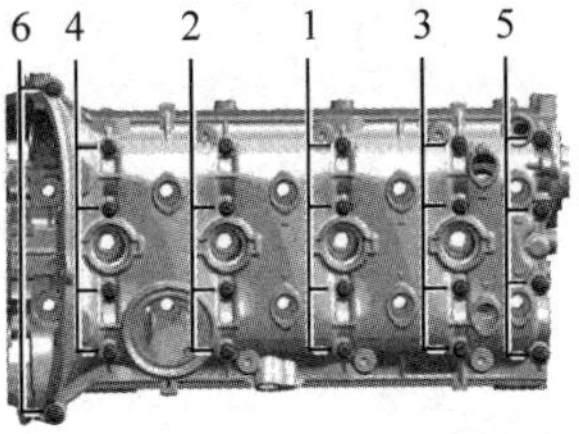 维修规范: 气缸盖罩螺栓扭力为 8N·m+90°
		硅胶密封胶	在气缸盖罩的密封面上涂抹密封胶	
		棘轮扳手、接杆、T30、扭力扳手	安装气缸盖罩	

2. 凸轮轴的检测

使用设备	发动机裸机(大众 BYJ)		使用资料	维修手册
序号	操作内容	工具	操作过程	维修规范与操作要求
1	清洁、检查凸轮轴	抹布、吹气枪	清洁凸轮轴	操作要求: 检查凸轮轴是否有麻点、划痕、磨损、裂纹等损伤,视情况进行修理或更换新凸轮轴
			检查凸轮轴	

续表

序号	操作内容	工具	操作过程	维修规范与操作要求
2	凸轮轴弯曲变形的检测	磁性表座、百分表、V型块	清洁、组装测量工具	操作要求： (1) 检查百分表、磁性表座,组装时,百分表的调整螺钉必须锁紧。 (2) 调整百分表,使百分表杆与凸轮轴轴颈接触,并对百分表预压1mm左右。 (3) 轻轻转动凸轮轴一圈,在转动过程中观察指针的摆动,指针摆过的格数乘以百分表的测量精度,即为凸轮轴的圆跳动。
			凸轮轴弯曲变形的检测	1—百分表；2,3—V型块 维修规范： 径向圆跳动标准值为0.04mm
3	凸轮轴颈磨损的检测	外径千分尺	清洁、校准外径千分尺	操作要求： 在每道轴颈的前后各取两个测量部位,每个部位取相互垂直的两个方向进行测量
			凸轮轴颈磨损的检测	
4	凸轮的检测		清洁、校准外径千分尺	操作要求： 使用校准外径千分尺,测量凸轮桃尖高度
			凸轮的检测	

【自我检测】

3.2

任务 3.3 配气正时的检测与调整

任务引入.mp4

【任务引入】

一辆北京切诺基汽车装备四缸电子控制燃油喷射发动机,车辆大修之后,有启动迹象,但始终不能顺利启动。经维修组检查分析,判断可能是凸轮轴驱动链条装配存在故障,需要重新调整配气正时。

【知识学习】

配气相位的
定义.mp4

3.3.1 配气正时

理论上讲,在四行程发动机的一个工作循环中,进气、压缩、做功、排气各占 180°曲轴转角,进气门在进气行程的上止点时开启,在下止点时关闭;排气门在排气行程的下止点时开启,在上止点时关闭。但是实际上,发动机在工作时,曲轴转速很高,活塞每一行程历时极短,如果气门按照理论上进行开闭时,会使发动机进气不足、排气不净,从而使发动机功率下降。为了使发动机进气充分、排气彻底,提高发动机的性能,除了从结构上进行改进外,考虑到气体流动惯性的影响和发动机转速的要求,现代发动机都采用进气门和排气门提前打开、延迟关闭,以改善进气和排气状况,从而提高发动机的动力性。也就是说,进气门和排气门开启的过程中,曲轴转角都大于 180°。

用曲轴转过角度表示的进气门和排气门开、闭时刻与开启持续时间称为配气相位。配气相位通常用相对于上、下止点曲拐位置的环形图来表示,这种图形称为配气相位图,如图 3-26 所示。

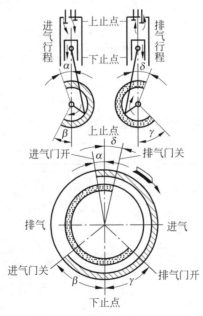

图 3-26 配气相位图

1. 进气过程的配气相位分析

(1) 进气提前角。在排气行程接近终了、活塞到达上止点之前，进气门就开始开启了。从进气门开始开启到活塞运动到进气行程上止点时，曲轴所转过的角度，称为进气提前角，用 α 表示，一般为 $10°\sim30°$。进气门提前打开的目的是当气缸内的气体压力小于外界大气压时，气门已经完全打开，以减少进气开始时的进气阻力，使得进气充分。

(2) 进气延迟角。当活塞处于进气行程的下止点时，进气门依然是打开的，活塞再上行一小段时间，进气门才关闭。从进气行程下止点到进气门完全关闭，曲轴所转过的角度，称为进气延迟角，用 β 表示，一般为 $40°\sim80°$。进气门迟后关闭，也就是在压缩行程中关闭，在压缩行程的初期，之所以能够继续往气缸内进气，利用的是进气气流的流动惯性和压差。

从进气门开始开启到进气门完全关闭，曲轴所转过的角度，称为进气持续角。进气持续角 $=\alpha+180°+\beta$。

配气相位的分析.mp4

2. 排气过程的配气相位分析

(1) 排气提前角。在做功行程的末期，活塞到达下止点之前，排气门就已经开启。从排气门开始开启到活塞运动到排气行程下止点时，曲轴所转过的角度，称为排气提前角，用 γ 表示，一般为 $40°\sim80°$。当做功行程即将结束时，气缸内的气体压力为 $0.30\sim0.50$MPa，此压力对做功的作用已经不大，但仍比大气压力高，因此，在该压力下，气缸内的废气能够迅速地排出。待活塞到达下止点时，气缸内的压力约为 0.115MPa，此时进一步加大排气门的开度，可降低活塞上行的排气阻力，使排气行程所消耗的功率大大减小。

(2) 排气延迟角。活塞到达排气行程的下止点时，排气门仍打开，活塞下行，进入进气行程后，排气门才关闭。从排气行程上止点到排气门完全关闭，曲轴所转过的角度，称为排气延迟角，用 δ 表示，一般为 $10°\sim30°$。当活塞到达排气行程的上止点时，气缸内的残余废气压力仍高于大气压力，加之废气的流动惯性，仍可利用排气气流的流动惯性和压差，继续排气，使得排气彻底。

从排气门开始开启到排气门完全关闭，曲轴所转过的角度，称为排气过程持续角，排气过程持续角 $=\gamma+180°+\delta$。

3. 气门重叠

发动机在工作过程中，由于进气门早开和排气门晚关，致使活塞在排气上止点附近出现进气门和排气门同时开启的现象，这种现象称为气门重叠。进气门和排气门同时开启过程中的曲轴转角，称为气门重叠角。气门重叠角等于进气提前角与排气迟后角之和，即 $\alpha+\delta$。

由于新鲜的气流和废气流的流动惯性都比较大，在气门叠开时不会改变流向。只要气门重叠角选择适当，就不会有废气倒流入进气管和新鲜气体随同废气排出的可能性，有利于换气。对于不同的发动机，由于结构形式、转速各不相同，因此配气相位也各不相同。合理的配气相位应根据发动机性能要求，通过反复试验确定。

配气正时就是配气机构按照配气相位的要求，正确且准时开启或关闭进气门和排气门。这就要求曲轴与凸轮轴之间在转动时要有正确的转角位置对应关系。为保证装配时的配气正时，传动装置上都有正时记号，装配时必须使记号对齐。由于安装不正确或同步齿形带跳齿等原因造成配气正时错误，轻则引起进气不充分、排气不彻底，使发动机动力下降，严重时则造成顶弯或顶坏气门。

3.3.2　可变配气正时与气门升程系统

发动机的气门正时取决于凸轮轴的相位,一旦凸轮轴的相位确定,其进排气门开启和关闭的相位也是确定的。同时,凸轮升程一旦确定,气门升程也是确定的。通常情况下凸轮轴在设计时,只能保证发动机在某一转速范围下处于最佳的配气相位,而在发动机转速很低或很高时,其配气相位就会处于不理想的状态。为提高发动机的性能,目前以改变凸轮轴相位角和变换凸轮为主要手段的配气相位及气门升程可变技术在现代汽车发动机的应用方面越来越广。

1. 本田 i-VTEC 控制系统

VTEC 是英文 Variable Valve Timing & Valve Lift Electronic Control System 的缩写,中文意思是"可变配气正时和气门升程电子控制系统"。i-VTEC 是智能可变气门正时系统,可调节气门升程,且能连续调节气门正时。i-VTEC 系统是在 VTEC 系统的基础上,增加了一个 VTC(Variable Timing Control,可变正时控制)的装置。

1) VTEC 机构的结构

VTEC 机构的结构如图 3-27 所示。VTEC 机构是四气门,双凸轮轴驱动的发动机,4 个气门中,2 个进气门,2 个排气门,一根凸轮轴用于驱动进气门,一根凸轮轴用于驱动排气门。VTEC 机构一般只应用在进气门。VTEC 机构主要由气门、凸轮轴、摇臂、同步活塞和正时活塞等零部件组成。其中,

VTEC 的
结构.mp4

每缸的进气凸轮轴上有 3 个凸轮(主凸轮、中间凸轮、次凸轮)和 3 个摇臂(主摇臂、中间摇臂、次摇臂)。主凸轮、中间凸轮、次凸轮 3 个凸轮对应主摇臂、中间摇臂、次摇臂 3 个摇臂。主摇臂、次摇臂分别驱动主进气门、次进气门,中间摇臂另一端在低速时自由转动。中间凸轮的升程最大,主凸轮升程小于中间凸轮升程,次凸轮的升程最小,最高处稍微高于基圆,在发动机怠速运行时,通过次摇臂稍微打开次气门,以免燃油集聚在次进气门口。气门摇臂分成并排在一起的主摇臂、中间摇臂和辅助摇臂,在主摇臂内有一油道与摇臂轴油道相通,在主摇臂的腔内有一正时活塞,在辅助摇臂的腔内有同步活塞 A 和同步活塞B,在正时活塞、同步活塞间有一正时弹簧,在主摇臂上设有一个正时板,如图 3-28 所示。

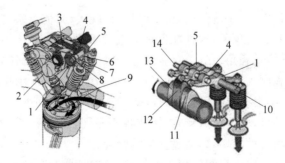

图 3-27　本田 VTEC 机构

1—主摇臂;2—凸轮轴;3—正时板;4—中间摇臂;5—次摇臂;
6—同步活塞 B;7—同步活塞 A;8—正时活塞;9—气门;10—摇
臂轴;11—主凸轮;12—中间凸轮;13—次凸轮;14—活塞

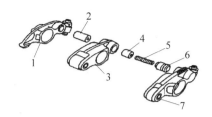

图 3-28　摇臂总成

1—辅助摇臂；2—同步活塞 B；3—中间摇臂；4—同步活塞 A；5—正时弹簧；6—正时活塞；7—主摇臂

2）VTEC 机构的工作原理

VTEC 机构是采用一根凸轮轴上设计两种气门升程的凸轮，利用液压进行切换的装置。VTEC 机构根据传感器提供的发动机转速、负荷、冷却液温度及车速信号，经汽车电子控制单元（ECU）分析、计算、处理，向 VTEC 电磁阀输出信号进而控制油路开闭。

VTEC 的工作过程.mp4

VTEC 不工作时，正时活塞和主同步活塞位于主摇臂缸内，与中间摇臂等宽的中间同步活塞位于中间摇臂油缸内，次同步活塞和弹簧一起位于次摇臂油缸内。正时活塞的一端和液压油道相通，油道的开闭由 ECU 通过 VTEC 电磁阀来控制。

（1）发动机在低速运转时。ECU 无指令，如图 3-29（a）所示，凸轮轴油道内没有机油压力，活塞在回位弹簧的作用下处于左端，各活塞位于各自的油缸内，各个摇臂均独自做剩下的运动，互不干涉。主摇臂紧随主凸轮开闭主进气门，供给发动机在低速工况时所需的混合气；次凸轮迫使次摇臂微微起伏，次进气门微微开闭；中间摇臂虽然随着中间凸轮大幅度运动，但它对任何气门均不起作用。此时发动机处于单进、双排气门工作状态，吸入的混合气不到高速时的一半。因所有气缸参与工作，发动机的运转十分平顺均衡。

（2）发动机在高速运转时。随着转速的提高，当到达转换条件时，ECU 向 VTEC 电磁阀供电已升启工作油道，如图 3-29（b）所示，压力油由工作油道进入油缸，推动活塞，压缩弹簧；主摇臂，中间摇臂和次摇臂被主同步活塞、中间同步活塞和次同步活塞串联为一体，成为一个同步活动的组合摇臂。因中间凸轮的升程大于另外两个凸轮，配气正时提前，故组合摇臂随中间摇臂一起受中间凸轮驱动，主气门和次气门都大幅度地同步开闭，配气相位处于最佳状态，吸入的混合气量增多，满足发动机高速、大负荷的进气要求。

3）VTC 的结构与工作原理

VTC 的结构与 VVT（Variable Valve Timing）的结构相同，VTC 的工作原理与 VVT-i 的工作原理相同。

2. 丰田 VVT-i 控制系统

VVT 是英文 Variable Valve Timing 的缩写，中文意思是"可变气门正时"。VVT-i 是智能可变气门正时系统，可连续调节气门正时，但不能调节气门升程。VVT 系统按驱动形式可分为液压驱动式和电磁驱动式。液压驱动式可分为正时系统驱动和配气机构驱动。正时系统驱动可分为链条驱动式、螺旋线式和叶片式。

VVT 的结构及工作原理.avi

1）结构

以叶片式液压驱动式的 VVT-i 系统为例进行介绍。VVT 系统由传感

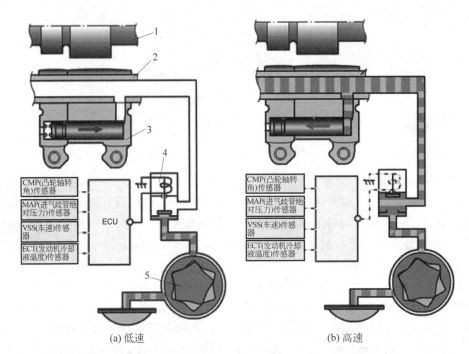

图 3-29　VTEC 机构的工作原理

1—凸轮轴；2—摇臂轴；3—摇臂；4—VTEC 电磁阀；5—机油泵

器、发动机管理系统(EMS)和执行机构 3 部分组成，如图 3-30 所示。凸轮轴相位传感器、曲轴相位传感器是 VVT 系统主要的传感器；EMS 是发动机的管理系统；VVT 控制器、凸轮轴正时机油控制阀(OCV)是 VVT 系统主要的执行机构。

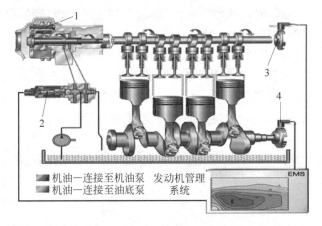

图 3-30　VVT-i 控制系统

1—VVT 控制器；2—机油控制阀；3—凸轮相位传感器；4—曲轴相位传感器

　　VVT 控制器主要由定子、转子、前盖、后盖、锁销、回位弹簧、油封组成，如图 3-31 所示。其中，定子、前盖、后盖共同组成液压空腔，并被带有油封的转子分割为两个油腔，油腔分别与凸轮轴和 OCV 进出油孔对应相连。转子与凸轮轴通过中央螺栓固定在一起，转子与凸轮轴的转动是同步的，定子与曲轴的转动是同步的。转子相对于定子有相对转动时，意味着凸轮轴相对于曲轴有正时提前或滞后。

图 3-31　VVT 控制器的结构

1—定子螺栓(4 个)；2—定子(正时齿轮)；3—锁销；4—前
盖；5—回位弹簧；6—油封(4 个)；7—转子；8—后盖

VVT 系统的 OCV 阀为比例阀,即阀芯的移动位置与发动机 ECU 向 OCV 线圈提供的脉冲宽度调制(PWM)占空比大小是成正比的。占空比逐渐加大时,线圈电磁力也逐渐加大,铁心总成在螺线管中移动,并克服弹簧弹力推动阀芯前移,当占空比信号逐渐减小时,电磁力也逐渐减小,阀芯在弹簧弹力的作用下逐渐回位。阀芯在移动过程中,与阀套配合实现油路的切换,从而控制机油进出 OCV 阀的方向和流量,进而控制流入/流出控制器油腔的机油流量,如图 3-32 所示。

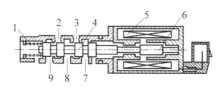

图 3-32　OCV 阀的结构

1—弹簧；2—至正时调节器的提前侧；3—至正时调节器的滞后侧；
4—滑阀；5—线圈；6—柱塞；7—排放；8—压力油；9—排放

2) 工作原理

(1) 正时保持。转子相对定子顺时针转动一定角度后,输入 OCV 的 PWM 信号占空比大约在 50%,相位器左右两侧油腔同时供油,转子和定子保持在该相对位置。通常 VVT 介入调节后,转子和定子大部分时间工作在某一角度的动态稳定位置。

(2) 正时提前。如图 3-33(a)所示,输入 OCV 的 PWM 信号占空比逐渐加大,阀芯移动到最远的位置,相位器中左侧油腔压力逐渐加大,解锁后,当左侧油腔中压力大于右侧油腔压力,并克服凸轮轴摩擦转矩以及相位器内部摩擦转矩之后,转子相对定子有顺时针转动,凸轮轴向正时提前方向调节,即进气门将提前打开和关闭。

(3) 正时推迟。如图 3-33(b)所示,输入 OCV 的 PWM 信号占空比通常为 0,阀芯没有移动。相位器右侧油腔的油压大于左侧油腔的油压,叶片左侧紧靠在定子台肩上,转子与定子之间没有发生相对转动,及凸轮轴相对于曲轴正时没有调节。通常进气 VVT 基准位置为进气配气相位滞后位置,即进气门滞后打开和关闭。

3. 奥迪可变气门升程系统(AVS)

AVS 是英文 Audi Valvelift System 的缩写,中文意思是"奥迪可变气门升程系统"。AVS 针对汽油发动机进气门正时和升程加以控制。AVS 与本田 i-VTEC 系统在设计理念

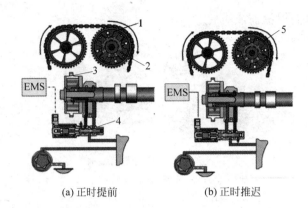

(a) 正时提前　　　　　　(b) 正时推迟

图 3-33　VVT-i 控制系统的工作原理

1—提前腔；2—叶片；3—VVT 控制器；4—OCV 阀；5—延迟腔

上类似，只是在实施手段上略有不同。

1）结构

AVS 主要由凸轮轴、气门、电磁阀驱动器、螺旋沟槽、滚子摇臂等零部件组成，如图 3-34 所示。

进气凸轮轴上有花键，凸轮块就装在花键上。液压套筒（凸轮块）可在轴向移动约 7mm，其上有两个不同的凸轮外形，一个升程小，一个升程大，如图 3-35 所示。

AVS 结构.wmv

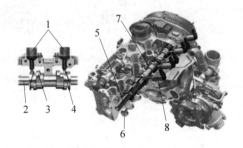

图 3-34　AVS 的组成

1—电动驱动器；2,5—凸轮轴；3,7—凸轮；4—螺旋沟槽；6—气门；8—电磁阀驱动器

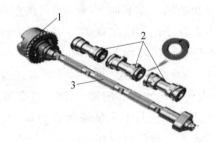

图 3-35　凸轮轴的结构

1—凸轮轴控制器；2—凸轮块（带内花键）；3—进气凸轮轴（带外花键）

2）工作原理

（1）低负载时，如图 3-36（a）所示。AVS 将凸轮模块推至左侧，以较小的凸轮推动气门。此时气门升程可在 2～5.7mm 进行调整，而不对称的气门升程设计，也让空气在以螺旋的方式进入燃烧室；在搭配特殊的燃烧室和活塞顶部设计，可让气缸内的油气混合情形更符合发动机的设计原理。

AVS工作
过程.wmv

（2）高负载时，如图 3-36（b）所示。AVS 将凸轮模块向右推动 7mm，使角度较大的凸轮得以推动气门连杆；在此情况下，气门升程可达到 11mm，可提供燃烧室最佳的进气流量和进气流速，以达到最强劲的动力输出。

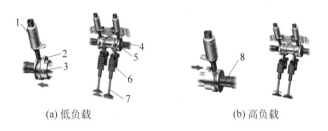

(a) 低负载　　　　　　　　　　(b) 高负载

图 3-36　AVS 的工作原理

1—电磁阀驱动器；2,5—凸轮；3—螺旋沟槽；4,8—凸轮轴；6—气门
弹簧；7—气门

4. 宝马 Valvetronic 可变气门升程系统

宝马 Valvetronic 可变气门升程系统主要是通过在其配气机构上增加偏心轴、伺服电动机和中间推杆等部件来改变气门升程。当电动机工作时，蜗轮蜗杆机构会驱动偏心轴发生旋转，再通过中间推杆和摇臂推动气门。偏心轮旋转的角度不同，凸轮轴通过中间推杆和摇臂推动气门产生的升程也不同，从而实现对气门升程的控制，如图 3-37 所示。

宝马 Valvetronic 可变
气门升程系统的工作
原理.avi

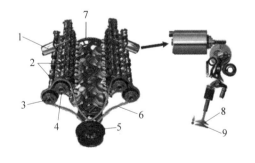

图 3-37　宝马 Valvetronic 可变气门升程系统的工作原理

1—螺旋沟槽；2—排气凸轮轴；3—排气凸轮轴链轮；4—进气凸轮轴链轮；5—曲轴带轮；6—正时链条；7—飞轮；8—低速时气门开度；9—高速时气门开度

【任务实施】

1. 正时链条的更换

使用设备		发动机裸机(大众 BYJ)		使用资料	维修手册
序号	操作内容	工具	操作过程	维修规范与操作要求	
1	分析装配装配关系	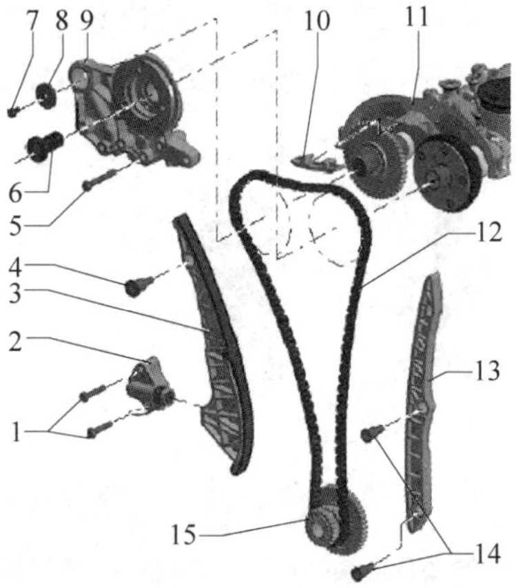 1,5,7—螺栓；2—链条张紧器；3—正时链条张紧轨；4,14—导向螺栓；6—控制阀；8—垫圈；9—轴承桥；10,13—凸轮轴正时链条的滑轨；11—凸轮轴壳罩；12—凸轮轴正时链条；15—链轮			
2	拆卸正时链条上部盖板	棘轮扳手、T30	(1) 按照对称交叉的顺序拧松螺栓。 (2) 依次旋出螺栓。 (3) 取下正时链条上部盖板。	操作要求： (1) 正确使用工具,按照正确的顺序拧松螺栓。 (2) 正时链条上部盖板接触面朝上放置在工作台上	
3	拆卸控制阀	棘轮扳手、T10352 拆卸工具	拆卸控制阀	操作要求： (1) 控制阀带拆卸时需左旋螺纹。 (2) 用 T10352 拆卸工具将控制阀按下图所示的箭头方向拆下 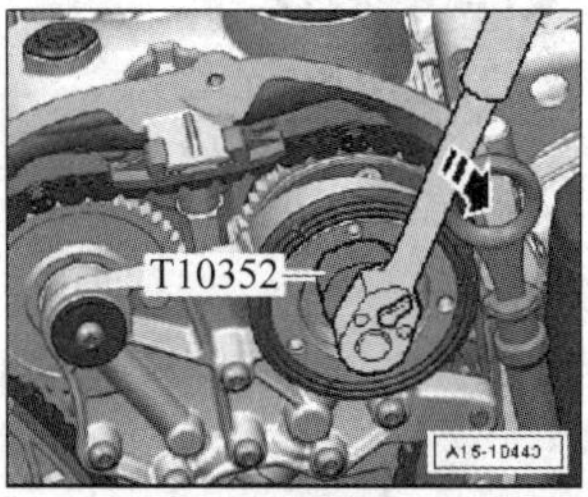 	
4	拆卸轴承桥	棘轮扳手、T30	(1) 拆卸螺栓。 (2) 取下轴承桥	操作要求： 螺栓需先拧松,然后再旋出	

续表

序号	操作内容	工具	操作过程	维修规范与操作要求
5	调整配气相位	T10355 夹具	转动减振器，使曲轴上的标记对齐，凸轮轴上的标记对齐	操作要求： (1) 用 T10355 夹具旋转减振器，使减振器上的切口与正时链条下盖板上的箭头标记对齐，如下图中所示的粗箭头的位置。 (2) 凸轮轴的标记"1"朝上 
6	拆卸正时链条下盖板	棘轮扳手、T30	(1) 按照对称交叉的顺序拧松螺栓。 (2) 依次旋出螺栓。 (3) 取下正时链条下部盖板	操作要求： (1) 正确使用工具，按照正确的顺序拧松螺栓。 (2) 正时链条下部盖板接触面朝上放置在工作台上
7	拆卸机油泵的正时链条	棘轮扳手、T30、定位销	(1) 安装定位销。 (2) 拆卸机油泵的链条张紧器。 (3) 取下机油泵的正时链条	操作要求： 按下图中箭头方向压机油泵的链条张紧器，并用定位销进行固定 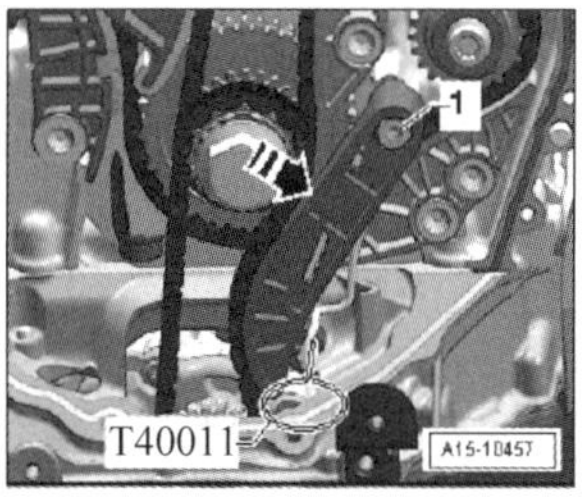 1—链条张紧器螺栓

序号	操作内容	工具	操作过程	维修规范与操作要求
8	拆卸正时链条的张紧轨	棘轮扳手、T30、定位销	（1）安装定位销。 （2）拆下正时链条的张紧轨。 （3）取下正时链条	操作要求： 用合适的螺丝刀沿下图中箭头方向"1"抬起链条张紧器的止动楔；朝下图中箭头方向"2"按压正时链条的张紧轨并用定位销固定 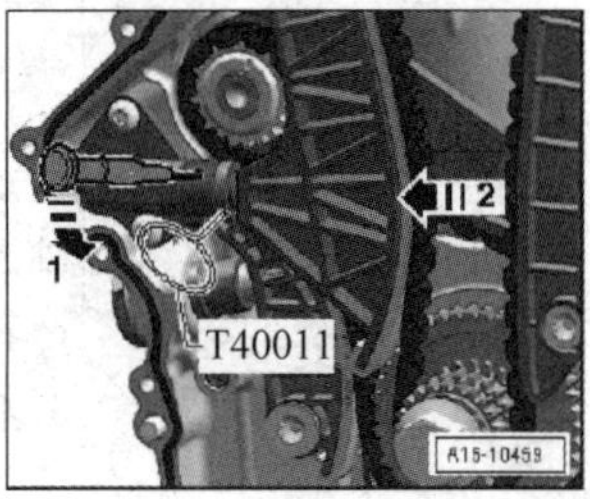
9	安装正时链条	扳手	（1）将正时链条装到排气凸轮轴上。 （2）将正时链条装到曲轴上。 （3）将正时链条装到进气凸轮轴上	操作要求： （1）用扳手沿下图中箭头方向旋转进气凸轮轴并将正时链条装上。 （2）正时链条有颜色的链节定位在链轮标记上 
10	安装正时链条的张紧轨	棘轮扳手、T30、扭力扳手	（1）安装正时链条的张紧轨。 （2）取下定位销	维修规范： 螺栓的规定力矩为 20N·m
11	安装机油泵的正时链条	棘轮扳手、T30、扭力扳手	（1）安装机油泵的正时链条。 （2）取下定位销	维修规范： 螺栓的规定力矩为 20N·m

续表

序号	操作内容	工具	操作过程	维修规范与操作要求
12	安装正时链条下盖板	棘轮扳手、T30、扭力扳手	(1) 安装正时链条下盖板。 (2) 拧紧螺栓	操作要求: 将螺栓按照下图所示的顺序拧至规定力矩。  维修规范: 螺栓的规定力矩为 8N·m+90°
13	安装轴承桥	棘轮扳手、T30、扭力扳手	(1) 插上轴承桥。 (2) 取下定位销。 (3) 拧紧轴承桥的螺栓	操作要求: 根据维修手册,更换轴承桥螺栓。 维修规范: 螺栓的规定力矩为 8N·m+90°
14	安装控制阀	棘轮扳手、T10352 装配工具、扭力扳手	安装控制阀	操作要求: 控制阀带左旋螺纹。 维修规范: 螺栓的规定力矩为 35N·m
15	安装正时链条上部盖板	棘轮扳手、T30、扭力扳手	(1) 安装正时链条上盖板。 (2) 拧紧螺栓	操作要求: 将螺栓按照下图所示的顺序拧至规定力矩。 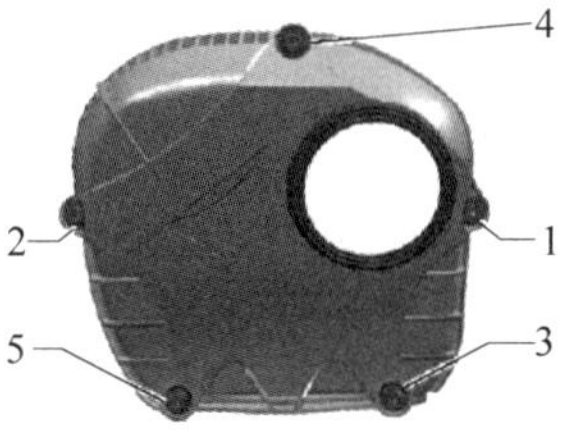 维修规范: 螺栓的规定力矩为 9N·m

2. 平衡轴正时链条的更换

使用设备	发动机裸机（大众 BYJ）		使用资料	维修手册
序号	操作内容	工具	操作过程	维修规范与操作要求
1	分析装配关系			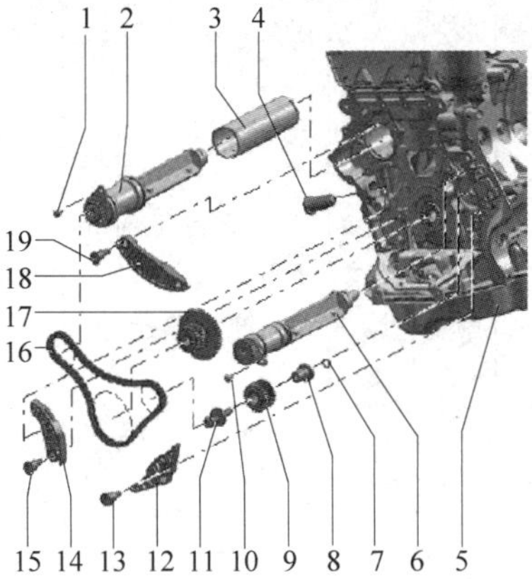 1,10,11—螺栓；2,6—平衡轴；3—平衡轴管；4—链条张紧器；5—气缸体；7—O 形环；8—支承轴销；9,17—链轮；12,18—滑轨；13,15,19—导向螺栓；14—张紧轨；16—正时链条
2	拆卸链条张紧器	棘轮扳手、T50	拆卸链条张紧器	操作要求： 先拧松链条张紧器，然后旋出 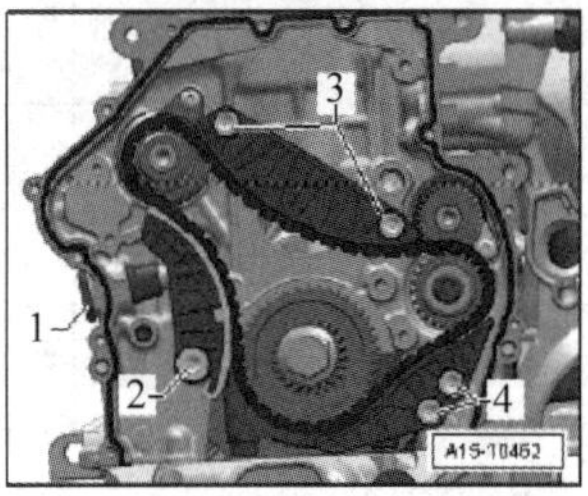 1—链条张紧器；2,3,4—导向螺栓
3	拆卸滑轨	棘轮扳手、T30	（1）旋出导向螺栓，取下滑轨。 （2）取下正时链条	操作要求： 先拧松，然后旋出。导向螺栓为下图中的 2、3、4 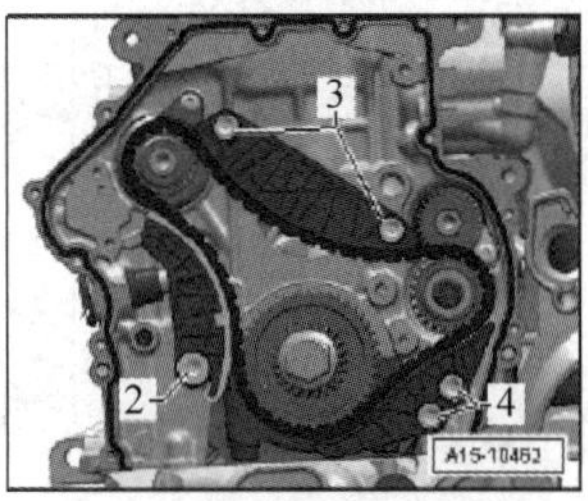

右上角：续表

序号	操作内容	工具	操作过程	维修规范与操作要求
4	安装正时链条		（1）转动中间轴轮/平衡轴。 （2）安装正时链条	操作要求： （1）将中间轴轮/平衡轴转到下图所示的箭头标记处。  （2）正时链条有颜色的链节定位在链轮下图三处放大标记上 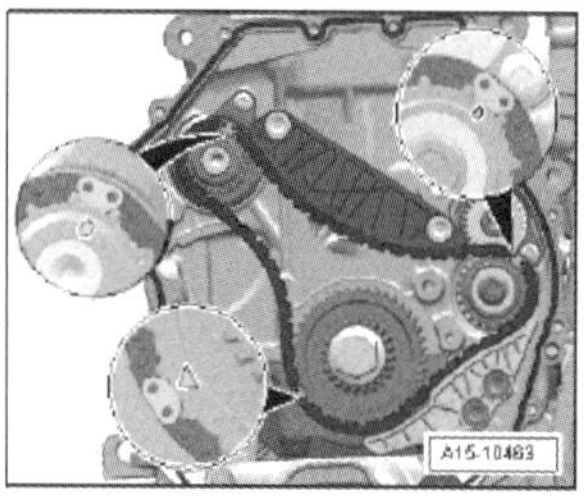
5	安装滑轨	棘轮扳手、T30、扭力扳手	（1）安装正时链条。 （2）拧紧导向螺栓	维修规范： 导向螺栓的规定力矩为20N·m
6	安装链条张紧器	棘轮扳手、T50、扭力扳手	安装链条张紧器	维修规范： 链条张紧器的规定力矩为65N·m
7	检查配气相位的调整情况		检查配气相位的调整情况	操作要求： 安装滑轨、链条张紧器后,检查下图中的标记是否对齐 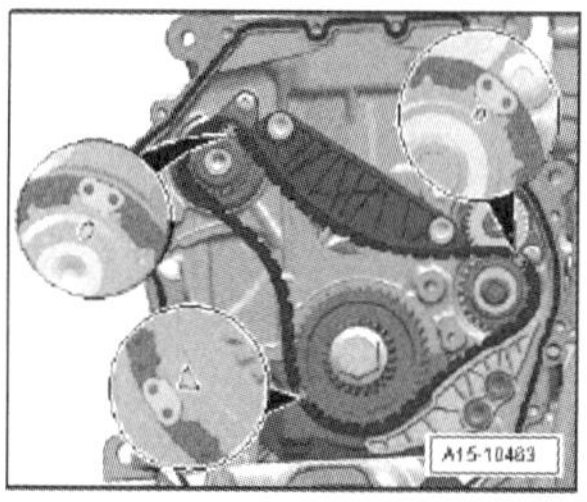 

【自我检测】

3.3

任务3.4 气门间隙的检测与调整

【任务引入】

任务引入.mp4

一辆丰田轿车在行驶过程中,发动机发出"哒哒哒"的声音,冷启动时,声音更明显。经维修组检查分析后,判断可能是气门间隙过大造成的,需要重新检查与调整气门间隙,排除异响。

【知识学习】

3.4.1 气门间隙

当气门处于完全关闭状态时,气门杆与摇臂接触面(或凸轮与液压挺柱)之间的间隙称为气门间隙,如图 3-38 所示。

气门间隙的
定义.mp4

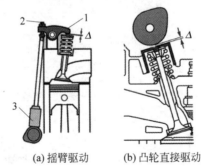

(a) 摇臂驱动 　　(b) 凸轮直接驱动

图 3-38　气门间隙

1—摇臂；2—调整螺钉；3—挺柱；△—气门间隙

发动机工作时,配气机构的各个零件,如气门、挺柱、推杆等都因受热膨胀而伸长,如果气门及其传动件之间不留间隙,则在热态时,就会因受热膨胀而顶开气门,破坏气门与气门座之间的密封,造成发动机漏气,功率下降。所以,发动机在装配时,应给气门杆受热留有膨胀伸长的余地,保证气门的密封。如果气门间隙过小,发动机工作时,会导致气门关闭不严而漏气,发动机功率下降,甚至烧坏气门;如果气门间隙过大,发动机工作时,会导致气门开度减小,气门开启延续时间缩短,从而增加了零件之间的撞击,使发动机功率下降,磨损加剧。因此,为保证气门的密封、一定的气门升程及准确的配气相位,发动机工作一段时间或发动机大修时,均应检查、调整气门间隙。

气门间隙的大小与发动机的结构、气门及气门传动组零部件的材料和结构有关。排气门温度比进气门温度高,膨胀量大,所以如果进气门和排气门选用相同的材料,排气门的气门间隙比进气门的气门间隙大;如果选用不同的材料,发动机进气门和排气门的气门间隙大小一样。气门间隙有冷态间隙和热态间隙之分,冷态间隙比热态间隙大。

气门间隙的大小由制造厂根据试验确定,检查、调整时应将气门间隙调整至符合厂家规定。

3.4.2 气门间隙的检查与调整

气门间隙的调整位置取决于配气机构的结构形式,有些发动机是通过调整螺钉调整气门间隙的大小;有些发动机是通过更换液压挺柱或更换液压挺柱上的垫片调整气门间隙的大小。液压挺柱能够自动补偿气门间隙,在使用过程中,不需要调整气门间隙,只需要定期检查气门间隙,当气门间隙不符合要求时,更换液压挺柱或调整垫片即可,如图 3-39 所示。

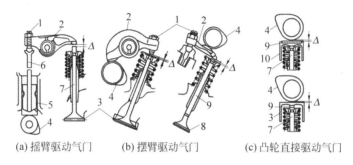

(a) 摇臂驱动气门　　　(b) 摆臂驱动气门　　　(c) 凸轮直接驱动气门

图 3-39 气门间隙及其调整装置

1—调整螺钉;2—摇臂;3—气门座;4—凸轮;5—挺柱;6—推杆;7—气门杆;8—气门头;9—垫块;10—挺柱

气门间隙必须在气门处于完全关闭状态下才能进行检查与调整,气门间隙检查与调整的方法有两种:逐缸调整法、两次调整法。

1. 逐缸调整法

逐缸调整法适用于结构复杂、磨损严重的发动机。逐缸调整法的方法如下。

(1) 转动发动机曲轴,使第 1 缸的活塞处于压缩行程的上止点,此时第 1 缸的进气门和排气门均处于关闭状态,气门间隙可调。找第 1 缸压缩上止点的方法如下。

① 观察第 1 缸进气门和排气门的动作,对正第 1 缸上止点记号。

② 在第 1 缸火花塞孔中或喷油器孔中塞棉球或用手指堵住火花塞孔或喷油器孔,对正第 1 缸上止点记号。

③ 观察分火头或喷油泵。

④ 根据配气相位,结合进气门和排气门的动作找准第 1 缸压缩上止点。

(2) 检查、调整第 1 缸进气门和排气门的气门间隙。

(3) 转动曲轴,按照相同的方法调整其余各缸的进气门和排气门。

2. 两次调整法

两次调整法普遍采用。现以工作顺序为 1-3-4-2 的直列四缸发动机进行分析。

逐缸调整法的工作原理.mp4

两次调整法的原理.mp4

当第 1 缸的活塞处于压缩行程的上止点时,各缸气门的工作状态如表 3-1 所示。此时可按照"双排不进"进行检查、调整气门间隙,"双"指的是第 1 缸的进气门和排气门均可调,"排"指的是第 3 缸的排气门可调,"不"指的是第 4 缸的进排气门均不可调,"进"指的是第 2 缸的进气门可调。

表 3-1　各缸气门的工作状态

第 1 缸处于压缩上止点时,各缸气门的工作状态			处于关闭状态的气门	缩写
第 1 缸	压缩上止点	进气门、排气门均关闭	进气门、排气门	双
第 3 缸	进气下止点	进气门开,排气门闭	排气门	排
第 4 缸	排气上止点	进气门、排气门均开	不调整	不
第 2 缸	做功下止点	排气门开,进气门闭	进气门	进

按照"双排不进"的顺序检查、调整完气门间隙后,旋转曲轴 360°,各缸气门的工作状态如表 3-2 所示。此时可按照"不进双排"进行检查、调整气门间隙,也就是检查、调整剩余气门的气门间隙。

表 3-2　各缸气门的工作状态

曲轴转角 360°时,各缸气门的工作状态			处于关闭状态的气门	缩写
第 1 缸	排气上止点	进气门、排气门均开	不调整	不
第 3 缸	做功下止点	排气门开,进气门闭	进气门	进
第 4 缸	压缩上止点	进气门、排气门均关闭	进气门、排气门	双
第 2 缸	进气下止点	进气门开,排气门闭	排气门	排

如果是六缸发动机,找到第 1 缸的活塞处于压缩行程的上止点时,同样可按照"双排不进"进行检查、调整气门间隙,如图 3-40 所示,然后旋转曲轴 360°,调整剩余气门的气门间隙。

图 3-40　六缸发动机的两次调整法(发动机工作顺序为 1-5-3-6-2-4)

气门间隙检查、调整时,需注意以下事项。

(1) 必须拧紧摇臂轴支座的螺母。

(2) 识别第 1 缸(正确区分发动机的前后端)。

(3) 知道发动机的做功顺序,搞清气门的排列,知道气门间隙的大小。

(4) 找准第 1 缸的压缩上止点。

(5) 观察气门的工作状态(摇转曲轴,看第 1 缸,先排后进)。

(6) 调整过程中,当塞尺来回拉动时,感到稍有阻力即可。

(7) 当拧紧锁紧螺母后,必须复查气门间隙。

【任务实施】

气门间隙的检查与调整

使用设备		丰田 8A 发动机		使用资料	维修手册
序号	操作步骤	工具	操作过程	维修规范与操作要求	
1	确定 1 缸活塞处于压缩上止点	套筒、棘轮扳手	转动曲轴,将曲轴皮带轮的正时标记与气缸体上的标记对齐,使一缸活塞处于压缩上止点	操作要求: (1) 转动曲轴驱动带轮,将驱动带轮上的缺口与防护上的 0 标记对齐。 (2) 凸轮轴正时带轮的 K 标记与轴承盖的正时标记点对齐。 注意: (1) 在转动曲轴皮带轮时,用力要均匀。 (2) 转动方向要顺着发动机的转动方向。 (3) 如果凸轮轴上的 K 标记没有对准,需再次顺着发动机转动方向转动曲轴一圈(360°),不允许倒转	
2	检查气门间隙 气门间隙的检查.mp4	塞尺	气门间隙的检查	操作要求: (1) 使用干净的布清洁塞尺上的油污。 (2) 选择合适厚度的塞尺在进气门和排气门处轻轻拉动,感觉有轻微阻力时,塞尺的厚度为所测得的气门间隙值。 注意:当使用塞尺测量时,如果阻力过大,不要硬塞,以免损坏塞尺。 维修规范: (1) 进气门的气门间隙为 0.15～0.25mm。 (2) 排气门的气门间隙为 0.25～0.35mm	
3	调整气门间隙 气门间隙的调整.mp4	套筒、棘轮扳手、SST（A）、SST（B）、一字螺丝刀	拆卸调整垫片	操作要求: (1) 正确使用工具转动驱动带轮,使对应气门的凸起朝上。 (2) 正确使用工具压下挺柱,在凸轮轴和挺柱之间放置专用工具。 (3) 取出调整垫片	

序号	操作步骤	工具	操作过程	维修规范与操作要求
3	调整气门间隙	外径千分尺	测量调整垫片	操作要求： 正确使用工具测量调整垫片厚度，并记录测量数据。 注意： (1) 外径千分尺使用前要先清洁，然后再校零。 (2) 测量时要正确选择调整垫片的测量部位。 (3) 测量完成后要对外径千分尺进行清洁并归位
			计算新调整垫片的厚度	操作要求： 垫片计算公式如下。 进气门新调整垫片的厚度＝拆下调整垫片的厚度＋（测量的气门间隙－0.20mm）； 排气门新调整垫片的厚度＝拆下调整垫片的厚度＋（测量的气门间隙－0.30mm）。 注意事项： (1) 在计算时，要注意数据的精度。 (2) 进气门、排气门的数据要正确
			选择新的调整垫片	操作要求： 根据计算出来的新调整垫片的厚度，选择一个尽可能接近计算值的新调整垫片
		SST(A)、SST(B)	安装新的调整垫片	操作要求： (1) 检查新调整垫片的零件号。 (2) 用手放入调整垫片。 (3) 取下专用工具。 注意：新调整垫片有没有毛刺和损伤，注意垫片的安装方向，有字的一面朝上

续表

序号	操作步骤	工具	操作过程	维修规范与操作要求
4	检查调整后的气门间隙	塞尺	气门间隙的检查	操作要求： 正确使用工具测量气门间隙，如果测量的间隙不符合维修规范，需要重新选择调整垫片。 维修规范： (1) 进气门的气门间隙为 0.15～0.25mm。 (2) 排气门的气门间隙为 0.25～0.35mm

【自我检测】

3.4

项目4

供给系统的构造与检修

知识目标

(1) 掌握发动机供给系统的分类、组成和功用。

(2) 掌握可燃混合气的表示方法以及汽车的工况。

(3) 掌握供给系统主要零部件的结构特点、功用和分类。

(4) 理解供给系统主要零部件的工作原理。

(5) 掌握供给系统常见故障的正确诊断和排除方法。

(6) 掌握供给系统零部件的机械故障以及造成故障的原因。

能力要求

(1) 能准确识别供给系统所有零部件。

(2) 能独立按正确的步骤、方法和要求对供给系统进行拆装。

(3) 能正确检测供给系统的渗(泄)漏、压力。

(4) 能向客户清晰地介绍供给系统机械故障、渗(泄)漏等产生的原因。

供给系统的功用是根据发动机工况的要求,配制出一定数量和浓度的可燃混合气,供入气缸,或将纯净的空气供入气缸并将燃烧后的废气从气缸内排到大气中去。供给系统由三部分组成:燃油供给系统,进气、排气系统,电控系统。

1. 供给系统的分类

1) 按照汽油的喷射位置分类

(1) 缸外喷射。该方式中喷油器被安装于进气歧管上或节气门附近,如

燃油喷射系统的分类.mp4

图 4-1(a)所示,燃油在进气行程被喷射后与空气混合,形成可燃混合气后再进入气缸内。缸外喷射方式燃油的喷油压力一般为 0.1～0.5MPa,结构简单,成本较低。

(2) 缸内喷射。该方式中喷油器被安装于气缸盖上,将燃油直接喷射到气缸燃烧室内如图 4-1(b)所示。喷油压力一般为 4～14MPa,可实现稀薄燃烧,有利于提高经济性和排放指标,但对供油系统的要求较高,成本也较高。

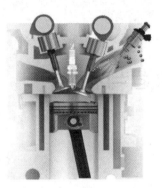 

(a) 进气道喷射　　　　　　　　　(b) 缸内喷射

图 4-1　燃油喷射位置

2) 按控制原理分类

(1) 压力型(D 型)。D 型燃油喷射系统如图 4-2(a)所示,采用绝对压力传感器检测进气管或进气歧管内的绝对压力,ECU 根据检测的绝对压力和发动机转速计算出发动机进气量,然后根据发动机的进气量和发动机的转速确定基本喷油量。

(2) 流量型(L 型)。L 型燃油喷射系统是以空气流量计检测进气量,如图 4-2(b)所示,然后根据发动机的进气量和发动机的转速确定基本喷油量。它的优点是更能满足排放标准。

3) 按喷射方式分类

(1) 间歇喷射(脉冲喷射)。喷射是以脉冲的方式在某一段时间内进行的,喷射具有一定的喷油持续期。其特点是喷油频率与发动机转速同步,且喷油量只取决于喷油器的开启时间(喷油脉冲宽度)。间歇喷射方式的控制精度较高,被现代发动机广泛采用。

间歇喷射又可分为同时喷射、分组喷射和顺序喷射,如图 4-3 所示。同时喷射是指发动机在运行期间,各缸喷油器同时开启且同时关闭;分组喷射是将喷油器按发动机每工作循环分成若干组交替进行喷射;顺序喷射则是指喷油器按发动机的工作顺序依次进行喷射。

(2) 连续喷射:燃料喷射的时间占全循环的时间,连续喷射都是喷射在进气道内。

4) 按控制模式分类

(1) 开环控制系统。ECU 收集传感器信号运算后驱动执行器,对于执行器和机械性能带来的差异无法自适应。

(2) 闭环控制系统。ECU 收集传感器信号运算后驱动执行器,再根据反馈信号调整下一步的工作,如此往复形成一个控制环路。

2. 汽油机可燃混合气

汽油机可燃混合气是指空气与汽油的混合物,可燃混合气成分直接影响汽油机的动力性、经济性和排放性。

汽油机可燃
混合气.mp4

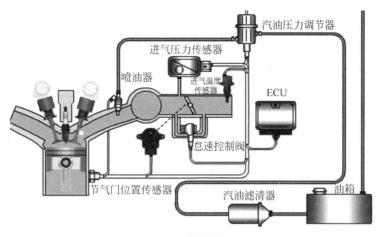

(a) 压力型

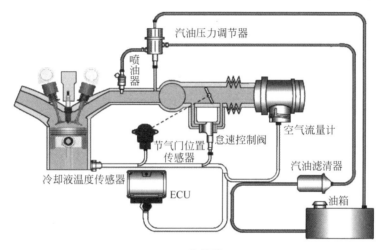

(b) 流量型

图 4-2 控制原理

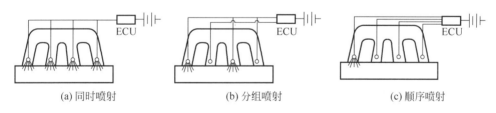

图 4-3 间歇喷射

汽车发动机的可燃混合气形成时间极短,从进气过程开始到压缩过程结束只有 0.01～0.02s。要在极短的时间内形成均匀的可燃混合气,关键在于汽油的雾化和蒸发。所谓雾化就是将汽油分散成细小的油滴或油雾。良好的雾化可以大大提高汽油的蒸发性。另外,可燃混合气的浓度应满足发动机各种工况的需要。因此,汽油机可燃混合气形成过程就是汽油雾化、汽油蒸发、配制可燃混合气浓度、可燃混合气混合。

1）可燃混合气成分的表示法

对于可燃混合气成分,欧美、日本等国家一般用空燃比(λ)表示,空燃比指的是可燃混合气中所含空气与燃油的质量比。理论上,1kg汽油完全燃烧所需的空气量约为14.7kg。对于汽油机来说,空燃比等于14.7的可燃混合气称为理论混合气;空燃比小于14.7的可燃混合气,说明可燃混合气中汽油含量有余,空气含量不足,称为浓混合气;空燃比大于14.7的可燃混合气,说明可燃混合气中汽油含量不足,空气含量有余,称为稀混合气。对于不同的燃料,其理论空燃比数值是不同的。

中国、苏联等国家一般采用过量空气系数(α)表示。燃烧1kg燃油实际供给的空气质量与完全燃烧1kg燃油理论所需的空气质量之比值称为过量空气系数。无论使用何种燃料,过量空气系数为1的可燃混合气称为理论混合气;过量空气系数小于1的可燃混合气,说明可燃混合气中燃料含量有余,空气含量不足,称为浓混合气;过量空气系数大于1的可燃混合气,说明可燃混合气中燃料含量不足,空气含量有余,称为稀混合气。

2）可燃混合气成分对发动机性能的影响

可燃混合气成分对发动机性能的影响是通过发动机试验测取的,在发动机转速一定和节气门全开的条件下,测取发动机燃油消耗率(g_e)和发动机功率(P_e)曲线如图4-4所示,由曲线可得出如下结论。

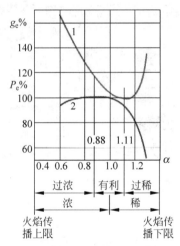

图4-4 可燃混合气成分对发动机性能的影响
1—燃油消耗率;2—功率

（1）标准混合气($α=1$）。发动机处于标准混合气工作时,动力性和经济性均不是最佳。原因是：$α=1$的理论混合气是在空气中的氧气正好足以使其中全部燃料完全燃烧的情况下得来的。但是实际上,由于时间和空间条件的限制,汽油蒸汽和空气不可能绝对均匀地混合,所以,$α=1$时汽油也不可能完全燃烧。

（2）功率混合气($α=0.88$）。此混合气属于浓混合气,燃烧速度最快,动力性最好。此时,废气中的一氧化碳(CO)和碳氢化合物(HC)的含量较高。

（3）经济混合气($α=1.11$）。此混合气属于稀混合气,汽油燃烧最完全,经济性最好。此时,废气中的氮氧化合物(NO_x)的含量较高。

（4）过浓混合气($α=0.43\sim0.87$）。此时汽油有余,空气不足,燃烧不完全,从而产生大量的CO,排气管冒黑烟,发动机的动力性和经济性明显变差。

（5）过稀混合气（$\alpha=1.13\sim1.33$）。此时汽油不足，空气有余，燃烧缓慢，动力性和经济性明显变差，废气中的碳氢化合物含量也显著增加。

（6）火焰传播极限（$\alpha=0.4,\alpha=1.4$）。$\alpha=0.4$ 称为火焰传播上限，由于混合气太浓，能点着火，但是火焰传播困难；$\alpha=1.4$ 称为火焰传播下限，由于混合气太稀，能点着火，但是火焰传播也很困难。

3）车用汽油机的工作特点

随着汽车行驶速度和行驶阻力的不断变化，汽车发动机的转速和负荷也在很大范围内频繁变动。为适应发动机工况的各种变化，可燃混合气成分应该随发动机转速和负荷作相应的调整与变化。各种工况对可燃混合气的要求如下。

（1）冷启动。发动机初始启动。发动机温度较低，汽油汽化困难，为保证气缸内的混合气中具有足够的汽油蒸汽，使发动机得以顺利启动，$\alpha=0.4\sim0.6$。

（2）暖机。发动机冷启动后起步前的自行运转过程。发动机温度逐渐升高，直到发动机进入稳定怠速运转为止。α 由 $0.4\sim0.6$ 过渡到 $0.6\sim0.8$。

（3）怠速工况。汽车起步前、短暂停车或车辆检测时。汽油机怠速转速一般为 $400\sim800r/min$，怠速工况时，节气门处于关闭位置，要求供给浓混合气 $\alpha=0.6\sim0.8$。

（4）小负荷工况。汽车起步后的过渡工况、换挡、转弯或空挡滑行。节气门由关闭位置到略微打开，混合气品质逐渐改善，混合气浓度 $\alpha=0.7\sim0.9$。

（5）中等负荷工况。汽车在平坦道路上行驶。车用汽油机在大部分时间处于中等负荷状态，节气门开度足够，混合气浓度 $\alpha=1.05\sim1.15$。

（6）大负荷和全负荷。汽车满载行驶在路况较差的路面上或上坡行驶。节气门开度在 $85\%\sim100\%$，发动机发挥其动力性，经济性居次要地位，混合气浓度 $\alpha=0.85\sim0.95$。

（7）加速。负荷突然迅速增加的过程，如加速超车。驾驶员猛踩油门踏板，使节气门开度突然加大，瞬间加浓混合气，迅速提高发动机转速，完成汽车的加速。

（8）急减速。驾驶员急速抬起油门踏板，节气门迅速关闭。瞬间混合气变浓，燃烧恶化，废气中的碳氢化合物含量迅速增加。

任务 4.1　燃油供给系统的构造与检修

任务引入.mp4

【任务引入】

　　一辆迈腾轿车行驶 80000km 出现加速不良、怠速不稳的情况，又停驶一段时间后，发动机启动困难，火花塞工作正常，气缸压力符合规定。于是车主把车开到 4S 维修店，维修人员经过测试之后确定燃油系统出现故障，根据以往的经验判断，此故障很有可能是油压调节器引起的。

【知识学习】

　　燃油供给系统的功用是将油箱中的燃油输送到可燃混合气的形成部位。燃油供给系统主要由油箱、低压燃油泵、输油管、燃油滤清器、燃油分配管、油压调节器、喷油器、脉动阻尼器等零部件组成，如图 4-5 所示。

燃油供给系统
的组成.mp4

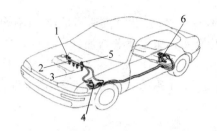

图 4-5　燃油供给系统组成

1—燃油压力调节器；2—燃油分配管；3—喷油器；4—燃油滤清器；5—脉动阻尼器；6—燃油泵

1. 油箱

油箱是使汽车连续行驶而储存燃油用的容器。一般汽车油箱储存的燃油可供汽车行驶的里程为 200～600km。轿车的油箱位于车身的后部，一般采用薄钢板冲压焊接而成，为了提高油箱的强度，表面往往冲压成加强筋形式。油箱的主要损伤形式是漏油，处理方法为将漏油处擦干净，用肥皂或口香糖将漏油处暂时堵塞；用环氧树脂胶黏剂修补，效果更好。

2. 燃油泵

燃油泵包括低压燃油泵和高压燃油泵两种，其中，低压燃油泵可以安装在油箱内或油箱外，高压燃油泵安装在油箱外。进气道喷射的发动机安装有一个油泵——低压燃油泵，缸内喷射的发动机安装有两个油泵——低压燃油泵和高压燃油泵。

1）低压燃油泵

（1）低压燃油泵的作用。低压燃油泵的作用是把燃油从油箱中吸出，加压后输送到管路中，与燃油压力调节器配合建立合适的系统压力。

（2）低压燃油泵的安装位置。低压燃油泵的安装位置有外置式和内置式两种。外置式低压燃油泵安装在油箱外部，串联在输油管上；内置式低压燃油泵安装在油箱内部，浸泡在燃油里面，具有噪声小、不易产生气阻、不易泄漏、管路安装简单的优点。通常内置式低压燃油泵还在油箱中设一个小油箱，将燃油泵放在小油箱中，可以防止在燃油不足而汽车转弯或倾斜时，燃油泵吸入空气而产生气阻。目前，大多数汽车燃油供给系统采用的是内置式低压燃油泵。

（3）低压燃油泵的结构。无论是内置式低压燃油泵还是外置式低压燃油泵，其基本结构都是相同的，主要由滤网、泵体、电动机、限压阀（安全阀）、单向阀、泵壳等零部件组成，如图 4-6 所示。低压燃油泵的外壳两端卷边铆紧，使各部件组装成一个不可拆卸的总成。

① 电动机。电动机通电带动泵体旋转，燃油经滤网过滤后被吸入泵体，再流经电动机、单向阀，从出油口流出。燃油流经电动机，对电动机的电枢起到冷却作用。

② 限压阀（安全阀）。限压阀是当燃油管路阻塞，系统中油压超过允许值时，开启卸压阀卸压，避免损坏油管或燃油泵。

③ 单向阀。单向阀是当燃油泵不工作时，阻止燃油倒流回油箱，这样可保持油路中有一定的残余压力，便于下次启动。

④ 泵体。泵体是低压燃油泵泵油的主体，其结构形式较多，常见的有涡轮式、滚柱式和齿轮式三种，如图 4-7 所示。外置式低压燃油泵主要采用滚柱式燃油泵，内置式低压燃油泵主要采用涡轮式燃油泵，但也可以采用滚柱式燃油泵。

（4）低压燃油泵的常见故障。低压燃油泵不能正常工作必然影响燃油压力，使发动机

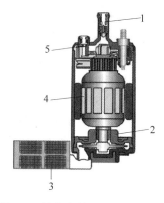

图 4-6　涡轮式低压燃油泵的结构

1—单向阀；2—泵体；3—滤网；4—电动机；5—限压阀

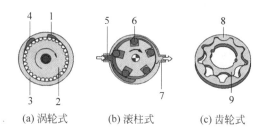

(a) 涡轮式　　　　(b) 滚柱式　　　　(c) 齿轮式

图 4-7　常见的低压燃油泵

1,5—进油口；2—涡轮；3—壳体；4,7—出油口；6—滚柱；8—外齿轮；9—内齿轮

出现比较严重的故障症状。低压燃油泵工作不良的原因包括机械故障和电路故障，常见的机械故障及对电控燃油喷射系统和发动机的影响见表 4-1。

表 4-1　常见的机械故障及对电控燃油喷射系统和发动机的影响

故　障　部　位	对电控燃油喷射系统的影响	对发动机的影响
限压阀漏油或弹簧失效	供油压力偏低，供油量不足	发动机工作不平稳或不工作，发动机加速不良，发动机无力
单向阀漏油	输油管路不能建立残压	发动机启动困难
进油滤网堵塞	供油不足燃油泵发出尖叫声	发动机高速踏振、无高速、加速不良、严重时怠速不稳
电动机烧坏	无燃油供给	发动机不工作
燃油泵磨损	泵油压力不足	发动机启动困难、动力不足、加速不良

2）高压燃油泵

（1）高压系统的组成和功用。缸内喷射发动机的关键技术是高压系统，高压系统由发动机控制模块、高压油轨、高压燃油泵和喷油器 4 部分组成，如图 4-8 所示。发动机控制模块主要采集发动机数据，按照预定程序控制喷油时刻和喷油量，从而实现最高燃烧效率；高压燃油泵主要负责燃油的加压；高压油轨主要起均衡各喷油器喷射压力的作用；最终的喷油任务则由喷油器来执行。

（2）燃油供给系统的工作过程。缸内喷射发动机的燃油供给系统分为高压系统和低压系统。油箱中的低压燃油泵将燃油加压至 3～6Bar，沿着低压油管经燃油滤清器过滤后，送至高压燃油泵,高压燃油泵将燃油加压至 40~150Bar,送入高压油轨,由高压油轨再把燃油分配到各个高压喷油器,多余燃油沿着回油管直接流回油箱。在低压系统中,发动机正常工作时的工作压力为 3Bar 左右,启动时的工作压力达到 6Bar 左右。共轨管设计得足够大,以至于可以补偿在喷油时产生的轻微压力波动。

（3）柱塞式高压燃油泵的工作原理。柱塞式高压燃油泵的结构如图 4-9 所示,不需要高压燃油泵供油时,电磁阀线圈不通电,电磁阀阀体处于打开状态,泵腔与低压油腔联通,使得泵腔内燃油始终保持低压状态,此时柱塞的运动不影响泵腔内的燃油压力,单向阀无法打开。高压燃油泵只有在柱塞上行时才能泵油,柱塞受驱动凸轮的作用向上运动,电磁阀线圈通电,电磁阀阀体受到电磁力的作用向左运动,隔断低压油腔和泵腔。由于柱塞上行,泵腔容积减小,燃油压力升高,单向阀打开,燃油流入高压油腔。

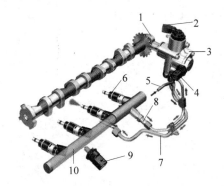

图 4-8　迈腾轿车高压系统安装位置图

1—凸轮泵;2—燃油压力调节阀;3—高压燃油泵;4,9—燃油压力传感器;5—低压油管;6—喷油器;7—高压油管;8—压力限制阀;10—高压油轨

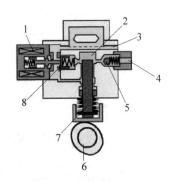

图 4-9　柱塞式高压燃油泵的结构

1—电磁阀线圈;2—泵腔;3—低压油腔;4—高压油腔;5—单向阀;6—驱动凸轮;7—柱塞;8—电磁阀阀体

（4）高压燃油泵的常见故障。高压燃油泵的柱塞损坏、磨损,导致渗漏;单向阀卡滞;弹簧预紧力降低或卡滞。

3. 燃油滤清器

燃油滤清器串联在供油管路上,它的作用是滤清燃油中的杂质和水分,防止燃油系统堵塞,减小机件磨损,保证发动机正常工作。

燃油滤清器主要由进油口、滤芯、内孔管、出油管等组成,如图 4-10 所示。

燃油滤清器为一次性使用零件,燃油滤清器阻塞会导致供油压力和供油不足,影响发动机的动力性。汽车行驶 20000~40000km 或 1~2 年应更换,或每两个二级维护作业周期更换一次燃油滤清器,若使用的燃油含杂质较多应缩短更换周期。安装时应注意燃油流动方向的箭头,不能装反。燃油滤清器的常见故障是滤芯堵塞,导致供油不足,发动机功率下降,车辆行驶无力,车速降低。

来自油箱

图 4-10　燃油滤清器的结构

1—进油口;2—出油口;
3—滤芯;4—内孔管

4. 油压调节器

油压调节器的功用是保持燃油分配管内燃油压力与进气管内气体压力的差值恒定，即根据进气管内压力的变化来调节燃油压力，一般压力差保持恒定在250～300kPa。

油压调节器主要由回油阀座、垫圈、密封圈、膜片、弹簧和壳体等组成，如图4-11所示。膜片将其内部分成真空室和燃油室两部分，真空室通过真空管与节气门下游的进气管相通，燃油室与进油管和回油管相通。膜片下方承受燃油压力，膜片上方为进气压力和弹簧压力之和。

发动机运转时，进气歧管负压和弹簧预紧力共同作用在膜片上。低压燃油泵供给的燃油同时输送到喷油器和油压调节器的燃油室，若油压低于预定值，回油阀座将回油孔关闭，燃油不再进一步回流至油箱。当油压超过预定值时，燃油压力推动膜片使回油阀座向上移动，回油孔打开，燃油经回油管流回油箱，同时真空室的弹簧被进一步压缩。一部分燃油经回油管流回油箱，燃油分配管内的油压下降，膜片在弹簧弹力的作用下，向下移动到原来位置，回油阀座将回油孔关闭，使燃油分配管内的油压不再下降。

油压调节器的常见故障包括真空膜片损坏、接进气歧管的软管漏气、回位弹簧弹力减弱、阀体关闭不严。

5. 脉动稳压器

脉动稳压器利用膜片和弹簧吸收由于燃油喷射与燃油泵压缩而产生的微量燃油压力脉动。一般安装在燃油分配管上或燃油泵上。

脉动稳压器主要由壳体、弹簧、弹簧座、膜片等组成，如图4-12所示。来自燃油泵的燃油先流经脉动稳压器，然后流向燃油分配管。

图4-11　油压调节器结构图

1,7—壳体；2—回油阀座；3—垫圈；4—滤网；
5,6—密封圈；8—膜片；9—弹簧；10—真空管

图4-12　脉动稳压器结构图

1—弹簧；2—上壳体；3—膜片；
4—弹簧座；5—下壳体

当燃油压力升高时，膜片压缩弹簧使膜片前部的空间增大，使本来过大的压力值趋于缓和；当燃油压力降低时，弹簧伸张使膜片前部的空间减小，向燃油分配管补偿燃油，从而防止油压的降低。

6. 燃油分配管（油轨）

燃油分配管（油轨）安装在进气歧管或气缸盖上，它的作用是固定喷油器和油压调节器，将汽油均匀、等压地输送给各缸喷油器，并有蓄压、减缓油压脉动的作用。燃油分配管（油

轨)与喷油器之间用 O 形圈和卡环密封,O 形圈可防止燃油渗漏,并具有隔热和隔振的作用。卡环将喷油器固定在燃油分配管(油轨)上。大多数燃油分配管(油轨)上都有燃油压力测试口,可用于检查和释放油压。

7. 喷油器

喷油器是电控燃油喷射系统中一个重要的执行元件,在 ECU 的控制下,将汽油呈雾状喷入进气歧管内。

喷油器结构如图 4-13 所示,主要由密封圈、进油滤网、电接头、电磁线圈、回位弹簧、衔铁、针阀、喷口等组成。当电控单元送来电流信号,电磁线圈通电后,便产生磁作用力,将衔铁与针阀吸起,使燃油通过精密设计的轴针头部环形间隙,在喷油器头部前端将燃油喷散。针阀的升程量约为 0.1mm,喷油器开启的时间每次为 2~10ms。开启的时间越长,喷油量越多。喷油器阀体的上端有橡胶密封圈起支承与密封作用,同时起绝热作用,防止喷油器内产生燃油蒸汽泡,以保持良好的热启动性能。此外,安装橡胶密封圈还能使喷油器免受高频的振动。

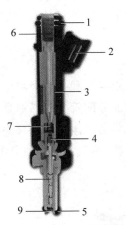

图 4-13　喷油器结构图

1,5—密封圈；2—电接头；3—电磁线圈；4—衔铁；
6—进油滤网；7—回位弹簧；8—针阀；9—喷口

检查与更换喷油器.mp4

喷油器的常见故障包括喷油器滴油；喷油器雾化不良；喷孔扩大；针阀卡滞；针阀阀体的断面磨损；针阀与针阀孔导向面磨损；喷油器与进气歧管(缸盖)结合面漏气窜油；喷油器回油管破损。

8. 燃油供给系统的类型

燃油供给系统根据油压调节器的安装位置不同,可分为标准型、无回油管型和按需供油型 3 种类型。

燃油供给系统的类型.mp4

(1)标准型。油压调节器装在燃油分配管上,燃油分配管中的燃油连续流动,多余的燃油经回油管流回油箱。由于燃油分配管中的燃油温度较高,使油箱中的汽油温度升高,不利于蒸发污染控制,回油管很长。

（2）无回油管型。油压调节器装在油箱内或其附近，流经燃油分配管的汽油都是要喷入发动机的，回流的汽油温度低，未经发动机气缸盖附近加热，有利于蒸发污染控制。

（3）按需供油型。系统提供发动机需要的油量和油压，取消了油压调节器，ECU闭环控制输出油压，通过改变油泵电动机的驱动电压，从而控制油量。

9. 电控系统

电控系统的功用是根据发动机运转状况和车辆运行状况确定最佳喷油量和最佳点火时间。电控系统由传感器、ECU、执行器三部分组成，如图4-14所示。

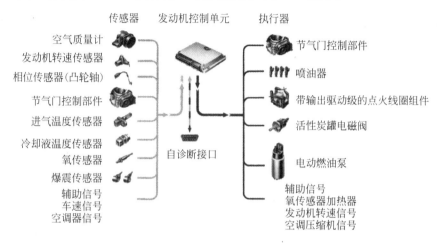

图4-14　电控系统

（1）传感器。传感器的功用是对发动机工作状态的参数进行监测、采集，转换成电信号，输入ECU，作为ECU控制发动机在最佳状态下工作的依据。发动机上的传感器包括空气计量器、节气门位置传感器、进气温度传感器、发动机转速传感器、凸轮轴相位传感器、冷却液温度传感器、氧传感器、爆震传感器、各种开关等。

（2）ECU。ECU的功用是将传感器输入的信号进行分析、计算、判断，向控制器发出控制指令，对发动机的工作状态进行自动控制。

（3）执行器。执行器的功用是根据ECU传来的控制指令，执行相应的动作，改变发动机的工作状态。执行器主要包括燃油泵继电器、喷油器继电器及喷油器、点火线圈控制组件、节气门控制组件、活性炭罐电磁阀等。执行器的主要功能是进行喷油量控制、点火控制、怠速控制、燃油蒸汽回收控制等。

10. 燃油供给系统的工作原理

以图4-15所示的迈腾轿车燃油供给系统为例介绍燃油供给系统的工作原理，此图为迈腾轿车搭载的第三代EA888发动机，具有双喷射系统。也就是说有两种油气混合方法，第一种方法是使用TSI高压喷射系统在气缸内进行直接喷射；第二种方法是使用进气歧管燃油喷射系统（SRE）。

EA888发动机
供给系统工作
原理.mp4

在低负荷、冷机、怠速状态下使用歧管喷射，在高负荷状态下切换至缸内直喷，避免了低速时积炭的产生，以及过多的氮氧化合物的产生，使机体能迅速热机，同时在高负荷状态下，实现更佳的动力性以及获得更出色的燃油经济性。两种模式

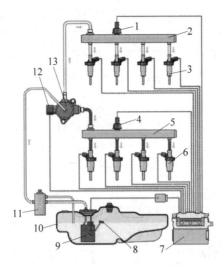

图 4-15 迈腾轿车燃油供给系统原理图

1—低压燃油压力传感器；2—低压燃油油轨；3—低压喷油器；4—高压燃油压力传感器；
5—高压燃油油轨；6—高压喷油器；7—燃油泵控制单元；8—燃油量传感器；9—燃油系统
增压泵；10—燃油箱；11—燃油滤清器；12—燃油压力调节器；13—高压燃油泵

会根据不同的工作状况来时刻自动调整，让发动机的动力、效率和油耗无时无刻都处于最佳的状态。通过双喷射混合使用，可以调配出不同浓度的燃油，从而达到油气混合物分层燃烧的效果。

汽车启动时转速较低，燃油系统的压力较低，装在燃油箱上部的燃油泵控制单元根据脉宽调制信号，控制低压燃油泵工作，使低压燃油系统压力维持在 $50 \sim 500 kPa$。燃油经低压喷油器喷入发动机进气歧管内吸入燃烧室。发动机启动时，一般低压燃油系统的压力能达到 $600 kPa$ 以上，用来保证发动机的正常启动及工作。

当发动机高速运转时，燃油系统通过燃油高压泵把低压燃油系统内 $50 \sim 650 kPa$ 的低压燃油转化为 $1.1 \sim 3.0 MPa$ 的高压燃油，以满足不同工况的需求。燃油压力调节阀装在燃油高压泵上，属高频电磁阀。发动机控制单元根据装在高压油轨上的高压燃油压力传感器所监测到的信号，控制燃油压力调节阀以精确调节占空比，从而得到所需的燃油压力。

更换低压燃油泵.mp4

【任务实施】

1. 低压燃油泵的更换

学习任务		低压燃油泵的更换		课时	2 学时
使用设备		丰田卡罗拉轿车		使用资料	维修手册
序号	操作步骤	工具	操作过程	维修规范与操作要求	
1	拆卸低压燃油泵		拆下后排座椅垫总成	操作要求： 双手握在座椅垫左右固定挂钩处，分离左右挂钩	

续表

序号	操作步骤	工具	操作过程	维修规范与操作要求
1	拆卸低压燃油泵	铲刀	拆卸地板检修孔盖	操作要求： (1) 使用铲刀拆卸地板维修孔盖。 (2) 断开燃油泵连接器。 注意：注意铲刀角度，防止检修孔盖变形
			燃油系统泄压 燃油系统卸压.mp4	操作要求： (1) 挡位置于 P 挡或空挡，驻车制动器处于制动状态。 (2) 启动发动机进行燃油系统泄压，直到运转到发动机自动熄火，再次启动发动机，确认发动机不能启动
		套筒、棘轮扳手	断开蓄电池负极电缆	操作要求： 正确使用工具断开蓄电池负极电缆。 注意： (1) 在拆卸蓄电池负极之前，要记录车辆的相关信息，记录车辆的相关数据。 (2) 在拆卸蓄电池负极之前，检查点火开关是否处于关闭状态。 (3) 在拆卸蓄电池负极时，工具不要与蓄电池正极碰到，以防短路损坏用电设备
		吹气枪	清洁燃油吸油盘总成上部	操作要求： 正确使用工具清洁燃油泵吸油盘总成上部
		螺丝刀、鲤鱼钳	拆卸燃油箱主管	操作要求： 正确使用工具拆卸，用手取下橡胶管，用塑料袋套住油管接头，防止异物进入。 注意：断开燃油蒸发管时，要水平拉出，防止损坏燃油泵总成
		套筒、棘轮扳手、燃油泵专用拆装工具	拆卸燃油泵及传感器固定圈	操作要求： (1) 正确使用工具拧下燃油泵及传感器固定圈，并用手取出。 (2) 将低压燃油泵总成从油箱中向上取出。 注意：遮挡油箱口防止灰尘、异物进入油箱
			拆卸燃油表传感器	操作要求： (1) 按下燃油表传感器线束连接器，向外拔出线束连接器。 (2) 滑动燃油表传感器，将其取下

续表

序号	操作步骤	工具	操作过程	维修规范与操作要求
1	拆卸低压燃油泵	螺丝刀	拆卸燃油泵	操作要求： (1) 从副燃油箱上拆下燃油泵和燃油滤清器。 (2) 拆下燃油泵滤清器。 (3) 拆下燃油泵。 (4) 拆下燃油泵 O 形圈。 注意：螺丝刀的头部需缠胶带
2	检查低压燃油泵	万用表	低压燃油泵检查	操作要求： (1) 检查与确认零件号是否一致。 (2) 观察低压燃油泵外观。 (3) 用万用表测量燃油泵电阻，与标准值对比。 维修规范： 在 20℃ 条件下，标准电阻为 0.2～3.0Ω
3	安装低压燃油泵		低压燃油泵的安装	操作要求： (1) 在新 O 形圈上涂抹机油，并安装在低压燃油泵上。 (2) 安装线束连接器，确保安装到位。 (3) 安装燃油滤清器。 (4) 将低压燃油泵和燃油滤清器安装到副燃油箱。 (5) 安装燃油表传感器。 (6) 安装燃油表传感器连接器。 注意： (1) 安装时，不要对燃油管或吸油管支架施加过大的力。 (2) 安装时，不要损坏线束。 (3) 安装时，注意 O 形圈要放在正确的位置，不要丢失。 (4) 安装时，应小心操作以免损坏燃油管

2. 燃油供给系统渗漏的检查

燃油供给系统渗漏的检查.mp4

学习任务	燃油供给系统渗漏的检查		课时	1 学时
使用设备	丰田卡罗拉轿车		使用资料	维修手册
序号	操作步骤	工具	操作过程	维修规范与操作要求
1	车内外防护	挡块	安装挡块	操作要求： 有效的防护不仅可以保护车辆,利于工作,还是可以保证顾客满意度的必要措施
		前格栅布、翼子板布	安放前格栅布、翼子板布	
		方向盘套、换挡杆套、座椅垫、地板垫	安放方向盘套、换挡杆套、座椅垫、地板垫	
			车辆停放安全,拉起手刹,变速器置于空挡	
		尾气排放管	安装尾气排放管	
2	发动机舱燃油管路检查		拆卸发动机罩盖	操作要求： 依次提起发动机罩盖前后两端,取下发动机罩盖
		白纸	检查发动机燃油管路	操作要求： (1) 启动发动机运转 1～2min,关闭发动机。 (2) 检查主燃油管与燃油分配管连接处有无燃油泄漏。 (3) 检查输油总管与发动机输油软管连接处有无泄漏。 注意： (1) 若渗漏部位不明显,则可使用干净的白纸擦拭检查部位的表面,检查是否有燃油渗漏。 (2) 在检查过程中,如有燃油渗漏,则要立即对其修复。 (3) 对于隐蔽部位(如活性炭罐连接处)和没有系统油压连接密封部位,可使用尾气分析仪进行检查
3	低压燃油泵安装位置及燃油泵输油管检查	白纸	检查低压燃油泵安装位置及低压燃油泵输油管	操作要求： (1) 检查低压燃油泵安装位置及燃油泵输油管有无泄漏。 (2) 检查低压燃油泵与燃油箱安装位置有无燃油泄漏。 注意： (1) 若渗漏部位不明显,则可使用干净的白纸擦拭检查部位的表面,检查是否有燃油渗漏。 (2) 在检查过程中,如有燃油渗漏,则要立即对其修复

续表

序号	操作步骤	工具	操作过程	维修规范与操作要求
4	燃油加注口盖检查		检查燃油加注口盖	操作要求： (1) 提起燃油箱盖释放按钮。 (2) 按下燃油加注口盖，逆时针旋出。 (3) 检查燃油加注口盖是否有油污，密封圈是否老化、变形，如有则更换，如有必要需使用专业工具对燃油箱盖进行密封检查。 (4) 确保加注口盖正确对准拧紧，听到"哒哒"声停止拧动。 注意：对燃油系统操作时，严禁吸烟或靠近明火
5	燃油箱及燃油输送管路检查	举升机、白纸	检查燃油箱及燃油输送管路	操作要求： (1) 根据举升机操作规范，将举升机举到合适位置。 (2) 目视检查燃油箱表面有无泄漏，使用干净的白纸拭擦，检查燃油箱相连的燃油管以及油管连接处是否泄漏；使用干净的白纸拭擦燃油滤清器连接处，检查有无泄漏。 (3) 检查底盘输送管路有无生锈、老化、损坏及泄漏现象。 (4) 检查时不要接触热排气管，防止被烫伤，检查活性炭罐的连接管路是否泄漏。 (5) 确保周围安全后按下举升机下降按钮，放下车辆。 (6) 双手握住罩盖，对准安装位置，并对角按下前后端，确保安装可靠

3. 燃油供给系统压力检测

燃油供给系统压力检测.mp4

学习任务	燃油供给系统压力检测		课时	1 学时
使用设备	丰田卡罗拉轿车		使用资料	维修手册
序号	操作步骤	工具	操作过程	维修规范与操作要求
1	发动机舱燃油管路检查		(1) 拆卸发动机罩盖。 (2) 检查发动机燃油管路	操作要求: (1) 依次提起发动机罩盖前后两端,取下发动机罩盖。 (2) 启动发动机运转 1～2min,关闭发动机检查主燃油管与燃油分配管连接处有无燃油泄漏;检查输油总管与发动机输油软管连接处有无泄漏。 (3) 泄漏不明显用干净白纸擦拭表面检查有无泄漏,如果有泄漏应立即修复,对隐蔽部位如活性炭罐连接处和没有系统油压连接部位,用尾气分析仪进行检查;检查喷油器安装位置有无燃油泄漏
2	检查燃油系统工作情况和燃油是否泄漏	故障诊断仪	(1) 将故障诊断仪连接到车辆诊断接口。 (2) 打开故障诊断仪,进入汽车诊断,选择相应的车型,选择发动机和电控系统,动作测试,选择控制燃油泵选项,选择控制燃油泵"打开"选项。 (3) 断开故障诊断仪连接	操作要求: (1) 挡位置处于 P 挡或空挡,驻车制动器处于制动状态。 (2) 点火开关置于 ON 位置。 (3) 确认油箱有燃油流动,确认燃油系统无燃油泄漏。 (4) 将点火开关置于 OFF 位置
3	检查燃油压力	铲刀、数字式万用表、棘轮扳手、10mm 套筒、燃油压表	(1) 拆卸后排座椅垫总成。 (2) 使用铲刀拆卸地板维修孔盖。 (3) 断开燃油泵连接器。 (4) 启动发动机,进行燃油泄压。 (5) 将数字式万用表调到电压挡,红色表笔连接蓄电池正极,黑色表笔连接负极。 (6) 断开蓄电池负极电缆。 (7) 断开燃油软管	操作要求: (1) 双手需握在座椅垫左右固定挂钩处,分离左右挂钩。 (2) 挡位置处于 P 挡和空挡,驻车制动处于制动状态。 (3) 启动发动机,熄火后再次启动发动机,确认发动机不能启动。 (4) 检查电压时正负极表笔不能接反,电压低于 11V,对蓄电池充电或更换。 (5) 拆蓄电池负极前,需记录车辆的相关信息、学习值;确保点火开关关闭;确保工具与正极分开,防止电路短路。 维修规范: (1) 正确使用工具拆装地板维修孔盖。 (2) 正确使用工具断开负极电缆

序号	操作步骤	工具	操作过程	维修规范与操作要求
4	使用燃油压力表检查燃油压力	燃油压力表、故障诊断仪	（1）安装燃油压力表。 （2）连接蓄电池负极，并紧固。 （3）连接燃油泵连接器。 （4）将故障诊断仪连接到车辆诊断接口，并选择控制燃油泵打开选项。 （5）记录燃油压力表值与标准值比较。 （6）断开故障诊断仪，并启动发动机记录急速时的燃油压力。 （7）发动机熄火后，检测燃油 5min 内压力。 （8）断开燃油泵连接器。 （9）启动发动机进行燃油系统泄压。 （10）断开蓄电池负极电缆。 （11）断开燃油压力表，并取下	操作要求： （1）检查急速时燃油压力应在标准值范围内。 （2）检查确认燃油压力，在发动机熄火后，按规定持续 5min 燃油压力范围应在 147kPa 或更高，如果不符，则检查燃油泵或喷油器。 （3）挡位置处于 P 挡或空挡，驻车制动器处于制动状态。 （4）启动发动机熄火后，再次启动发动机，确认发动机不能启动。 维修规范： （1）燃油标准压力为 304～343kPa。 （2）测得燃油压力大于标准值，需更换燃油压力调节器，小于标准值需检查燃油软管连接情况、燃油泵、燃油滤清器、燃油压力调节器
5	安装坐垫及发动机罩盖		（1）使用干净布对主燃油管清洁，重新连接燃油管和主燃油管。 （2）连接蓄电池负极电缆到负极端子上，并紧固。 （3）清除地板维修孔盖内面的密封胶。 （4）在地板维修孔盖内打上新的密封胶。 （5）装地板维修孔盖。 （6）安装汽车坐垫。 （7）安装发动机罩盖	操作要求： （1）操作时严禁吸烟或靠近明火。 （2）避免橡胶或皮质零件接触安装完蓄电池负极电缆后，需要恢复收音机电台、时钟设置，重新匹配相关数值。 （3）用铲刀清除硅胶密封剂。 （4）确保座椅安全带锁扣未压在座椅垫下将座椅两个前挂钩安装在合适的位置，确保安装稳固。 维修规范： （1）正确使用棘轮扳手和套筒。 （2）蓄电池电缆固定螺栓规定扭矩为 5.4N·m。 （3）确保地板维修孔盖定位标记对正

【自我检测】

4.1

任务4.2 进气系统的构造与检修

【任务引入】

一辆迈腾轿车在4S店维护,车主反映怠速不稳,经常熄火且加速不畅,排放尾气有臭皮蛋的味道,他主动提出要清理进气管路、清洗节气门。这时需要维修人员对进气系统进行拆装。

【知识学习】

进气系统的作用是向汽油机提供与发动机负荷相适应的清洁的空气,同时对流入发动机气缸的空气质量进行直接或间接计量,使空气在系统中与喷油器喷出的汽油形成空燃比负荷要求的可燃混合气。

进气系统主要由空气滤清器、空气计量器、进气软管、进气管、进气歧管、节气门控制组件、进气温度传感器等组成,如图 4-16 所示。

进气系统的组成.mp4

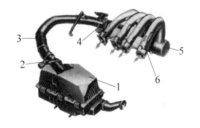

图 4-16 进气系统的组成
1—空气滤清器;2—空气流量计;3—进气软管;
4—节气门控制组件;5—进气管;6—进气歧管

1. 空气滤清器

1)功用

空气滤清器一般安装在发动机进气系统的最前端,在进气软管之前。其主要作用是滤去空气中的灰尘、沙粒和杂物,保证气缸中进入足量、清洁的空气,以减小气缸、活塞和活塞环的磨损,并消除一定强度的进气噪声。

2)结构

空气滤清器一般由进气导流管、空气滤清器盖、空气滤清器外壳和滤芯等组成。现在广泛用于汽车发动机上的空气滤清器仍有多种结构形式。

（1）油浴式空气滤清器。用于多尘条件下工作的发动机上，滤芯清洗后可重复使用。

（2）纸滤芯式空气滤清器。广泛应用于多种汽车发动机。纸滤芯有干式和湿式两种。干式纸滤芯清洁后可以重复使用；湿式纸滤芯使用寿命长，但是不能重复使用。

（3）离心式空气滤清器。多用于大型货车。在许多自卸车或矿山用汽车上还使用离心式与纸滤芯式相结合的复合式空气滤清器。复合式空气滤清器的上体是纸滤芯式空气滤清器，下体是离心式空气滤清器。

3）干式纸滤芯空气滤清器的常见故障

现代轿车使用较多的是干式纸滤芯空气滤清器，干式纸滤芯空气滤清器的常见故障是滤芯堵塞和破损。空气滤清器需进行定期更换，由于使用环境不同，保养或更换的周期也不同，应根据维修厂家规定或保养手册进行。

2. 进气歧管

进气歧管位于节气门控制组件之后到气缸盖进气道之前。其主要作用是将可燃混合气或纯净空气尽可能均匀地分配到各缸进气道。为了保证将气体尽可能均匀地分配到各个气缸，进气歧管内气体流道的长度应尽可能相等。为了提高进气量，进气歧管的内壁应尽可能地光滑。进气歧管的材料一般使用铝合金或复合塑料。

1）谐振进气系统

如果利用一定长度和直径的进气歧管或进气导流管与一定容积的谐振室组成谐振进气系统，并使其固有频率与气门的进气周期调谐，那么在特定的转速下，就会在进气门关闭之前，在进气歧管内产生大幅度的压力波，使进气歧管的压力增高，从而增加进气量。这种效应称作进气波动效应。

谐振进气系统的优点是没有运动件，工作可靠，成本低。但只能增加特定转速下的进气量和发动机转矩。

2）可变进气歧管

可变进气歧管的功用是充分利用进气波动效应和尽量缩小发动机在高、低速运转时进气速度的差别，从而改善发动机特别是中、低速运转和中、小负荷时的发动机。为了能够更好地产生进气波动效应，发动机在高转速、大负荷时，需要粗而短的进气歧管；在中、低速和中、小负荷时，需要细而长的进气歧管。实践证明，可变进气歧管在所有转速下都可以使发动机转矩平均提高5%。

（1）可变长度进气歧管。根据发动机转速和负荷的变化而自动改变有效长度的进气歧管。当发动机中、低速运转时，发动机控制单元发出指令，关闭旋转阀，空气流经细而长的进气歧管，如图 4-17(a)所示；当发动机高速运转时，发动机控制单元发出指令，打开旋转阀，空气流经粗而短的进气歧管，如图 4-17(b)所示。

(a) 中、低运转速 (b) 高运转速

图 4-17　可变长度进气歧管

（2）双通道可变进气歧管。双通道可变进气歧管可以根据发动机转速和负荷的变化而自动改变进气歧管的有效截面积。每个进气歧管都有一长一短两个进气通道，如图4-18所示。当发动机中、低速运转时，旋转阀将短进气通道封闭，空气沿长进气通道进入气缸；当发动机高速运转时，旋转阀使长进气通道一部分短路，将长进气道变为短进气通道。

(a) 长进气通道　　　　　　(b) 短进气通道

图 4-18　双通道可变进气歧管

1—旋转阀；2—喷油器；3—进气道；4—进气门

3. 空气计量器

空气计量器分为压力型和流量型。压力型空气计量器主要使用的是进气歧管绝对压力传感器，安装在节气门控制组件后的进气管或进气歧管上。压力型空气计量器的功能是检测节气门后方进气歧管的绝对压力（真空度），再根据进气温度、发动机转速，计算发动机负荷的大小，转换成信号电压送至发动机ECU，并以此作为ECU计算喷油量的主要参数。

流量型空气计量器使用较多的是热模式空气流量器，安装在空气滤清器与进气软管之间。流量型空气计量器的功能是直接测量单位时间内进入气缸的空气质量，ECU根据空气流量计测出的空气质量和发动机转速计算出每一循环的进气量，再计算出该循环喷油量。

4. 进气温度传感器

进气温度传感器安装在进气管道上，它可以安装在节气门控制组件前面或后面，可以单独安装，也可以与温度传感器、进气流量传感器等组装为一体。进气温度传感器的功用是检测进气时进入发动机的大气温度，并将此信号转换成电信号输入给ECU，用来计算空气密度，以便根据进气温度的变化进行喷油量修正，获得最佳空燃比。

5. 电子节气门控制组件

节气门俗称油门，是整个发动机上唯一由驾驶员所控制的机构，通过改变节气门开度控制发动机的进气量从而控制发动机的转速。安装在进气软管与进气歧管之间。

6. 增压系统

增压控制系统的功用是利用增压器将空气或可燃混合气进行预压缩，再送入气缸，提高发动机动力性和经济性。根据增压装置使用的动力源不同，增压装置分为机械增压、废气涡轮增压和气波增压3种。

1）机械增压

机械增压是一种通过发动机曲轴直接驱动压气机，以提高发动机进气压力的增压方式。机械增压器由发动机曲轴经齿轮增速器驱动。机械增压器与发动机容易匹配，结构也比较紧凑。但是，由于驱动增压器需消耗发动机功率，因此燃油消耗率比非增压发动机略高。

2）气波增压

气波增压是利用排气压力波使空气受到压缩，以提高进气压力的方式。气波增压器是通过一个特殊形状的气波增压器转子经由发动机曲轴带轮经传动带驱动。在转子中发动机排出的废气直接与空气接触，利用排气压力波使空气受到压缩，以提高进气压力。气波增压器结构简单，加工方便，工作温度不高，不需要耐热材料，也无须冷却。与涡轮增压相比，其低速转矩特性好，但体积大、噪声水平高，安装位置受到一定的限制。

3) 废气涡轮增压

废气涡轮增压是轿车广泛采用的一种增压方式。其结构简单，工作可靠，能够有效地利用排气的能量进行增压，可提高功率 30%～50%，降低比油耗 5% 左右，有利于改善整机动力性能、经济性能及排放品质，并可大幅度地降低有害气体的排放和噪声，因而得到了广泛应用。

(1) 结构。轿车用的废气涡轮增压器主要由涡轮机、压气机、增压器轴等组成，如图 4-19 所示。涡轮机叶轮、压气机叶轮和密封圈等零件安装在增压器轴上，构成废气涡轮增压器转子。转子以超过 $1.0 \times 10^5 r/min$，最高可达 $2.0 \times 10^5 r/min$ 的高转速旋转，因此，转子的平衡和冷却是非常重要的。

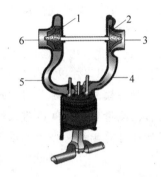

图 4-19　废气涡轮增压结构

1—涡轮机；2—压气机；3—进气口；
4—进气管；5—排气管；6—排气口

废气涡轮增压系统的组成.mp4

废气涡轮增压器的工作原理.mp4

(2) 工作过程。发动机排出的废气，推动涡轮机旋转。由此便能带动与之相连的另一侧的压气机转动。压气机叶轮把空气从进风口强制吸进，并经压气机的旋转压缩后，进入进气管，然后经过中冷器冷却，供入气缸燃烧，燃烧后的废气从排气管排出，进入涡轮机，再重复以上的动作。

(3) 使用注意事项。

① 尽量选择厂家指定或高级合成机油。

② 启动之初要低速运转一会儿再提高转速。

③ 怠速运转不要过久。

④ 发动机大负荷运转后，要先降到低速再慢慢熄火。

⑤ 尽量换用原型号的增压器。

⑥ 新增压器在启动前要加入一定的机油。

(4) 废气涡轮增压器的常见故障。常见故障包括增压器漏油、供油不足、叶轮被异物损坏。

4）复合式增压系统

复合增压技术是指废气涡轮增压和机械增压结合在一起的增压方式,复合增压的发动机不仅可以提高进气效率降低燃油消耗,还能提供更大的输出功率。低转速区间采用机械增压的方式,高转速时涡轮增压介入;当转速在中间转速时便由两种增压方式共同工作。

【任务实施】

1. 进气系统泄漏的检查

学习任务		进气系统泄漏的检查		课时	1 学时
使用设备		丰田卡罗拉轿车		使用资料	维修手册
序号	操作步骤	工具	操作过程	维修规范与操作要求	
1	拆卸发动机罩盖		拆卸发动机罩盖	操作要求: 依次提起发动机罩盖前后两端,取下发动机罩盖	
2	静态外观检查		发动机运转前,进气系统外观的泄漏检查	操作要求: (1) 检查并按捏空气滤清器软管总成、通风软管、制动助力器真空软管、PCV 阀软管表面有无龟裂、老化、断裂,各软管卡箍位置是否正确,卡箍是否完好。 (2) 检查进气歧管有无裂纹、破损,检查节气门体衬垫处和进气歧管衬垫处是否有破损、泄漏现象	
3	动态外观泄漏检查		发动机运转时,进气系统的外观的泄漏检查	操作要求: (1) 检查挡位是否处于 P 挡或空挡,驻车制动器是否处于制动状态。 (2) 启动发动机保持怠速运行一段时间。 (3) 检查并按捏空气滤清器软管总成、通风管、制动助力器真空软管、PCV 阀软管表面有无龟裂、老化、断裂,各软管卡箍位置是否松动、损坏。 (4) 检查进气歧管有无裂纹、破损,检查节气门体衬垫处和进气歧管衬垫处是否有破损泄漏现象。 (5) 发动机熄火。 维修规范: 检查时采用听觉和触觉相结合的方法,对进气系统相关零部件的密封部位进行检查,如果存在吸气现象,对标记记录	
4	安装发动机罩盖		安装发动机罩盖	操作要求: 双手握住发动机罩盖,对准安装位置,并对角按下前后端,确保安装牢固	

2. 进气系统真空度的检查

学习任务	进气系统真空度的检查		课时	1 学时
使用设备	丰田卡罗拉轿车		使用资料	维修手册
序号	操作步骤	工具	操作过程	维修规范与操作要求
1	连接真空压力表	真空压力表	(1) 将真空压力表挂在发动机舱盖支承杆上。(2) 把真空压力表与节气门后方的进气歧管上测压孔接头相连接	操作要求: (1) 真空压力表指针应对准零位。 (2) 看清真空压力表单位。 (3) 检查真空压力表和进气歧管连接软管及各接头部位,均不能有泄漏
2	进气系统真空度的测量	真空压力表	(1) 启动发动机。(2) 在怠速工况下读取真空压力表上的读数和指示状态	操作要求: (1) 检查挡位是否处于 P 挡或空挡,驻车制动器是否处于制动状态; (2) 汽油发动机在正常状态下按规定的怠速值无负荷运转。 维修规范: 发动机密封性能在正常状态且发动机怠速运转时,真空压力表指针应稳定在 64～71kPa
3	取下真空压力表	拆卸真空压力表		操作要求: (1) 轻拿轻放,防止跌落。 (2) 将真空压力表组件摆放整齐

【自我检测】

4.2

任务引入.mp4

任务4.3　排气系统的构造与检修

【任务引入】

　　一辆迈腾轿车车主在踩油门踏板时,会听见从排气管中发出"嘭嘭"的声音,声音不是很大,车开起来也没有不正常,只是油耗增加,经维修师傅分析判断消音器和排气管是否有破损。

【知识学习】

　　排气系统的作用是将气缸内燃烧产生的废气排到大气中,同时净化废气,降低排气阻力和噪声,减少排放污染。排气系统常由排气歧管、排气管、三元催化器、氧传感器、消声器、排气尾管等组成,如图 4-20 所示。

排气系统的组成.mp4

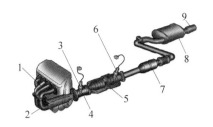

图 4-20　排气系统结构

1—排气歧管；2—排气管 A；3—前氧传感器；4—排气管中管；
5—三元催化器；6—后氧传感器；7,9—排气管 B；8—消声器

1. 单排气系统、双排气系统

直列型发动机在排气行程期间,气缸中的废气经排气门进入排气歧管、排气管、前氧传感器、三元催化器、后氧传感器和消声器,最后经由排气尾管排入大气中,这种排气系统称为单排气系统。V 型发动机有两个排气歧管在部分装有 V 型发动机的汽车中,仍采用单排气系统,即来自两个排气歧管的废气经同一个排气歧管、同一个排气管、同一个前氧传感器、同一个三元催化器、同一个后氧传感器、同一个消声器,最后由同一排气尾管排入大气中,同一个排气尾管属于单排气系统。

大多数装有 V 型发动机的汽车均采用两个单排气系统,每个排气歧管各自都连接一个排气管、前氧传感器、三元催化器、后氧传感器、消声器和排气尾管,这种排气系统称为双排气系统。双排气系统降低了排气系统内的压力,使发动机排气更顺畅,气缸中残余的废气较少,可以充入更多气体,发动机的功率和转矩都相应的有所提高。

2. 排气系统主要元件介绍

1) 排气歧管

排气歧管安装在发动机气缸盖侧面,连接发动机各气缸排气道。其主要作用是将发动机各气缸排气道内排出的废气引入到排气管中。

排气歧管的材料一般是由灰铸铁、不锈钢、球墨铸铁制造,由于不锈钢排气歧管质量轻、耐久性好,同时内壁光滑,排气阻力小,在排气管中得到了广泛使用。为了使各缸排气不相互干扰及不出现排气倒流现象,并尽可能地利用惯性排气,应该将排气歧管做得尽可能长,而且各缸歧管应该相互独立、长度相等。

排气歧管的常见故障包括以下 3 种。

(1) 漏气。排气管衬垫损坏、连接螺栓松动、破裂。

(2) 排气不畅。排气歧管内积垢过多。

(3) 破裂、变形。温度过高、热应力集中。

2) 消声器

消声器一般安装在催化转换器与排气尾管中间,数量为 1~3 个不等,其主要功用是降低排气噪声,降低排气压力和衰减排气压力的脉动,使排气能量耗散殆尽。

消声器按照消声的原理可以分为阻性消声器、抗性消声器和复合消声器。

（1）阻性消声器。利用吸声材料消声。把吸声材料固定在气流通道内壁或按一定的方式在管道中排列起来，因摩擦阻力和黏滞力将声能转化为热能而散发掉，从而达到消声的目的。

（2）抗性消声器（扩张式，共振式）。利用声抗大小消声。它不使用吸声材料，仅依靠管道截面的突变或旁接共振腔等在声音传播过程中引起阻抗的改变，而产生反射、干涉现象，从而降低由消声器向外辐射的声能，达到消声的目的。

（3）复合消声器。既有阻性又有抗性消声的称为复合消声器，消声效果比较好。

3）氧传感器

氧传感器的功用是检测排气气流中氧的浓度，修正喷油量，将发动机的实际空燃比精确地控制在理论空燃比附近，从而提高三元催化转换器的转换效率，可有效地降低废气中有害气体的含量。氧传感器安装在排气歧管后，消声器的前面。一般在三元催化转换器前安装一个氧传感器，在三元催化转换器后前安装一个氧传感器。

氧传感器根据检测混合气浓度分为窄带型氧传感器和宽带型氧传感器。

（1）窄带型氧传感器只能检测废气的浓、稀两种状态，不能确定空燃比偏离理论混合气的程度。窄带型氧传感器又分为氧化锆式和氧化钛式两种氧传感器。

（2）宽带型氧传感器既能检测废气的浓、稀两种状态，又能确定空燃比偏离理论混合气的程度，检测空燃比范围可达到 10.0～60.0。宽带型氧传感器从 2002 年开始在中、高档汽车中广泛采用。

3. 发动机排放物及控制装置

1）汽车发动机的有害排放物

汽车虽然给人们带来了许多方便，但是也有一定的危害：汽车排放对大气的污染；噪声、燃油系统蒸发物对环境的污染；电气设备对无线电的干扰。其中，尾气排放物对汽油机而言，主要指一氧化碳、碳氢化合物和氮氧化合物；对柴油机而言，除以上三类污染物外，还包括微粒和烟度。

（1）一氧化碳是一种无色、无味的气体。它是燃料不完全燃烧、燃烧后的温度过高导致的产物。会导致人出现头晕、头痛等中毒症状，甚至死亡。

（2）碳氢化合物是气缸壁激冷、燃料不完全燃烧的产物。会降低大气能见度，使橡胶开裂，植物受害，刺激人的眼睛和咽喉，而且在碳氢化合物中的 PAH 是致癌物质。

（3）氮氧化合物是发动机高温、大负荷的产物。对人的眼睛、咽喉、呼吸道有明显的刺激作用，氮氧化合物是生成光化学烟雾的主要成分。

（4）微粒的主要成分是炭烟。炭烟是柴油机在高温缺氧情况下燃烧的产物。炭烟产生烟尘污染，易引起肺部疾病。

2）汽油机常采用排气净化装置

（1）二次空气喷射系统。

二次空气喷射系统一般安装在发动机排气管或者三元催化器处，结构如图 4-21 所示，它向废气中吹进额外的空气，增加其中氧气的含量，这样使废气中未燃烧的有害物质如一氧化碳以及碳氢化合物在高温环境下再次燃烧，达到降低发动机冷启动阶段有害物质的排放的目的。

① 发动机处于启动工况时，ECU 控制旁通电磁阀和分流电磁阀断电，空气泵送出的新鲜空气经空气旁通阀进入大气。

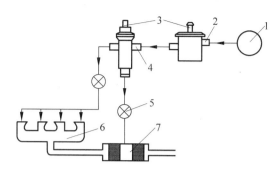

图 4-21　二次空气喷射系统原理图

1—空气泵；2—旁通阀；3—真空管；4—分流阀；5—单向阀；6—排气歧管；7—催化转换器

② 发动机处于暖机工况时，ECU 控制旁通电磁阀和分流电磁阀通电，空气泵送出的新鲜空气经空气旁通阀流到空气分流阀，再由空气分流阀流入空气分配管，最后由空气喷管喷入排气道。此时，发动机燃油喷射控制系统处于开环控制，氧传感器的输出信号不影响 ECU 的控制。

③ 发动机处于正常工况时，ECU 控制旁通电磁阀通电，空气泵送出的新鲜空气经空气旁通阀进入空气分流阀，再经空气分流阀进入三元催化转换器。此时，发动机燃油喷射控制系统处于闭环控制，二次空气喷射系统不能向排气歧管喷射新鲜空气，以免使氧传感器的输出信号变弱，影响 ECU 对燃油喷射的控制。

（2）废气再循环系统（EGR）。废气再循环（Exhaust Gas Recirculation，EGR）系统连接排气管和进气管，如图 4-22 所示，其作用是将少量发动机废气引入进气管，与新鲜混合气一起参与燃烧，这样就增加了进气中惰性气体（如水蒸气、二氧化碳和氮）的比例，由此降低了最高燃烧温度，抑制氮氧化合物的生成，减少排气污染。但是，新鲜混合气中掺入废气后热值降低，发动机的输出功率会有所下降。

废气再循环系统.mp4

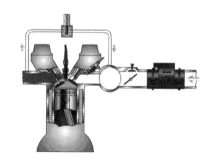

图 4-22　废气再循环系统

为了保持燃烧的稳定性，使废气再循环系统能更有效地发挥作用，达到既能减少氮氧化合物的生成量，又能保证发动机动力性能的稳定，必须对参与再循环的废气的量和参与时机加以控制，只在某些特定的条件下才使用 EGR。根据发动机的进气温度及负荷，适时地控制进入进气系统的废气量。当发动机水温较低或处于怠速及小负荷运转时，氮氧化合物的生成量很少，通常不需要引入废气；当发动机水温已达到正常工作温度，且处于较大负荷运转工况时,氮氧化合物的生成量较多,此时引入废气,并随发动机负荷的增大相应地增加引入的废气量。当发动机节气门全开急加速时,为了不影响发动机的动力输出,此时也不引入废气。

用 EGR 率来衡量废气的引入量。EGR 率用进入气缸的气体中废气所占的百分比来表示。

$$EGR 率 = EGR 气体量/(吸入的新鲜气体量 + EGR 气体量) \times 100\%$$

EGR 率与发动机动力性、经济性和排放性能有关。EGR 控制装置通过控制 EGR 率来保证发动机在运转性能良好的同时达到最佳的氮氧化合物净化效果。如果废气再循环系统工作不良,例如 EGR 系统工作提前、推迟或过量运行,不仅使发动机排气污染增加,而且使发动机产生回火、怠速不稳、失速、加大油门时瞬时减速等现象,因此应特别注意对 EGR 系统的检修。

(3) 三元催化器(TWC)。三元催化器安装在排气系统中,其功用是利用转换器中的三元催化剂,将发动机废气中的有害气体一氧化碳、碳氢化合物和氮氧化合物转化为无害气体二氧化碳、水蒸气和氮气,使废气得到净化。

三元催化器由金属外壳、载体、催化剂、金属网等组成,如图 4-23 所示。载体由陶瓷或不锈钢材料制成,用于携带催化基层。催化剂由贵金属铂(Pt)、钯(Pd)、铑(Rh),以及一些稀土金属铈、钌、镧等制成的混合物。

三元催化转化.mp4

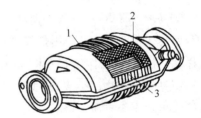

图 4-23　三元催化器结构

1—外壳；2—金属丝网；3—催化剂载体

三元催化器工作时产生大量的热量,转换器内部温度将达到 $500 \sim 850℃$,表面温度也有 $370℃$,因此隔热非常重要。为防止损坏车身底部,避免热量进入发动机机舱和驾驶舱内,在汽车底部都安装有防热罩和隔热板。

只有当可燃混合气浓度在理论空燃比 14.7∶1 附近的一个很小的范围内时,三元催化剂才能同时促进一氧化碳、碳氢化合物、氮氧化合物发生反应,三元催化器的转换效率才最好。因此,必须使用氧传感器闭环控制的电控燃油喷射系统才能将可燃混合气的空燃比精确地控制在 14.7∶1 附近。

三元催化器的常见故障是三元催化器过热、中毒、表面积炭、载体破碎。

(4) 燃油蒸发控制系统(EVAP)。燃油蒸发控制系统的功用是将燃油系统产生的燃油蒸汽收集到活性炭罐中,根据发动机工况适时控制导入进气管,与可燃混合气混合后进入发动机气缸进行燃烧,减少环境污染(HC 污染),节约能源,防止燃油箱损坏。

典型的燃油蒸发控制系统由活性炭罐、活性炭罐电磁阀、发动机 ECU、管路等组成,如图 4-24 所示。发动机 ECU 根据冷却液温度传感器和发动机转速传感器输入的信号,控制活性炭罐电磁阀接通或断开燃油蒸汽与进气管的通道。燃油蒸发控制系统有各种各样的结构形式,但其作用是一致的,即降低碳氢化合物从油箱和燃油供给系统排向大气。

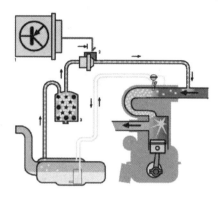

活性炭罐电磁阀工作原理.mp4　　　　　图 4-24　燃油蒸发控制系统

(5) 曲轴箱强制通风系统。发动机工作时,一少部分可燃混合气和废气经活塞环窜入曲轴箱内,称为曲轴箱窜气。曲轴箱窜气的后果很严重,机油会变稀;机油的性能变坏,形成泡沫;影响供油,生成酸类物质;腐蚀机件,油底壳内压力和温度升高,造成密封处渗漏等现象。

曲轴箱强制通风系统又称为 PCV(Positive Crankcase Ventilation)系统是将曲轴箱内的混合气通过连接管导向进气管的适当位置(见图 4-25)返回气缸重新燃烧,这样既可以防止曲轴箱内气压过高,机油渗漏,又可以防止油蒸气稀释机油而变质。

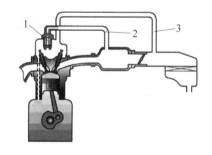

曲轴箱强制通风系统.mp4　　　　图 4-25　曲轴箱强制通风系统的组成

1—PCV 阀;2—PCV 软管;3—呼吸管(来自空气滤清器的额外空气)

PCV 系统中最重要的控制元件是 PCV 阀,PCV 阀由阀体、弹簧、锥形阀、阀座等组成。当发动机不工作时,PCV 阀中的弹簧将锥形阀压在阀座上,关闭曲轴箱与进气管的通路,如图 4-26(a)所示。当发动机怠速或减速时,进气管真空度很大,真空度克服弹簧弹力把锥形阀吸向上端,使锥形阀与阀体之间只有很小的缝隙,如图 4-26(b)所示。当发动机中等负荷时,由于进气管真空度比怠速时还小,所以在弹簧弹力的作用下锥形阀与阀体之间的缝隙增大,如图 4-26(c)所示。当发动机加速或大负荷时,节气门开度增大,进气管真空度减小,弹簧弹力将锥形阀进一步向下推移,使 PCV 阀的开度更大,如图 4-26(d)所示。

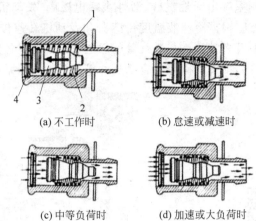

(a) 不工作时　　　　　　(b) 怠速或减速时

(c) 中等负荷时　　　　　　(d) 加速或大负荷时

图 4-26　发动机各种工况下的 PCV 阀开度

1—阀体；2—弹簧；3—锥形阀；4—阀座

　　PCV 阀的常见故障是堵塞。如果 PCV 阀堵塞，可能会使曲轴箱窜气逆向流入空气滤清器，污染滤芯，使空气滤清器过滤能力降低，导致燃料消耗增大，发动机磨损加大，甚至损坏发动机。因此，须定期保养 PCV 系统，清除 PCV 阀周围的污染物。

【任务实施】

　　排气系统泄漏检查。

学习任务		排气系统泄漏检查		课时	1 学时
使用设备		丰田卡罗拉轿车		使用资料	维修手册
序号	操作步骤	工具	操作过程	维修规范与操作要求	
1	拆卸发动机罩盖		拆卸发动机罩盖	操作要求： 依次提起发动机罩盖前后两端，取下发动机罩盖	
2	静态外观检查	举升机	发动机运转前，排气系统外观的泄漏检查	操作要求： (1) 根据举升机操作规范，将举升机举到合适位置。 (2) 检查并确认排气歧管衬垫处。 (3) 检查前排气管总成及衬垫等各点是否有废气泄漏的痕迹。 (4) 检查前排气管、后氧传感器接触等各点以及中央排气管前后衬垫及排气尾管是否有排气泄漏的痕迹。 (5) 检查并确保周围安全后，按下举升机下降按钮，放下车辆	

续表

序号	操作步骤	工具	操作过程	维修规范与操作要求
3	动态外观泄漏检查		发动机运转时,排气系统外观的泄漏检查	操作要求: (1) 启动发动机,保持怠速运转。 (2) 根据举升机操作规范,将举升机举到合适位置。 (3) 检查并确认排气歧管衬垫处、前排气管总成及衬垫等各点是否有废气泄漏的痕迹,检查前排气管、后氧传感器接触等各点以及中央排气管前后衬垫及排气尾管是否有排气泄漏的痕迹。 (4) 发动机熄火,确保周围安全后,按下举升机下降按钮,放下车辆 维修规范: 检查时采用听觉和触觉相结合的方法,对排气系统相关零部件的密封部位进行检查,如果存在漏气现象,对相关部位标记记录
4	安装发动机罩盖		安装发动机罩盖	操作要求: 双手握住发动机罩盖,对准安装位置,并对角按下前后端,确保安装牢固

【自我检测】

4.3

项目5

冷却系统的构造与检修

知识目标

(1) 掌握冷却系统各零部件的功用、分类和结构特点。

(2) 掌握冷却液的循环流动路线。

(3) 理解主要零部件的工作原理。

(4) 掌握冷却系统主要故障诊断与检修方法。

能力要求

(1) 能准确识别冷却系统所有零部件。

(2) 能独立完成某些典型故障的排除。

(3) 能向客户清晰地介绍冷却系统故障的产生原因。

1. 冷却系统的功用

冷却系统的功用是使发动机在所有工况下都保持在最适宜的温度范围内。机体水套中的冷却水温度在80～90℃或冷却液温度在95～105℃时,才能使发动机各受热机件处于正常的温度范围内。因此,既要防止夏季发动机过热,又要防止冬季发动机过冷。在发动机启动后,冷却系统还要保证发动机迅速升温,尽快达到正常的工作温度。

发动机工作期间,最高温度可达2500℃,即使在急速或中等转速下,燃烧室的平均温度也在1000℃以上。如不进行冷却,发动机会过热,工作过程恶化,零件强度降低,机油变质,零件磨损加剧,导致发动机动力性、经济性、可靠性及耐久性均下降。如果冷却过度,发动机长时间在低温下工作,会使散热损失及摩擦损失增加,导致零件磨损加剧,排放恶化,发动机工作粗暴,发动机功率及燃油经济性下降。因此,发动机的冷却系统在汽车行驶中起到至关重要的作用。

2. 冷却系统的类型

发动机的冷却系统分为水冷系统和风冷系统,如图 5-1 所示。水冷系统用水作为冷却介质,热量先由机件传给水,靠水的流动把热量带走。风冷系统用空气作为冷却介质,将受热机件的部分热量直接散发到大气中。

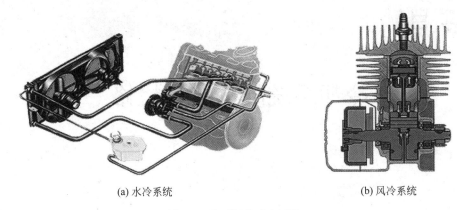

(a) 水冷系统 (b) 风冷系统

图 5-1 发动机的冷却系统

水冷系统又分为以下 3 种类型。

(1) 沸腾蒸发式:利用冷却水吸收热量后,一部分蒸发汽化,将热量带走散发到大气中。

(2) 温差循环式:利用膨胀水箱与水套中冷却水的温差造成水的密度变化产生自然对流,将热量带到膨胀水箱中散发。

(3) 强制循环式:利用水泵将冷却水提高压力,使冷却水在整个冷却系统中不停地循环流动,达到冷却目的。

现代汽车发动机大多采用强制循环闭式水冷系统,部分摩托车上仍然使用风冷发动机。

3. 冷却系统的组成

强制循环闭式水冷系统由水泵、散热器、冷却风扇、节温器、膨胀水箱、气缸体水套、气缸盖水套、水管等组成,如图 5-2 所示。

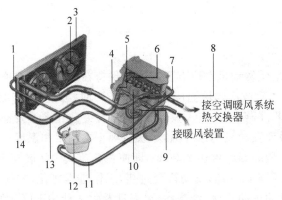

图 5-2 发动机冷却系统的组成

1—过热蒸汽;2—电动风扇;3—散热器;4—齿形带带轮;5—水泵;6—气缸盖水套;7—水套排气管;8—冷却液上橡胶软管;9—节气门热水管;10—气缸体水套;11—橡胶软管;12—膨胀水箱;13—冷却液下橡胶软管;14—电动风扇双速热敏开关

当发动机冷启动时,为了保证发动机迅速升温,尽快达到正常的工作温度,冷却液的循环路径为:水泵将冷却液从机外吸入并加压,使之进入气缸体水套,冷却液从水套壁周围流过并从水套壁周围吸热而升温,然后进入气缸盖水套,从气缸盖水套壁吸热后流过节温器,水泵继续给冷却液加压,如此反复,直到冷却液温度超过发动机的正常工作温度,节温器开始打开,冷却液流向散热器,冷却液向流向散热器的空气散热而降温,降温后的冷却液流经散热器出水管返回水泵,如此反复。当冷却风扇工作时,散热器中冷却液的冷却效果会更好。

冷却系统的工作原理.mp4

大多数汽车装有暖风系统,暖风机是一个热交换器。在装有热交换器的水冷系统中,热的冷却液从气缸体或气缸盖水套进入热交换器,然后经热交换器出水管流回水泵。经过热交换器的空气被冷却液加热后,一部分送到挡风玻璃除霜器,一部分送入驾驶室或车厢。

任务5.1　冷却系统主要部件的构造与检修

任务引入.wmv

【任务引入】

有一辆行驶 50000km 的迈腾轿车,在行驶过程中冷却液面指示灯亮。经维修组人员检查,可能是水泵橡胶密封垫损坏,需要拆检冷却系统,以确定维修方案。

【知识学习】

1. 水泵

水泵的功用是使冷却液产生一定的压力和流量,强制冷却水的循环流动。汽油和柴油发动机上广泛采用离心式水泵,电动汽车上广泛采用电动水泵。

1) 离心式水泵

离心式水泵是机械式水泵的一种,也是汽车发动机采用最多的一种水泵形式。它具有体积小、结构简单、出水量大和工作可靠等优点。

(1) 离心式水泵的结构。离心式水泵由皮带轮、泵体、水泵轴、叶轮、泵盖、水封、轴承等组成,如图 5-3 所示。壳体用来构成流体通道,并连接其他零部件,通常由铸铁、铝材、钢板或其他材料制成。汽车水泵轴承是汽车的重要部件,有相当一部分水泵的失效是由水泵轴承损坏引起的。水封的作用是密封冷却液防止泄漏,同时将冷却液与水泵轴承隔离,以保护轴承。叶轮由向心辐射状直线形或圆弧形叶片与本体组成,利用轴承轴传入的旋转力矩,将防冻液送进发动机冷却系统中循环工作。水泵一般由曲轴通过皮带传动,有些发动机的水泵由凸轮轴直接驱动。

(2) 离心式水泵的工作原理。离心式水泵是根据离心的工作原理设计制造的。进水口的冷却液在叶轮高速旋转时获得能量,进入水泵涡壳的积水室和出水口;同时在叶轮中心部位形成低压区,冷却液便不断地补给进来,形成连续的吸入和排出过程。冷却液轴向流入,然后转 90° 进入叶轮流道并径向流出,如图 5-4 所示。

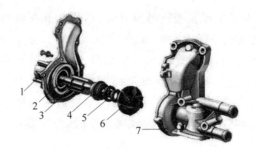

图 5-3　离心式水泵的结构

1,7—外壳；2—水泵轴；3—轴承；4—水封碗；5—挡水圈；6—叶轮

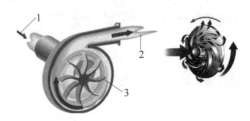

图 5-4　离心式水泵工作原理

1—流体入口；2—流体出口；3—叶轮

（3）离心式水泵的常见故障。

① 溢水孔轻微漏水。新安装的水泵在刚运行时，会在水封的旋转面与静止面间形成水膜，部分水泵会伴有轻微的渗漏现象，属正常现象。水泵运行磨合一段时间后，该现象会自然消除，如果漏水现象持续不断，有可能是水封泄漏，应检查并更换水泵。

② 水封异响。一台新的水泵，当用手转动时可能会出现"吱吱"响声，这是水封干摩擦出现的声音，属正常现象。当水泵安装完成后加入冷却液，有液体润滑后异响便会消失。

③ 水封漏水。当水封损坏后，冷却液会从溢水孔流出，如果溢水孔被堵死，泄漏的冷却液就会进入水泵轴承内，导致轴承的损坏，从而引发更严重的后果。

④ 轴承抱死和断裂。轴承抱死的情况比较少，但是一旦出现轴承抱死的情况，有些利用正时皮带驱动水泵的发动机就会出现严重的后果，轻则正时皮带损坏，重则发动机气门会被活塞顶弯。水泵轴承大多是免维护轴承，在发生抱死之前会出现异响或因为轴承偏磨导致水泵漏水，因此在日常检查或例行保养时对水泵进行检查非常重要，建议在更换正时齿形带等相关部件时也应对水泵进行检查。

⑤ 安装面泄漏。水泵安装时适量均匀涂胶可有效提高其密封性，但是如果涂胶过多，多余的胶可能会形成絮状物进入冷却液，从而造成水泵的泄漏。

⑥ 叶轮损坏。叶轮损坏的常见形式有叶轮开裂、叶轮从泵轴上松脱或叶轮腐蚀，叶轮腐蚀一般不会造成发动机故障。叶轮开裂或叶轮从泵轴上松脱后，冷却液循环速度变慢，容易引起发动机过热的故障。损坏的叶轮在旋转时还可能撞击水泵壳体，造成壳体碎裂。

2）电动水泵

新能源汽车采用的是电动水泵，电动水泵具有寿命长、使用过程中无须保养、体积小、效率高、功耗低、抗干扰能力强和运行平稳等优点。

电动水泵属于离心式水泵，主要由直流电动机、叶轮、泵体、泵盖、挡水圈和泵轴等部件组成,如图 5-5 所示。电动水泵工作时由直流电动机带动叶轮旋转,叶轮部分的冷却液受到旋转产生的离心力作用,被抛向叶轮外围出口,而在叶轮中心产生低压区,将冷却液从入口吸入,进而使冷却液在系统中产生循环流动。

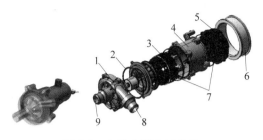

图 5-5　电动水泵的结构图

1—泵壳；2—O 型密封圈；3—定子；4—电动机外壳；5—转子；6—固定环；7—密封垫；8—出水口；9—进水口

　　电动水泵电动机一般选用自感应电动机,并且与控制器集成一体设计,采用脉冲宽度调制(PWM)或者 LIN 进行电动机转速的控制。电动水泵是由 12V 的直流电动机驱动工作的。电动水泵驱动冷却液对驱动电动机、电动部件、动力电池等零件进行循环冷却;在冬季零下工况条件下,起到循环加热、循环水路的作用。

汽车电动水泵的
工作原理.mp4

　　2. 水套

　　水套是在气缸体、气缸盖内部铸造出的夹层空腔,有的发动机在水套中压入分水管。水套的功用是容纳冷却水,冷却受热机件,保证发动机各部分温度均匀,当发动机产生大量的热时,气缸水套将发挥降温的作用。在发动机中,水和油的管道是泾渭分明、互不干涉的,如果发现冷却液中有油,说明水路和油路发生了穿孔现象。一旦出现这种情况,水温表的水温会急剧上升,这时一定要及时采取措施,以防对发动机的润滑和冷却造成影响,损坏发动机,这要引起车主的高度重视。一般水套的故障表现为出现锈蚀和裂纹。

　　3. 散热器

　　1) 散热器的功用

　　散热器的功用是储存冷却水,将高温冷却水的热量传递给空气,使冷却水温度降低。为了将散热器传出的热量尽快带走,在散热器的后面装有风扇与散热器配合工作。在整车空间布置允许的条件下,尽量增大散热器的迎风面积,减薄芯子厚度。这样可充分利用风扇的风量和车的迎面风,提高散热器的散热效率。

　　2) 散热器的结构、类型

　　发动机水冷系统中的散热器由进水室、出水室及散热器芯 3 部分组成。按照散热器中冷却液流动的方向,可将散热器分为纵流式和横流式 2 种,如图 5-6 所示。纵流式散热器芯竖直布置,上接进水室,下连出水室,冷却液由进水室自上而下的流过散热器芯进入出水管。横流式散热器芯横向布置,左右两端分别为进水室和出水室,冷却液自进水室经散热器芯到出水室横向流过散热器。大多数新型轿车均采用横流式散热器,这可以使发动机罩的外廓较低,有利于改善车身前端的空气动力性。

　　3) 散热器芯

　　散热器芯的结构形式有管片式、管带式和板式架构形式,如图 5-7 所示。

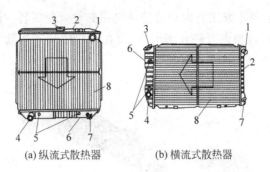

(a) 纵流式散热器　　　　(b) 横流式散热器

图 5-6　散热器结构

1—进水口；2—进水室；3—散热器盖；4—出水口；5—变速器油冷却
器进、出口；6—出水室；7—放水阀；8—散热器芯

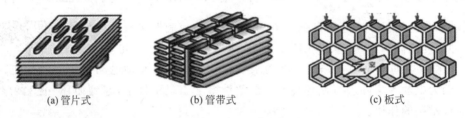

(a) 管片式　　　　　(b) 管带式　　　　　(c) 板式

图 5-7　散热器芯结构形式

(1) 管片式散热器芯由散热管和散热片组成，散热管是焊在进水室和出水室之间的直管，作为冷却液的通道。圆管与扁管相比，在容积相同的情况下有较大的散热表面，铝散热器芯多为圆管。在散热管的外面焊有散热片以增加散热面积，增强散热能力，同时还增加了散热器的刚度和强度。管片式散热器具有散热面积大、空气流动阻力小、结构刚度好以及承压能力强的特点。

(2) 管带式散热器芯由散热管及波形散热带组成。散热管为扁管，与波形散热带相间地焊在一起。为增强散热能力，在波形散热带上加工有鳍片。与管片式散热器芯相比，管带式散热器芯的散热能力强，制造简单，质量轻，成本低，但结构刚度差。

(3) 板式散热器芯的冷却液通道由成对的金属薄板焊合而成。这种散热器芯散热效果好，制造简单，但焊缝多，不坚固，容易沉积水垢，且不易维修。

传统的散热器芯由黄铜制造，但近年来更多的是用铝制造，而且有些散热器的进水室和出水室由复合塑料制造，使散热器质量大为减轻。

4) 散热器盖

散热器盖的作用是密封水冷却系统并调节系统的工作压力，具体表现如下。

(1) 自动调节散热器内水蒸气压力，防止散热器损坏。

(2) 提高水的沸点(120℃)，减少水的蒸发损耗。

散热器盖上装有蒸汽阀和空气阀。由于在一般情况下，两阀均在弹簧弹力作用下处于关闭状态，故上储水室与通大气的蒸汽排出管隔开。当散热器中压力升高到一定数值，即 $p>126\sim137\text{kPa}$ 时，蒸汽阀打开，从而排除一部分蒸汽，使散热器内部压力下降，如图 5-8(a)所示。当冷却液的温度下降，冷却系统中产生的真空度下降，即 $p<87\sim99\text{kPa}$ 时，空气阀打开，进入一部分

散热器盖工
作原理.mp4

空气,散热器内压力升高,如图 5-8(b)所示。

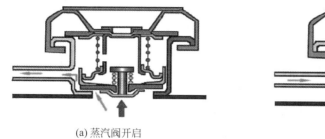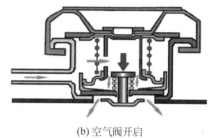

(a) 蒸汽阀开启　　　　　　　　　　　　(b) 空气阀开启

图 5-8　散热器盖的工作原理

散热器盖上安装蒸汽阀的目的是防止散热器被里边的蒸汽胀破,空气阀是防止水管及储水箱被外界大气压瘪。

5)散热器的常见故障

(1)散热器芯管堵塞。当发动机中低速运转时,冷却液温度正常;高速运转时,冷却液温度急剧上升,此时应重点检查散热器有无堵塞。散热器堵塞的原因包括:冷却液中含有杂质;不同品牌的冷却液混用,产生白色的结晶体,堵塞散热器中狭小的水道。散热器堵塞会导致冷却系统循环受阻,造成发动机冷却液温度过高。

(2)散热器漏水。一般漏水的部位常是四角和外层管芯。

4. 膨胀水箱

膨胀水箱是一个半透明的箱体,材料一般为 PP 或 PE,通过注塑成型,厚度约为 3.5mm。膨胀水箱的上部通过细软管分别与散热器上的橡胶软管、发动机水套排气管相通,底部与水泵的进水侧相连接。

膨胀水箱又可以称为补偿水桶。当发动机工作时,冷却液受热膨胀,冷却系统内压力增加,这样散热器和发动机机体水套内多余体积的冷却液就会流到膨胀水箱储备起来;当发动机停止工作,冷却液温度降低,冷却系统压力减小,冷却液就会回流到散热器和发动机。总之,膨胀箱可以保证整个冷却系统总是充满冷却液。

膨胀箱有两个刻度线,上面分别标有 MIN(Low)和 MAX(High)刻度线,也就是最小刻度线和最大刻度线,通常膨胀箱内的液面应位于两个刻度线之间,若低于最小刻度线时,应及时向膨胀水箱内补充冷却液。

膨胀水箱式冷却系统有以下几个优点。

(1)使冷却系统变成了一个永久性的封闭系统,避免了空气不断侵入,减小了冷却系统内部的氧化腐蚀。

(2)减少了冷却液的溢失和损耗,保持冷却系统内水位稳定。

(3)能使冷却系统中的水、汽分离,压力稳定,从而增大了水泵的泵水量,减小了水泵及水套内部的气穴腐蚀。

膨胀水箱布置时,尽量靠近散热器,使得水管长度最短。此外,膨胀箱的高度要高于冷却系统所有部件。

5. 冷却风扇

1) 冷却风扇的作用

冷却风扇通常安装在散热器和发动机之间,其作用是利用风扇旋转时对空气产生吸力,并使之沿轴向流动,空气流由前向后穿过散热器芯并吹向发动机表面,使流经散热器芯的冷却液加速冷却,吸收并带走发动机表面的热量,加强冷却系统对发动机的冷却作用。汽车发动机水冷却系统多采用低压头、大风量、高效率的轴流式风扇,即风扇旋转时,空气沿着风扇旋转轴的轴线方向流动,如图 5-9 所示。

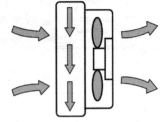

图 5-9 风扇气流方向

2) 冷却风扇的驱动形式

风扇的扇风量主要与风扇直径、转速、叶片形状、叶片安装角以及叶片数有关,叶片的断面形状有圆弧形和翼形 2 种,前者由薄钢板冲压而成,后者是用塑料或铝合金铸成。目前轿车上广泛使用的是翼形风扇,效率高、消耗功率小。风扇按照驱动形式分为机械传动式、硅油传动式和电动式,如图 5-10 所示。目前轿车上大多采用电动式。机械传动式的风扇由曲轴皮带轮驱动;硅油传动式的风扇由风扇离合器调节冷却强度;电动式的风扇由风扇电动机驱动。

曲轴皮带轮   硅油式风扇离合器   风扇电动机
(a) 机械传动式   (b) 硅油传动式   (c) 电动式

图 5-10 冷却风扇的驱动形式

3) 电动风扇

电动风扇由冷却风扇、导风罩和电动机组成,如图 5-11 所示。电动机驱动电动风扇运转,并由蓄电池供电,风扇转速与发动机转速无关,电动机的启动与停止受水温控制。电动风扇具有启动温度与设定水温一致、布置位置灵活、不受发动机转速影响、汽车在低怠速时冷却效果好等优点,冷车启动时水温上升较快。但也受到发电机功率等因素的影响,因此风扇的风量受到限制,一般多用于发动机横置的轿车上。

(a) 电动风扇装配图   (b) 电动风扇结构图

图 5-11 电动风扇

1—冷却风扇;2—导风罩;3—电动机

电动风扇有以下两种形式。

（1）风扇转速由热敏温控开关控制。当冷却液温度升到 92～97℃时，热敏温控开关接通风扇电动机的 1 挡，这时风扇转速为 2300r/min；当冷却液温度升到 99～105℃时，热敏开关接通风扇电动机的 2 挡，这时风扇转速为 2800r/min；当冷却液温度降到 84～91℃时，热敏开关切断电源，风扇停转。

（2）电动风扇由 ECU 控制。冷却液温度传感器向 ECU 传输与冷却液温度相关的信号。当冷却液温度达到规定值时，ECU 使风扇继电器搭铁，继电器触点闭合并向风扇电动机供电，风扇进入工作。

热敏温控开关控制的电动风扇.mp4

6. 节温器

节温器的功用是根据水套内的出水温度自动调节冷却液的流量和流向，保证发动机在最适宜的温度下工作。当发动机冷启动时，冷却液的温度较低，这时节温器将冷却液流向散热器的通道关闭，使冷却液经水泵入口直接流入机体或气缸盖水套，以便使冷却液能够迅速升温。节温器按控制方式分为蜡式节温器和电子节温器。

温度传感器控制的电动风扇.mp4

1）蜡式节温器

（1）蜡式节温器的结构。蜡式节温器在汽车上使用广泛，分为单阀蜡式节温器和双阀蜡式节温器。蜡式节温器的结构如图 5-12 所示，主要由主阀门、副阀门、石蜡感温体、弹簧、中心杆和阀座等组成上支架、下支架，与阀座铆成一体；中心杆固定在上支架的中心；橡胶管与感应体之间的空间里装有石蜡；主阀门与副阀门连为一体，在弹簧弹力作用下压在感应体的台肩和阀座上。蜡式节温器结构的主要优点是对水压影响不敏感、工作性能稳定、水流阻力小、结构坚固和使用寿命长等。

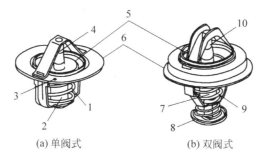

(a) 单阀式　　　(b) 双阀式

图 5-12　蜡式节温器的结构

1,9—主阀门弹簧；2,7—石蜡感温体；3—通气孔；4,10—中心杆；5—主阀门；6—阀座；8—副阀门

（2）蜡式节温器的工作原理。冷却液温度较低时，石蜡呈固态，弹簧将阀门压在阀门座上，阀门关闭，冷却液由出水管的旁通管沿冷却液软管进入进气管水套、空调散热器（空调系统暖风开关打开时）后，沿冷却液软管流回水泵而不流经散热器，即进行小循环，此时冷却系统的冷却强度较小。

蜡式节温器工作原理.mp4

当冷却液温度高于设定值时，石蜡受热熔化变为液态，其体积膨胀，迫使橡胶套收缩。反推杆上端固定在支架上而不能上移，橡胶套便推动外壳克服弹簧的弹力向下移动，使阀门打开，大部分冷却液由出水管沿冷却液软管流入散热器后，再流回水泵，即进行大循环，小部分冷却液进行小循环。此时，冷却系统的冷却强度较大。

（3）蜡式节温器的布置。一般水冷却系统的冷却水都是由机体流进,从气缸盖流出。大多数节温器布置在气缸盖出水管路中,如前所述。这种布置方式的优点是结构简单,容易排除水冷却系统中的气泡。其缺点是节温器在工作时会产生振荡现象。例如,在冬季启动发动机时,由于冷却水温度低,节温器关闭。冷却水在进行小循环时,温度很快升高,节温器开启。与此同时,散热器内的低温冷却水流入机体,使冷却水又冷了下来,节温器重新关闭,等到冷却水再度升高,节温器又再次打开,直到全部冷却水的温度稳定之后,节温器才趋于稳定不再反复开闭,这种现象称为节温器的振荡现象。当出现这种现象时,将增加汽车的燃油消耗量。

为避免节温器工作时的振荡现象,可以将节温器布置在散热器的出水管路中。这种布置方式可以减轻或消除节温器振荡现象,并能精确地控制冷却水温度。现代轿车大多采用这种布置形式。

（4）节温器的故障。节温器损坏(如节温器壳体破损)时会导致乙醚或石蜡漏失,发动机会因过热而开锅。此外,发动机过热的原因也可能是驱动水泵叶轮旋转的冷却风扇皮带出现打滑现象,造成水泵、冷却风扇的工作能力下降,需要经常调整。

发动机因过热而开锅时,切不可将散热器盖马上打开补充冷却液,因为密封加压的强制循环水冷却系统的压力高于环境大气的压力,冷却系统中冷却液的沸点高于 $100℃$,如果将高于 $100℃$ 的冷却系统的压力降低至环境大气压力,冷却系统中的热水会立即沸腾,大量的热蒸汽涌出会烫伤人。

2）电子节温器

（1）电子节温器的结构。电子节温器由加热电阻、石蜡、升程销、大循环阀、小循环阀、压力弹簧、壳体、连接插头等组成,如图 5-13 所示。加热电阻主要是接收发动机控制模块的电压信号,ECU 根据发动机的不同载荷、车速以及冷却液的温度情况,对加热电阻施加直流电压信号(通常为 $13～14V$ 电压,要求不高于 $16V$),通过控制占空比来影响电阻的加热情况,从而控制感温体中石蜡的融化情况。加热电阻并不加热冷却液,它只按规定来加热节温器,以便打开冷却液大循环。

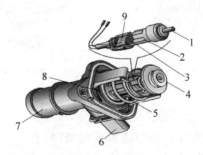

图 5-13　电子节温器的结构

1—升程销；2—膨胀原件；3—石蜡；4—小循环阀(副阀门)；
5—压力弹簧；6—连接插头；7—壳体；8—大循环阀(主阀
门)；9—加热电阻

（2）电子节温器的工作原理。电子节温器的工作原理与蜡式节温器的工作原理大体上是相同的。电子节温器内置加热电阻,当水温升高时,加热电阻会将信号传输给控制单元,然后控制单元再发出信号给执行单元,执行单元根据传感器信号得出的计算值对温度调节单元加载电压,接通加热电阻,然后再根据电阻温升特性图对石蜡进行加热,使石蜡膨胀,从而实现冷却系统的"大循环"。

（3）电子节温器的优点。相比之下,使用电子节温器有以下优点。

① 在相同工况下,使发动机在相对于传统节温器更高的温度下进行工作。

② 能够使燃油的燃烧更充分,有利于改善废气的排放,减少 CO 和 CH 的排放。

③ 能够减少燃油的消耗,特别是当发动机在低负荷的状态下运行时。

④ 电子节温器的故障。其故障主要有以下两种。

a. 加热电阻单元短路。

b. 节温器壳体裂纹。

电子节温器的
工作原理.mp4

【任务实施】

1. 水泵的检查与更换

检查与更换
水泵.mp4

学习任务	水泵的检查与更换		课时	1学时
使用设备	丰田卡罗拉轿车		使用资料	维修手册
序号	操作步骤	工　具	操作过程	维修规范与操作要求
1	拆卸水泵	棘轮扳手、套筒	拆卸水泵固定螺栓	操作要求: (1) 按照对角顺序拧松水泵固定螺栓。 (2) 拧松后,用手取下水泵固定螺栓
			取下水泵	注意: (1) 如果水泵拆卸困难,可用橡胶锤轻轻振动水泵皮带轮。 (2) 水泵旧密封衬垫要清理干净,气缸体上不能有残留物,如密封衬垫有黏附现象,应使用铲刀将结合面清理干净
2	检查水泵		检查水泵	操作要求: (1) 检查、确认新水泵的零件号是否正确。 (2) 目测检查水泵的外观:无腐蚀、无破损。 (3) 转动水泵皮带轮应无噪声、无卡滞现象。 (4) 新密封衬垫应无破损、无变形、无老化现象

续表

序号	操作步骤	工 具	操作过程	维修规范与操作要求
3	安装水泵		安装水泵密封衬垫	**注意：** 密封衬垫装入时不能有扭曲变形和破损
			安装水泵	操作要求： 保证螺栓孔对正
		扭力扳手、套筒	安装水泵固定螺栓	操作要求： (1) 依次旋入水泵固定螺栓。 (2) 按照对角顺序拧紧水泵固定螺栓，力矩为24N·m

2. 节温器的检查与更换

检查与更换节温器.mp4

学习任务	节温器的检查与更换	课时	1学时
使用设备	丰田卡罗拉轿车	使用资料	维修手册

序号	操作步骤	工 具	操作过程	维修规范与操作要求
1	排净发动机冷却液		松开散热器放水螺塞	操作要求： (1) 举升车辆至合适位置。 (2) 推入冷却液收集器。 (3) 拧开散热器放水螺塞。 (4) 冷却液排净后，拧紧散热器放水螺塞
			拧下膨胀水箱盖	**注意：** 在发动机和散热器还没有冷却下来时，不要拆下膨胀水箱盖。防止热的冷却液和蒸汽放出来烫伤
		棘轮扳手、套筒	松开气缸体放水螺塞	操作要求： (1) 举升车辆至合适位置。 (2) 推入冷却液收集器。 (3) 拧开气缸体放水螺塞。 (4) 冷却液排净后，拧紧气缸体放水螺塞
2	拆卸节温器	棘轮扳手、套筒	拆卸发动机进水口	操作要求： 正确使用工具拆卸固定螺栓，移开进水管
			拆下节温器	操作要求： 取出节温器，并从节温器上取下橡胶密封衬垫

续表

序号	操作步骤	工 具	操作过程	维修规范与操作要求
3	检查节温器	加热装置	检查节温器阀门开启温度	注意： (1) 操作时防止烫伤。 (2) 加热时,节温器及温度计不要接触容器壁和底部。 (3) 检查节温器阀门开始开启和完全开启时的温度,以及阀门全开时的升程。若开启温度和升程不符合规定,应更换节温器
			检查节温器阀门升程	 1—温度计；2—节温器；3—金属挂钩；4—牵线； 5—搅棒；6—加热炉
			检查节温器和橡胶密封衬垫的外观	操作要求： (1) 检查、确认新节温器的零件号是否正确。 (2) 检查节温器外观是否有损伤。 (3) 检查新节温器橡胶密封衬垫号,检查橡胶密封衬垫是否有损伤
4	安装节温器		安装橡胶密封衬垫	注意：密封衬垫装入时不能有扭曲变形和破损
			装入节温器	注意：检查节温器是否安装平整
		扭力扳手、套筒	安装发动机进水口	操作要求： (1) 依次旋入节温器固定螺栓。 (2) 交替拧紧节温器固定螺栓,力矩为 $10N \cdot m$
5	添加发动机冷却液		取下膨胀水箱盖	注意： (1) 根据维修手册规定添加合适的冷却液。 (2) 冷却液加至最大刻度线。 (3) 用手按压散热器进水软管和出水软管数次。 (4) 观察冷却液,如液位过低,添加冷却液

续表

序号	操作步骤	工 具	操作过程	维修规范与操作要求
5	添加发动机冷却液		安装膨胀水箱盖	操作要求： 拧紧膨胀水箱盖
			发动机暖机	注意：冷却液温度达到正常工作温度，发动机进行大循环，方可关闭发动机
			冷却系统检漏	操作要求： 检查进水口安装位置是否有渗漏

【自我检测】

5.1

任务引入.mp4

任务5.2　冷却系统故障诊断与检修

【任务引入】

一辆迈腾轿车在 4S 店进行维护保养时，维修师傅发现冷却液有渗漏现象，需要对发动机冷却系统进行渗漏检查。

【知识学习】

1. 冷却系统零件的常见故障及原因分析

序号	故障部位	原　因	现　象	处　理
1	百叶窗	叶片锈蚀	开闭不灵、通风量降低、发动机温度过高	更换新件
2	散热器	破裂漏水、水垢堵塞	冷却效能降低、发动机经常开锅	清水清洗或焊修
3	散热器盖进气阀、排气阀	工作失效	冷却液泄露和溅出；冷却水蒸发过多	更换新件
4	风扇叶	断裂、反装、传动带打滑	空气流量减少、水循环过慢	必要时更换新件

续表

序号	故障部位	原　因	现　象	处　理
5	水泵	水封老化、密封圈磨损、轴承松旷	漏水、冷却液不足、发动机过热、轴承异响	修复或更换
6	节温器	阀门发卡、工作失效	水循环减慢或中断、发动机温度高	更换新件
7	水温表及感应塞	工作失效	水温表指示不准或不指示	更换新件
8	水套	锈蚀及水垢太多	异热不良、散热器经常开锅	清洗冷却系统、使用防锈冷却液
9	分水管	锈蚀或损坏	漏水或堵塞	更换新件
10	放水开关	损坏	漏水、使冷却水减少	更换新件

2. 冷却系统常见故障诊断

1）冷却液充足但发动机过热

（1）故障现象。

① 发动机冷却液充足，但行驶过程中发动机无力，冷却液温度超过规定值。

② 汽车行驶中发动机温度正常，停车冷却液立即沸腾。

（2）故障原因。发动机过热的原因一般是冷却系统的冷却强度不足或发动机散热量过小，主要体现在以下几个方面。

① 百叶窗开度不足。

② 风扇传动带打滑。

③ 散热器出水胶管老化吸瘪或内壁脱落层堵塞。

④ 冷却风扇装反、扇叶角度变小或新换的风扇规格不符合要求。

⑤ 电动风扇不转或转速过低，硅油风扇离合器损坏。

⑥ 节温器失效。

⑦ 水套内水垢过多，或水管堵塞，分水不畅。

⑧ 散热器芯管堵塞或散热片倾倒过多。

⑨ 水泵损坏。

⑩ 气缸垫烧穿使相连两缸串通，或气缸体、气缸盖出现裂缝，使高温高压的气体进入冷却系统。

⑪ 点火时间过迟。

⑫ 混合气过稀或过浓。

⑬ 燃烧室积炭过多。

⑭ 车辆长时间大负荷工作。

（3）故障诊断。

① 检查百叶窗的开度是否充足。若百叶窗开度不足，应检查连杆机构运动是否灵活，调整是否得当。

② 若百叶窗开度充足,则应检查风扇转速是否太低。若风扇转速太低,则应检查风扇传动带是否因过松、粘有油污、磨损过甚造成打滑;检查硅油风扇离合器是否工作良好;检查电动风扇的热敏温控开关、直流电动机、控制电路工作是否良好。

③ 风扇转速正常,则应检查风扇的排风量。其方法是:在风扇转动状态下将一张薄纸放在散热器的前面,若纸被牢牢地吸住,说明风量足够。否则,应检查风扇叶片方向是否装反;检查风扇叶片角度是否正常;检查集风罩是否损坏等。

④ 若风量充足,用手触试散热器和发动机的温度。若散热器的温度低,而发动机温度高,说明冷却液循环不良。

⑤ 逐渐提高发动机的转速,观察散热器出水管是否被吸瘪。若胶管被吸瘪,说明散热器堵塞严重,应予以清洗。

⑥ 散热器出水管良好,则应拆下散热器的进水管,提高发动机转速,冷却液排出有力。否则,说明水泵或节温器有故障。拆下节温器时,若排水量明显增多,则应进一步检查节温器;若排水量不变,则应进一步检查水泵的工作性能、气缸体内的水垢是否过多等。

⑦ 若散热器进水管冷却液排出有力,则应检查散热器各部位温度是否均匀。如果散热器冷热极不均匀,则应检查散热器芯管是否堵塞。

⑧ 若以上检查正常,发动机温度过高的同时,其动力明显下降,则应检查点火时间是否准确;混合气是否过浓或过稀;进气门和排气门间隙是否过大;燃烧室积炭是否过多等。

⑨ 对于长期未清洗水垢的发动机,应检查水套内水垢是否过多。检查方法是将冷却液全部放出,在加满冷却液并计量注入的容积。若比规定值明显减少,则减少的容积即为水垢所占容积。

⑩ 若发动机及冷却液温度正常,而冷却液温度表却指示冷却液温度过高,则应检查冷却液温度表、传感器及控制电路是否正常。

2) 冷却液不足导致发动机过热

(1) 故障现象。发动机冷却系统冷却液变少,或在运行中冷却液消耗异常,使发动机过热。

(2) 故障原因。

① 冷却系统水套或散热器积垢太多或堵塞。

② 散热器盖的蒸汽阀和空气阀失效。

③ 寒冷季节,停车时冷却液未放净导致结冰。

④ 散热器漏水。

⑤ 水泵水封密封不良。

⑥ 冷却系统其他部位漏水。

⑦ 气缸垫烧蚀。

⑧ 进气道破裂漏水。

(3) 故障诊断。

① 检查冷却系统冷却液的容量。若冷却液液位正常,则应考虑冷却系统内的水垢是否过多。

② 冷却液液位过低,应检查冷却系统是否有漏水的部位。若有漏水部位,应紧固或更换相关部件。

③ 加足冷却液,启动发动机,观察散热器盖的密封状况。若散热器盖四周有冷却液溢出,应检查散热器盖的工作状况。

④ 若冷却系统外部无漏水部位,应检查冷却系统有无内部漏水部位。

⑤ 拆下风扇传动带,使水泵停止运转,启动发动机并以低速运转,在散热器加注口处观察是否有气泡出现;检查排气管处发动机尾气是否呈水汽状;检查发动机是否有工作不良的气缸;拆下工作不良的气缸的火花塞,检查火花塞电极处是否有水珠。若上述现象存在,则应检查发动机的气缸垫是否损坏、水道与气缸间是否相通。

⑥ 拔出油尺,检查是否有水,同时检查冷却液中是否有油珠出现。若机油中渗入水分,冷却液中有油珠出现,则应检查气缸垫是否损坏。

⑦ 在寒冷季节,应注意检查散热器、冷却系统水套是否结冰。

3)发动机突然过热

(1)故障现象。

① 汽车行驶中,水温表指针很快就指示到最高温度位置。

② 发动机冷启动后,冷却液温度迅速升高并产生沸腾现象,加足冷却液后转为正常。

(2)故障原因。

① 风扇传动带断裂或发动机固定支点松动移位。

② 节温器主阀门脱落。

③ 水泵轴与叶轮松脱。

④ 冷却系统严重漏水。

⑤ 气缸垫损坏,水套与气缸相通,高压气体进入水箱。

⑥ 风扇离合器失灵。

(3)故障诊断。若在行驶中发动机突然过热,且冷却液沸腾后,应使发动机怠速运转散热 5min,待冷却液温度下降后,再补加冷却液。若发动机自行熄火,应立即用启动机带动发动机运转,以防止高温时活塞粘缸。

① 汽车在行驶途中,温度突然升高,可同时观察电流表或充电指示灯的状态。若电流表同时指示不充电或充电指示灯常亮,说明水泵传动带断裂,使发动机和水泵同时不工作,应进行更换。

② 停车后检查冷却风扇转动是否正常。若为硅油离合器或电磁离合器,应检查离合器是否损坏;若为电动风扇,应检查热敏温控开关、风扇电动机及其控制电路是否正常。

③ 将发动机熄火,用手触摸发动机和散热器,若感觉发动机温度高,而散热器温度低,说明水泵轴与叶轮松脱或节温器失效,应予以更换;若感觉发动机与散热器温差不大,则应检查冷却液是否泄漏严重,查找漏水部位,予以修复。

④ 汽车行驶途中,发动机温度升高,同时排气管有"突突"声,且发动机动力明显不足,可停车检查排气管、散热器及火花塞等。若排气管冒白烟且排出水珠,散热器口向外溢水或冒气泡,且呈沸腾状态,某些气缸火花塞电极处有水珠,说明气缸垫烧穿或缸盖破裂,应予以更换。

⑤ 若冷车启动后温度迅速升高,冷却液沸腾。可用手触摸散热器出水胶管,若感觉凉而硬,则说明放水不彻底或冷却液凝点过高而发生冻结。

4）发动机过冷

（1）故障现象。发动机运转过程中温度上升速度低于正常速度；水温指示表低于正常工作温度；发动机动力不足,排气管时有放炮声。

（2）故障原因。

① 水温表及线路故障。

② 水温传感器失效。

③ 节温器阀门常开。

④ 百叶窗不能关闭温控开关、风扇电动机线路故障导致风扇常开或装有硅油离合器风扇的车辆硅油离合器故障。

（3）故障诊断及排除。

① 环境温度低时,应检查百叶窗是否关闭自如或未装保温罩。

② 冷启动后打开膨胀水箱盖,让发动机加速,观察水流速度和流量。若水流速度很快,流量大,说明节温器开关常开或未装节温器,应更换或加装节温器。

③ 若水温表指示温度过低,而用手触试散热器时很烫,用温度计测量水温却正常,说明水温传感器或水温表有故障。

④ 冷启动发动机,此时电动风扇不应该转动,若此时电动风扇运转,说明温控开关失灵,应予以更换。

⑤ 冷启动发动机,硅油离合器风扇应低速运转,若硅油离合器风扇冷启动时高速运转,说明硅油离合器有故障,应予以更换。

5）冷却液消耗过多、过快

（1）故障现象。冷却液正常消耗多,液面高度下降过快,需经常加注。

（2）故障原因。

① 冷却系统内部泄漏。

② 水管破裂或接头密封不良。

③ 水泵水封磨损严重而漏水。

④ 气缸体或气缸盖有裂纹。

⑤ 冷却系统外部泄漏。

⑥ 散热器盖蒸汽阀开启压力过低。

⑦ 膨胀水箱盖泄漏等。

（3）故障排查。

① 直观检查机体、水泵、散热器及各水管连接处有无冷却液渗出,必要时可以对冷却系统进行加压检查；或用荧光检漏仪检测,若有渗漏,及时进行维修。

② 拔出机油尺,观察是否有冷却液渗漏到机油中。若有,应对发动机进行检修。

③ 若发现发动机行驶无力,且排气冒白烟,则应检查发动机气缸垫是否已被冲坏,若有,应检修发动机。

【任务实施】

1. 冷却液冰点检测

学习任务		冷却液冰点检测	课时	1学时
使用设备		大众迈腾轿车	使用资料	维修手册
序号	操作步骤	工具	操作过程	维修规范与操作要求
1	清洗工具、量具		清洗吸管	操作要求： (1) 吸管及冰点检测仪需用蒸馏水清洗。 (2) 冰点检测仪在测量前需要校正零点,取蒸馏水数滴,滴在检测棱镜上,转动零位调节螺钉,使分界线调至刻度 0% 的位置,然后擦净检测棱镜,进行检测。 (3) 冰点检测仪为精密仪器,使用时应轻拿轻放 1—棱镜座；2—检测棱镜；3—盖板；4—调节螺丝；5—镜筒和手柄；6—视度调节手轮；7—目镜
1	清洗工具、量具	冰点检测仪	清洗冰点检测仪	
2	测量冷却液冰点	冰点检测仪	取少量冷却液	操作要求： (1) 用吸管从膨胀水箱中吸出少量冷却液。 (2) 将冷却液滴在冰点检测仪的检测棱镜上,盖上盖板。 (3) 双手将冰点检测仪端平,对着光线良好的地方,眼睛通过目镜观察视场,转动视度调节手轮,使视场的蓝白分界线清晰,读取冰点,分界线的刻度值即为冷却液的冰点。 (4) 用吸管吸取蒸馏水对冰点检测仪进行清洁
2	测量冷却液冰点	冰点检测仪	将冷却液滴在测试板上	
2	测量冷却液冰点	冰点检测仪	观察冷却液冰点	

2. 冷却系统密封性的检查

学习任务			冷却系统密封性的检查	课时	1 学时
使用设备			大众迈腾轿车	使用资料	维修手册
序号	操作步骤	工 具	操作过程	维修规范与操作要求	
1	车内外防护	挡块	安装挡块	操作要求： 有效的防护不仅可以保护车辆,利于工作,还是保证顾客满意度的必要措施	
		前格栅布、翼子板布	安放前格栅布、翼子板布		
		方向盘套、换挡杆套、座椅垫、地板垫	安放方向盘套、换挡杆套、座椅垫、地板垫		
			车辆停放安全,拉起手刹,变速器置于空挡		
		尾气排放管	安装尾气排放管		
2	发动机预热		发动机预热	操作要求： (1) 确认驻车和空挡位置。 (2) 打开点火开关,启动发动机并保持息速运转 3～5min。 (3) 注意观察水温表指示数值的变化,当水温达到 90℃左右时,关闭点火开关,停止发动机运转	
3	冷却系统密封性检测	检查仪 V. A. G1274	安装检查仪 V. A. G1274	操作要求： (1) 打开冷却液膨胀水箱盖。 (2) 将冷却系统检测设备 V. A. G1274 连同冷却系统检测设备的适配接头 V. A. G1274/8 安装在冷却液膨胀水箱上。 注意： (1) 在发动机预热后,冷却系统处于过压状态。 (2) 将冷却液膨胀水箱盖用抹布盖住并小心地打开,消除过压 	
			冷却系统密封性检测	操作要求： (1) 用检测设备的手动泵产生一个约 1.0bar(100kPa)的过压。 (2) 如果压力表指示压力明显下降,说明冷却系统存在渗漏现象	

续表

序号	操作步骤	工 具	操作过程	维修规范与操作要求
4	膨胀水箱盖密封性检测	检查仪 V.A.G1274	安装检查仪 V.A.G1274	操作要求: 将冷却系统检测设备 V.A.G1274 连同冷却系统检测设备的适配接头 V.A.G1274/8 安装在冷却液膨胀水箱盖上。
			密封性检测	操作要求: (1) 按动手动泵。 (2) 当过压达到 1.4～1.6bar (140～160kPa)时,安全阀需打开
5	安装膨胀水箱盖		安装膨胀水箱盖	操作要求: (1) 拆下冷却系统检测设备 V.A.G1274 连同冷却系统检测设备的适配接头 V.A.G1274/8, 放回工具箱。 (2) 将膨胀水箱盖安装到冷却液膨胀水箱上

【自我检测】

5.2

润滑系统的构造与检修

知识目标

（1）理解润滑系统及零部件的工作原理。

（2）掌握润滑系统的组成、功用以及零部件的结构特点。

（3）掌握润滑系统的常见故障及诊断方法。

能力要求

（1）能准确识别润滑系统所有零部件。

（2）能够正确更换机油泵、机油滤清器等零部件。

（3）能够维修润滑系统的常见故障。

（4）会检查机油的压力和油压开关。

（5）能够正确判断机油的品质。

1. 润滑系统的功用

发动机润滑系统的功用是将清洁的机油输送到运动零件的摩擦表面，减小摩擦和磨损，提高发动机工作的可靠性和耐久性。润滑剂在运动机件摩擦表面之间形成油膜，将运动机件隔开，实现液体润滑。发动机使用的润滑剂是润滑油（俗称机油），润滑油主要有以下作用。

（1）润滑。润滑运动零件表面，减小摩擦阻力和磨损，减少发动机的功率消耗。

（2）冷却。润滑油在循环过程中流过零件工作表面，可以降低零件的温度。

（3）密封。在运动零件之间形成油膜，提高它们的密封性，有利于防止漏气或漏油。

（4）清洗。机油在润滑系统内不断循环，清洗摩擦表面，带走磨屑和其他异物。

（5）防锈。在零件表面形成油膜，对零件表面起保护作用，防止腐蚀生锈。

（6）缓冲。在运动零件表面形成油膜，吸收冲击并减小振动。

（7）液压。润滑油可用作液压油，起液压作用。

2. 润滑剂的分类

汽车上使用的润滑剂分为发动机润滑油、汽车齿轮油和汽车润滑脂。

（1）发动机润滑油是用来润滑汽车发动机各摩擦部件的润滑油，简称机油，主要由矿物油、合成油为基础，加入金属清洗剂、无灰分散剂、抗氧抗腐剂、黏度指数改进剂、降凝剂、抗泡剂、防锈剂等各种添加剂制成的，是车用润滑剂中用量最大的一种，性能要求较高，品种规格繁多，工作条件异常苛刻的一种油品。

国内品牌的机油主要由昆仑、长城、统一等；国际品牌的机油主要由美孚、壳牌、嘉实多、福斯、埃索、道达尔等。

（2）汽车齿轮油（俗称传动润滑油）用于润滑汽车的变速器、减速器和差速器的各种齿轮。由于齿轮的齿形不同，对齿轮油的要求也不同，一般分为普通齿轮油和双曲线齿轮油，应按说明书的要求加注相应的齿轮油，不能混淆。

（3）汽车润滑脂（俗称黄油）用于水泵轴承、发电机轴承、万向节、球头销、轮毂轴承等部位的定期润滑。

润滑系统的润
滑方式.mp4

3. 润滑方式

发动机的润滑方式由压力润滑、飞溅润滑和润滑脂润滑 3 种，如表 6-1 所示。现代汽车发动机一般都是采用压力润滑和飞溅润滑综合使用的复合润滑。

表 6-1　发动机的润滑方式

润滑方式	定　义	特　点	应　用
压力润滑	由机油泵使机油产生一定的压力向各个摩擦表面强制供油润滑	润滑效果好，工作可靠，对零件的清洗、冷却效果好	用于负荷大、相对运动速度快的零件。如曲轴轴承、连杆轴承、凸轮轴轴承、活塞销等
飞溅润滑	依靠运动零件飞溅起来的机油油滴或油雾进行润滑的方式	简单方便，耗能少，润滑可靠性差，蒸发量大，易氧化	用于外露、负荷较轻、相对运动速度较小的零件。如气缸壁面、凸轮表面、挺柱、气门杆和摇臂等
润滑脂润滑	对发动机辅助机构的一些零件采用的定期加注润滑脂的方法	结构简单，润滑方便	水泵轴承、发电机轴承等

4. 润滑系统的工作原理

发动机相对运动的零件之间均需要润滑，一般采用压力润滑、飞溅润滑或复合润滑方式。现代汽车发动机润滑系统油路布置方案大致相同，只是由于润滑系统的工作条件和某些具体结构的不同而稍有差别。

在发动机气缸体和气缸盖上加工有横向、纵向油道，用于机油的流动通道；曲轴的主轴颈和连杆轴颈之间存在油道，机油可以通过主轴颈流入连杆轴颈；连杆中存在纵向式油道或斜开式油道，主要用于活塞销的润滑；废气涡轮增压器中的油道主要用于浮动轴承的润滑,同时起到冷却作用。

　　以迈腾轿车搭载的BYJ发动机为例介绍一下发动机润滑系统的工作原理,如图6-1所示。油底壳中的机油通过机油泵加压后,进入集滤器,通过集滤器粗滤后的机油进入气缸体主油道,进入机油滤清器进行过滤。滤清后的机油分为3路,第1路进入气缸体主油道,经主油道将机油分配到各曲轴主轴承,再由曲轴上的斜油孔通往各连杆轴承,由连杆体上的油孔通往连杆小头衬套。第2路在机油冷却喷嘴控制阀的控制下进入机油喷嘴,定期往活塞底部喷射机油,对活塞起到冷却的作用。第3路沿着气缸体—气缸盖主油道进入气缸盖上的横向主油道,由此将机油分配到各凸轮轴轴颈、液力挺柱和凸轮轴控制器。同时,润滑系统还需要为配气相位调节器、高压燃油泵、凸轮轴链条张紧器提供压力油,同时机滤上配有机油冷却器。

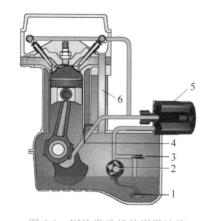

图6-1　BYJ发动机的润滑油路

1—集滤器；2—机油泵；3—限压阀；4—喷嘴；

5—机油滤清器；6—回油道

润滑系统的工作原理.mp4

任务6.1　润滑系统主要部件的构造与检修

【任务引入】

　　一辆迈腾轿车,客户反映在行驶过程中机油压力报警灯突然点亮,于是在安全停下车辆后,拨打4S店的道路救援电话。经维修组人员检查,可能是机油泵存在故障,需要拆检机油泵,以确定维修方案。

【知识学习】

　　润滑系统主要由油底壳、集滤器、机油泵、机油滤清器、限压阀、旁通阀、机油压力开关、油标尺、机油压力报警灯、机油散热器等零部件组成。

1. 机油泵

　　机油泵的功用是将机油产生一定的压力和流量,经润滑油道输送到运动机件的摩擦表面。发动机上相对运动的零部件之间均有机油润滑。

润滑系统的组成.mp4

现代轿车使用的机油泵包括机械机油泵和电控机油泵,机械机油泵又分为外啮合齿轮式机油泵、内啮合齿轮式机油泵和转子式机油泵,机械机油泵在轿车中应用广泛,电控机油泵是一项汽车新技术,但是,在迈腾、奥迪等轿车中已经使用。

可调式机油泵
工作原理.mp4

1) 外啮合齿轮式机油泵

外啮合齿轮式机油泵主要由主动轴、主动齿轮、从动轴、从动齿轮、限压阀、泵体、泵盖等零件组成,如图 6-2 所示。主动轴装在泵体上,上端与驱动装置相连,下端通过半圆键与主动齿轮装配在一起。从动齿轮通过半圆键与从动轴装配在一起,从动轴压装在泵体内。机油泵的进油管与集滤器相连,出油管与气缸体的主油道、机油滤清器相连。

机械式机
油泵.mp4

限压阀(溢流阀)一般安装在机油泵上或气缸体主油道上。当主油道的机油压力符合设定的正常值时,机油直接通过主油道进入机油滤清器,当主油道的机油压力超过预定压力时,机油压力克服限压阀弹簧作用力,顶开阀门,一部分机油从侧面通道流入油底壳内,使油道内的油压下降至设定的正常值。

机油泵限压阀的工作原理.mp4

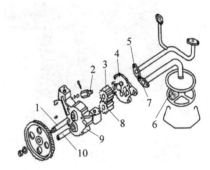

图 6-2　齿轮式机油泵的结构

1—主动轴;2—限压阀;3—主动齿轮;4—泵盖;5—出油管总成;
6—滤网总成;7—进油管总成;8—从动齿轮;9—泵体;10—从动轴

齿轮式机油泵的工作原理示意图如图 6-3 所示,在工作过程中,机油泵的主动齿轮与从动齿轮以相反的方向旋转,由于吸油腔的轮齿向脱离啮合的方向旋转,导致吸油腔容积增大,腔内产生一定的真空度,润滑油便从进油口被吸入并充满吸油腔。齿轮旋转时,把存在于齿间的润滑油带到压油腔,由压油腔一侧的轮齿进入啮合,润滑油处于被压的状态,油压升高,润滑油便经出油口被不断地压出。齿轮式机油泵多装在曲轴箱内,由曲轴或凸轮轴直接或间接驱动,应用广泛。

2) 内啮合齿轮式机油泵

内啮合齿轮式机油泵主要由主动齿轮、从动齿轮、限压阀、泵体和泵盖等零件组成,如图 6-4 所示。主动齿轮是较小的外齿轮,一般由曲轴直接驱动;从动齿轮是较大的内齿轮。主动齿轮与从动齿轮的中心线不重合,啮合后留有牙形空腔,在该空腔处安装有一个月牙形块,将内、外齿分开。

内啮合齿轮式机油泵工作时,主动齿轮与从动齿轮相互啮合,一部分齿处于啮合状态,一部分齿处于脱离状态,脱离状态的齿形成月牙形的空间,其中的一半安装了月牙形块,与内齿和外齿的齿顶保持接触,齿轮转动时,剩余的一部分空间容积增加,压力降低,将机油吸进来;另一部分空间容积减小,压力升高,将机油压出去。

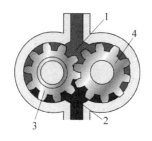

图 6-3 齿轮式机油泵的工作原理示意图
1—压油腔;2—吸油腔;3—主动齿轮(顺时针方向旋转);
4—从动齿轮(逆时针方向旋转)

图 6-4 内啮合齿轮式机油泵

3) 转子式机油泵

转子式机油泵主要由泵轴、内转子、外转子、泵体和泵盖等零件组成,如图 6-5 所示。内转子固定在机油泵链轮上,外转子自由地安装在壳体内,并与内转子啮合转动,内、外转子之间有一定的偏心距。

转子式机油泵的工作原理示意图如图 6-6 所示,在工作过程中,主动轴带动内转子旋转,内转子带动外转子朝同一方向转动。由于内、外转子在结构设计上的特点,保证了内、外转子在任何位置各齿之间总有接触点,由于内、外转子的转速不同,内、外转子之间有一定的偏心距,所以使内、外转子之间工作腔的容积大小总在发生变化,产生了吸油和压油作用。当某一工作腔从吸油腔转过时,容积增大,产生真空,润滑油便经进油孔被吸入。当该腔与压油腔相通时,腔内容积减少,油压升高,润滑油从压油孔被压出。转子式机油泵可安装在曲轴箱内或曲轴箱外,由曲轴或凸轮轴直接或间接驱动,应用广泛。

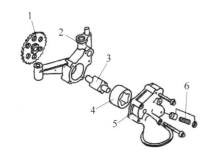

图 6-5 转子式机油泵的结构
1—链轮;2—壳体;3—内转子;4—外转子;
5—泵盖;6—限压阀

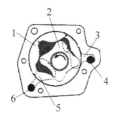

图 6-6 转子式机油泵的工作原理示意图
1—外转子;2—内转子;3—吸油腔;4—进
油孔;5—压油腔;6—出油孔

机械式机油泵的常见故障包括充气、破裂、主动轴损坏、从动轴损坏、限压阀卡住、齿轮或叶轮磨损以及内部间隙过大。

（1）充气。充气指的是机油中混有空气，一起进入相对运动的零部件表面进行润滑。充气会导致润滑性能下降，润滑部位产生噪声。

（2）破裂。破裂一般是机油泵安装方法不正确造成的。杂质会通过集滤器进入泵腔，如果有大颗粒留在齿轮或叶轮之间，泵就会被卡住，轴就可能会扭曲断裂。

（3）限压阀卡住。如果被卡在开启位置，就会使油压很低或无油压；如果被卡在关闭位置，常常会造成机油滤清器的损坏。

（4）齿轮或叶轮磨损。异物会将齿轮或叶轮损坏。

（5）内部间隙过大。油泵间隙过大会造成油压下降。

4）大众两级可调式电控机油泵

大众两级可调式电控机油泵主要由压力调节电磁阀、控制滑阀、主动齿轮、从动齿轮等零件组成，如图 6-7 所示。压力调节电磁阀用于控制机油流入机油泵的流向和流量，进而控制滑阀的轴向移动；通过滑阀的轴向移动控制机油流入前活塞端面、后活塞端面的流向和流量，从动齿轮在前、后活塞端面机油压力的作用下进行轴向移动，从而改变主动齿轮、从动齿轮的啮合齿宽。主动齿轮是由曲轴直接驱动。

两级调压式电控机油泵的工作原理.mp4

图 6-7　大众两级可调式电控机油泵的结构
1—主动齿轮；2—从动齿轮；3—前活塞端面；4—可控压力油通道；5—控制滑阀；6—压力调节电磁阀；7—后活塞端面

可调式电控机油泵通过改变主动齿轮与从动齿轮的啮合齿宽，改变机油的压力大小。大众第三代 EA888 发动机采用两个不同的机油压力，低压约为 1.8bar(180kPa)。当发动机转速达到约 3500r/min 时就切换到高压，这时压力约为 3.3bar(330kPa)。压力调节是通过从动齿轮的供油量来实现的。两级可调式电控机油泵的工作过程分为以下几种情况。

（1）低压建立。发动机机油通过已过滤机油侧的压力通道作用到调节活塞的所有面上以及移动单元的两侧。发动机控制单元激活压力调节电磁阀，使可控压力通道处于打开状态，于是机油压力就作用到调节活塞的所有面上。移动单元就保持在这个位置上。该泵以最大供油能力来供油，直至建立起低压约 1.8bar(180kPa)。如果发动机怠速运行，压力可能低于这个值。压力值过低会损坏发动机，因此必须对机油压力值进行监控。这个监控工作由机油低压压力开关来完成。

（2）低压运行。如果发动机转速升高，机油压力也会稍微提高，这就使得调节活塞顶着调节弹簧弹力发生了移动。于是通向前部活塞面的机油通道就被封闭了，与此同时通向无压力的回流管,开口就打开了,机油进入油底壳。这时,后部活塞面上的液压力就大于弹簧弹力了。于是移动单元就顶着压力弹簧弹力发生了移动,泵的从动齿轮相对于主动齿轮也就发生了轴向移动。此时泵的容积流量(供油能力)就减小了,也就是根据发动机的机油耗油情况进行了适配。这个容积流量(供油能力)的适配就使得机油压力保持在一个相对恒定的水平。机油压力值等于供油量与发动机转速的乘积,由于移动单元的压缩弹簧弹性系数一定,因而机油压力值可以保持相对恒定值,那么供油量和发动机转速的关系就是反比的关系,当转速较低时,供油量较大,当转速提高导致机油压力提高,会使得移动单元向箭头方向移动,供油量减小。这样就限制了机油压力的进一步上升,那么机油压力就维持在一个相对恒定的水平上,这是一个动态的平衡过程。

(3) 低压加速运行。随着发动机转速不断上升,机油压力随之上升。在即将切换到高压前的状态(压力值为 1.8bar(180kPa)左右)时,移动单元完全伸出,机油压力就被限制在1.8bar(180kPa)左右。

(4) 高压建立。在转速超过约 3500r/min 时就切换到高压状态。为此机油压调节阀N428 被断电。这就使得可控压力通道被关闭,与此同时也关闭了通向油底壳内的无压力腔的开口。由于现在调节活塞的一个作用面不再作用有机油压力,调节弹簧的力就占了上风。调节活塞继续向左移动,以至于通向移动单元前部活塞面的机油通道被打开。这时作用在前部活塞面的机油压力和压力弹簧就再次将移动单元向回推,直到该泵的两个齿轮又几乎完全正面相对,这时泵以最大供油能力在供油。移动单元保持在这个位置上,直至机油压力达到约 3.3bar(330kPa)。

(5) 高压运行。机油压力调节阀 N428 仍然处于断电状态。调节活塞与调节弹簧之间力的关系由机油高压来保持(有效的活塞面积减小)。如果发动机转速继续升高,那么移动单元就又开始移动(就像低压状态时那样)。切换到高压由机油压力开关 F22(在机油滤清器模块上)记录下来。可控机油通道在高压时仍由机油压力调节阀 N428 保持关闭状态。直至机油压力达到约 3.3bar(330kPa)。机油压力和调节弹簧弹力平衡后,高压保持在相对恒定的水平。

2. 机油滤清器

机油滤清器的功用是滤除机油中的机械杂质和胶质,保持机油的清洁,防止油道堵塞,延长机油的使用寿命。机油滤清器分为机油粗滤器、机油细滤器、复合式机油滤清器、集滤器。通常说的机油滤清器指的是机油粗滤器或复合式机油滤清器。

1) 机油粗滤器

机油粗滤器的功用是滤除机油中颗粒较大的杂质,能够过滤的杂质直径一般大于 0.05mm。机油粗滤器串联在机油泵与主油道之间,过滤完的机油直接进入主油道,对发动机进行润滑。目前,使用的滤芯包括金属缝隙式、金属网式、锯末滤芯式、纸质滤芯式四种,机油粗滤器主要由密封圈、内孔管、滤芯、安全阀(旁通阀)等零件组成,如图 6-8 所示。有杂质的机油从纸质滤芯的外围进入滤清器中心,杂质被过滤在滤芯上,干净的机油经出油口流进机油主油道。当滤芯严重堵塞时,安全阀开启,机油不经过滤芯过滤直接进入主油道,防止发动机因缺少机油而损坏。

机油滤清器的
工作原理.mp4

2) 机油细滤器

机油细滤器的功用是滤除机油中微小的杂质,能够过滤的杂质直径一般大于 0.001mm。

机油细滤器并联在机油泵后出油道中,过滤完的机油直接流回油底壳。滤芯分为离心式、过滤式,过滤式滤芯又分为纸质滤芯式、锯末滤芯式。过滤式机油细滤器存在滤清能力与通过能力的矛盾,为此多数发动机采用离心式细滤器,依靠机油高速旋转时产生的离心力作用来实现过滤。

3)复合式机油滤清器

现代汽车广泛采用复合式机油滤清器,是由粗滤芯和细滤芯复合而成的。粗滤芯在外侧,细滤芯在内侧串联而成,两种滤芯有各自的旁通阀。当粗滤芯堵塞时,机油打开粗滤芯的旁通阀,不经过过滤,直接进入主油道;当细滤芯堵塞时,机油打开细滤芯的旁通阀,经过粗滤后,直接进入主油道,如图 6-9 所示。如果滤清器使用时间达到了更换周期,就把整个滤清器拆卸,换上新滤清器,不能单独更换滤芯。

图 6-8　机油粗滤器的结构

1,4—密封圈;2—内孔管;3,8—密封垫;5—弹簧支座;
6—壳体;7—旁通阀;9—滤芯;10—上盖

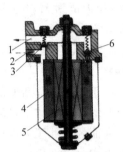

图 6-9　复合式机油滤清器的结构

1—出油口;2—进油口;3—粗滤旁通阀;4—粗
滤芯;5—细滤芯;6—细滤旁通阀

4)集滤器

集滤器的功用是滤除机油中较大的机械杂质、胶质等。集滤器一般为滤网式,安装在油底壳内、机油泵之前。集滤器分为浮筒式和固定式。

浮筒式集滤器主要由滤网、浮子、吸油管、固定管组成,如图 6-10(a)所示。固定管与机油泵进油口相连,浮子漂浮于机油表面,浮子是空心的。吸油管套在固定管中,使浮子能自由地随油面升降。浮筒式集滤器能够保证机油泵吸入较清洁的机油,但是,漂浮于机油表面的泡沫易被吸入,使机油压力降低,润滑可靠性差。

固定式集滤器主要由滤网、吸油管组成,如图 6-10(b)所示。滤网浸没在油底壳的机油中,吸油管与机油泵进油口相连,吸入中层或中下层润滑油。不会吸入泡沫,润滑可靠,结构简单,但是,吸入的机油清洁度较差。目前,基本取代了浮筒式集滤器。

3. 机油散热装置

机油散热装置的功用是冷却机油,使机油温度保持最佳的工作温度,防止机油黏度下降和氧化变质。机油散热装置分为机油散热器和机油冷却器。

1)机油散热器

机油散热器的结构与冷却液散热器基本相同,布置在冷却液散热器前面。机油散热器油路与主油道并联,在机油散热器的前面常串联有手动开关和限压阀,在气温低或润滑油压力低时,不适用机油散热器,如图 6-11 所示。

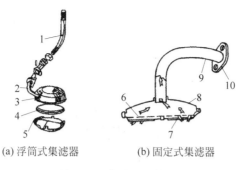

图 6-10　集滤器的结构

1—固定管；2,9—吸油管；3—浮子；4,6—滤网；5—防护罩；7—底片；8—壳体；10—连接法兰盘

机油冷却器.mp4

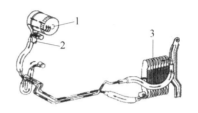

图 6-11　机油散热器

1—机油滤清器；2—溢流阀；3—机油冷却器

2）机油冷却器

机油冷却器是利用发动机冷却液对机油进行冷却。机油冷却器的油路与主油道串联。

机油冷却器主要由芯子、壳体组成，冷却液在芯子管内流动，润滑油在管外流动。冷却器上装有旁通阀，当机油温度过低、黏度过大时，旁通阀打开，润滑油不经冷却直接进入主油道。

本田 NSX 型轿车发动机采用的机油冷却器如图 6-12 所示。利用冷却系统的冷却液流经散热片间的缝隙，带走润滑油与散热片间交换的热量。从机油滤清器出来的机油，经过冷却后再进入主油道。

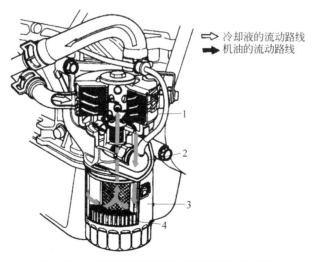

图 6-12　本田 NSX 型轿车发动机的机油冷却器

1—机油冷却器；2—油压开关；3—机油滤清器；4—机油滤清器滤芯

4. 喷嘴

喷嘴的功用是定期向活塞的底部喷射机油,通过机油的流动,带走活塞的热量。喷嘴在缸内直喷汽油机和柴油机中应用广泛,如图 6-13 所示。

图 6-13　喷嘴

【任务实施】

更换机油泵.mp4

1. 机油泵的更换

学习任务	机油泵的更换		课时	1 学时
使用设备	发动机裸机(大众 BYJ)		使用资料	维修手册
序号	操作步骤	工　具	操作过程	维修规范与操作要求
1	拆卸机油泵	扳手、定位芯棒、记号笔	拆卸驱动皮带	操作要求: (1) 在拆卸驱动皮带之前,用记号笔标记转动方向。 (2) 松开驱动皮带时,应按照图示方向翻转张紧装置。 T10060A A13-10441 (3) 取下驱动皮带

续表

序号	操作步骤	工　具	操作过程	维修规范与操作要求
1	拆卸机油泵	对角式支架	拆卸驱动带轮	操作要求： （1）用对角式支架旋出驱动带轮螺栓。 （2）为了避免改变配气相位，不得在驱动带轮已拆下的情况下从"上止点"位置扭出。 维修规范： 用对角式支架旋转曲轴，转至"上止点"位置，驱动带轮上的切口与正时链下盖板上的箭头标记对齐，如下图所示 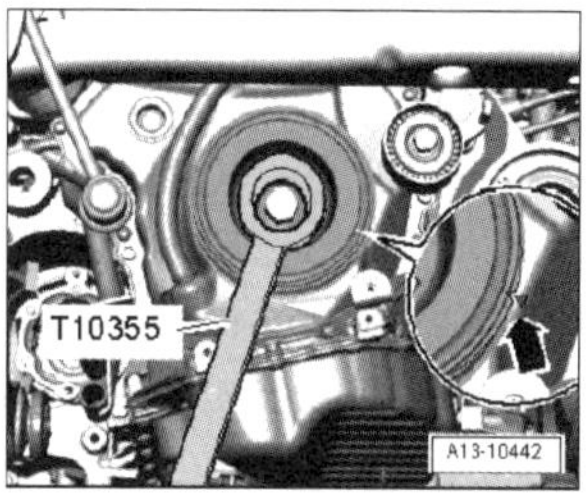
		套筒、接杆、棘轮扳手	拆卸驱动带轮的张紧装置 拆卸正时链盖板 拆卸油底壳	操作要求： （1）拔掉油位传感器和油温传感器的插接头。 （2）排放机油。 （3）对称交叉分2～3次旋出油底壳螺栓
			松开正时链的张紧箍	操作要求： 分2～3次旋出下图箭头所示机油泵的螺栓 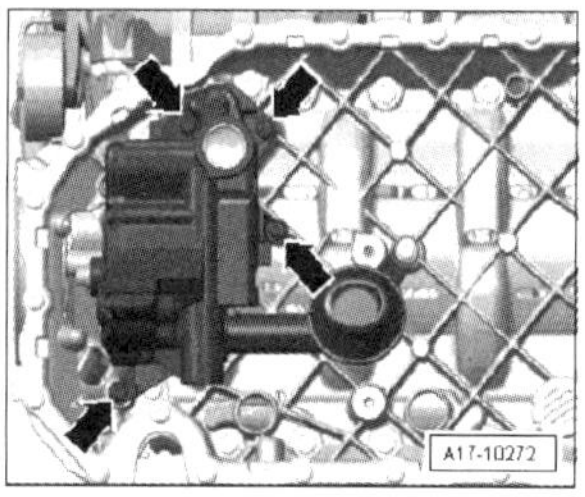
			拆卸机油防溅板 拆卸机油泵	
2	检查机油泵	吹气枪	检查机油泵	操作要求： （1）检查、确认机油泵的零件号是否正确。 （2）检查机油泵的外观有无裂纹、损坏等。 （3）用吹气枪清洁机油泵上的污物

序号	操作步骤	工　具	操作过程	维修规范与操作要求
3	安装机油泵	套筒、接杆、扭力扳手、棘轮扳手	安装机油泵	操作要求： 对准机油泵安装位置，安装机油泵螺栓，拧紧至规定扭矩。 维修规范： 标准力矩为 16N·m
			安装机油防溅板	
			拧紧正时链的张紧箍	
		套筒、接杆、扭力扳手	安装油底壳	操作要求： (1) 对称交叉分 2～3 次拧紧油底壳螺栓。 (2) 安装油位传感器和油温传感器的插接头
			安装正时链盖板	
			安装驱动带轮的张紧装置	
		对角式支架	安装驱动带轮	操作要求： 用对角式支架拧紧驱动带轮螺栓至规定扭矩。 维修规范： 标准力矩为 150N·m+90°
		扳手	安装驱动皮带	操作要求： (1) 按照正确的方向安装驱动皮带。 (2) 拔出定位芯棒

2. 机油滤清器的更换

学习任务		机油滤清器的更换		课时	1 学时
使用设备		大众迈腾轿车		使用资料	维修手册
序号	操作步骤	工　具	操作过程	维修规范与操作要求	
1	拆卸机油滤清器	套筒、接杆、棘轮扳手	排放机油	操作要求： (1) 趁热放出发动机机油。 (2) 用专用工具拆卸机油滤清器 	
		机油滤清器扳手	拆卸机油滤清器		
2	检查机油滤清器		检查机油滤清器	操作要求： (1) 检查、确认机油滤清器的零件号是否正确。 (2) 检查机油滤清器的外观有无裂纹、损坏等	

续表

序号	操作步骤	工　具	操作过程	维修规范与操作要求
3	安装机油滤清器	机油滤清器扳手	安装机油滤清器	操作要求： （1）安装新滤清器时，应在密封圈上涂抹干净的机油。若不涂机油，安装时密封圈与接合面发生干摩擦，密封圈易翘曲和损坏，造成密封不良而漏油。 （2）用手轻轻拧紧机油滤清器，直到感觉有阻力为止，再用专用工具重新拧紧机油滤清器 3/4 圈

【自我检测】

6.1

任务6.2　润滑系统故障诊断与检修

【任务引入】

任务引入.mp4

一辆迈腾轿车，进行日常维护保养的时候，4S 店维修人员发现气缸盖罩及气缸盖罩衬垫周边有少量机油渗漏的迹象。经维修组人员检查，需要做一下全面的润滑系统渗漏检测，以确定维修方案。

【知识学习】

1. 润滑系统常见故障诊断

1）机油压力过低

机油压力过低.mp4

（1）故障危害：发动机润滑效果降低，磨损增加，甚至烧蚀机件，比如拉缸、拉瓦、抱轴等，发动机过热。

（2）故障现象：机油压力报警指示灯亮。

（3）故障原因分析。

① 机油泵。由于机油泵磨损严重，导致机油压力下降；限压阀弹簧弹力下降，开启阈值低或弹簧被杂质卡住，处于开启状态。

② 油路。由于集滤器堵塞、机油滤清器堵塞等原因造成流动不畅；由于机油滤清器未拧紧导致漏油,曲轴、连杆、凸轮轴轴颈与轴承主要润滑面磨损后导致间隙过大；润滑油量不足,润滑油牌号选择不当或发生变质导致黏度低。

③ 压力指示。机油压力表存在故障、机油压力开关存在故障或报警指示灯故障。

（4）故障诊断。

① 基本原则。观察现象、分析原因,先简单后复杂,先外后里。

② 基本过程。

a. 观察压力表、指示灯等可视现象,听车主反映问题。

b. 使用故障分析仪(解码器)读取故障码并分析(如有此功能)。

c. 拔出油标尺,判断油量,并手捻判断黏度。

d. 检查机油滤清器、机油冷却器等安装密封部位是否有泄漏。

e. 检测压力传感器的好坏,插头是否松动,油压表、报警指示是否有误。

f. 进行油压测试,判断机油泵(含限压阀)是否存在故障。

g. 拆卸油底壳,清洗集滤器。

2）机油压力过高

（1）故障危害。容易冲坏机油细滤器盖,冲坏机油压力传感器。

（2）故障现象。机油压力表指示高。

（3）故障原因分析。

① 机油泵。限压阀开启阈值高或被杂质卡住处于关闭状态。

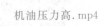

机油压力高.mp4

② 油路。由于主油道堵塞、机油滤清器堵塞、旁通阀开启困难、新装配发动机曲轴轴承或连杆轴承间隙过小等原因造成机油流动不畅。润滑油牌号选择不当,黏度过大。

③ 压力指示。机油压力表存在故障、机油压力开关存在故障或报警指示灯故障。

（4）故障诊断。

① 基本原则。观察现象、分析原因,先简单后复杂,先外后里。

② 基本过程。

a. 观察压力表、指示灯等可视现象,听车主反映问题,确定是修复后出现的问题还是正常运行中出现的问题。

b. 如果是修复后出现的问题,可能是润滑轴颈间隙过小。

c. 若是正常运转中出现的问题,进行如下判断。

机油黏度是否过大；进行油压测试,限压阀是否存在故障；主油道、机油滤清器是否堵塞。

3）机油消耗异常

（1）故障现象。日常检查时发现机油减少,需要经常补充机油,一般超过 0.3L/1000km,为消耗异常；有些汽车尾气排放出现蓝烟。

机油消耗异常.mp4

（2）故障原因分析。

① 外部泄漏。机油滤清器、放油螺塞、油底壳、机油冷却器等部位泄漏。

② 烧机油。气门导管与气门杆的配合间隙过大；气门油封老化导致密封不良；曲轴箱通风不良,导致曲轴箱内压力过大,机油通过气门导管进入气缸等原因造成燃烧室上部进机油。由于气缸盖下平面变形,气缸垫损坏,机油沿密封面进入气缸,导致燃烧室中部进机油。

废气涡轮增压器泄漏导致机油进入进气、排气系统;曲轴箱强制通风油气分离不良,机油进入进气系统。

③ 内部泄漏。由于气缸盖下平面变形,气缸垫损坏,导致油道、水套互通。

(3) 故障诊断。

① 基本原则:观察现象、分析原因,先简单后复杂,先外后里。

② 基本过程。

a. 听车主反映问题。

b. 检查放油螺栓、油底壳、曲轴前后油封、机滤、涡轮增压器外侧等是否有漏油;观察冷却液中是否有油花,有则气缸垫损坏。

c. 打开机油加注盖,启动发动机并高速运转,观察机油加注口是否有蓝烟,有则为活塞环密封问题或气缸磨损严重。

d. 若尾气有大量蓝烟,加注口没有,则气门油封泄漏。

e. 观察节气门处是否有油渍,有则为曲轴箱强制通风装置故障。

4) 机油异常变质

(1) 故障危害。机油黏度下降,润滑效果降低,运动机件磨损加速,甚至产生腐蚀。

机油异常
变质.mp4

(2) 故障现象。机油在正常使用时间或里程内,机油发黑,手捻有杂质感;机油明显变稀(黏度降低),有焦糊味;成乳浊状,并有泡沫,严重时会将油标尺顶起。

(3) 故障原因分析。

① 过滤不良、杂质多:机油滤清器过滤性能差或堵塞。

② 曲轴箱窜气腐蚀:由于活塞环磨损严重或装反,导致密封性变差,混合气窜入曲轴箱;曲轴箱通风不良,废气混入机油中。

③ 漏水:由于气缸垫损坏,油道、水套互通,防冻液混入机油中。

(4) 故障诊断。

① 基本原则。观察现象、分析原因,厘清思路。

② 基本过程。

a. 听车主反映问题。

b. 采用看、闻、摸简易方式或滴油在中性纸上判断油品污染程度,杂质感非常强一般为过滤器问题。焦糊味重、稀释严重,先检查曲轴箱通风是否良好,再判断是否为活塞环窜气。

c. 若机油呈乳浊状或有泡沫,则一般为气缸垫损坏。

2. 润滑系统的检测

1) 机油液位的检查

汽车在使用过程中,机油液位不允许高于最大标记或低于最小标记。如果液位高于最大标记,有损坏尾气催化净化器的危险;如果液位低于最小标记,会使发动机造成润滑不足。

（1）机油液位检查前,需满足以下检查条件。

① 车辆处于水平位置。

② 发动机机油温度至少应为 60℃。

③ 关闭发动机后,等待 10 分钟左右,让润滑油路中的机油流回油底壳。

（2）机油液位检查的过程如下。

① 拔出机油尺,用干净的抹布擦净后重新插入推到底。拔出时在其端部放一块布,防止机油滴到车辆的部件上。

② 再次拔出机油尺并读出机油液位。读取机油液位时,左手在油尺下端放一块干净的布,右手垂直提起油尺置于视线水平位置,查看油迹在油尺上的位置,正确的液面高度应该在机油尺的两条刻度线之间,也就是如图 6-14 所示的“1”和“2”之间,图示的“a”位置不得添加机油,“b”位置可添加机油,“c”位置必须添加同型号、同品牌的机油。

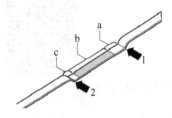

图 6-14　机油尺的读数

2）机油品质的检查

变质的机油不仅不会起到润滑作用,反而会使零部件的磨损加剧,缩短零部件的使用寿命,机油品质的鉴别是更换机油的依据。机油品质的检查应该在发动机熄火后,机油还未沉淀时进行。

国内品牌机油多为浅蓝色,具有明亮的光泽,流动均匀。国际品牌机油的颜色为金黄略带蓝色,晶莹透明。若机油呈褐色或乳白色,并伴有泡沫,说明机油中混入了水;合格的机油无特别的气味,略带芳香,若机油有刺激性气味,说明机油变质或质量差,应及时更换。机油常见的鉴别方法如下。

（1）油斑法。将待查机油搅匀后滴在白纸上(最好是滤纸),形成油斑,油斑从中心向外经过 2～3h 的逐渐扩散,形成三个同心圆环。根据这三个区域的颜色、宽窄和形态辨别机油的状态,与标准图谱对比分析做出判断,见表 6-2。

表 6-2　油斑与机油鉴别

级别	油斑形态	鉴别	判断
1	核心区与扩散区光亮无色或颜色很浅,无沉淀圈	新机油或使用时间很短	新油
2	核心区与扩散区界限分明,扩散区很宽,氧化环明亮	油品使用时间不长,污染程度较重	良好
3	核心区暗黑,扩散区分明,氧化环明亮	油品使用较久,污染程度较重,沉积物较多	一般
4	核心区深黑,扩散区变窄,氧化环浅黄	油品使用时间长,污染程度重,沉积物多	较差

（2）捻磨法。从油底壳中取出少许机油,涂在手指上,用手指和拇指捻磨。如果感到油中有杂质或像水一样无黏稠感,甚至发涩或有酸味,机油已经变质。如果捻磨后在手指上能见到细小、闪亮的金属磨屑,则说明发动机存在比较严重的磨损部位,同时也说明机油必须立刻更换。

（3）油流观察法。取两只量杯,其中一只量杯盛有待检查的润滑油,另一只空量杯放在桌面上,将盛满润滑油的量杯举高离开桌面30～40cm并倾斜,让润滑油慢慢流到空杯中,观察其流动情况,质量好的润滑油流动时应该是细长、均匀、连绵不断,若出现油流忽快忽慢,时而有大块流下,则说明润滑油已变质。

（4）光照法。在天气晴朗的日子,用螺钉旋具将润滑油撩起,与水平面成45°角。对照阳光,观察油滴情况,在光照下,可清晰地看到润滑油中无磨屑为良好,可继续作用,若磨屑过多,应更换润滑油。

【任务实施】

机油压力及开关检测

学习任务		机油压力及开关检测		课时	1学时
使用设备		大众迈腾轿车		使用资料	维修手册
序号	操作步骤	工　具	操作过程	维修规范与操作要求	
1	车内、外防护	挡块	安装挡块	操作要求: 有效的防护不仅可以保护车辆,利于工作,还是保证顾客满意度的必要措施	
		前格栅布、翼子板布	安放前格栅布、翼子板布		
		方向盘套、换挡杆套、座椅垫、地板垫	安放方向盘套、换挡杆套、座椅垫、地板垫		
			车辆停放安全,拉起手刹,变速器置于空挡		
		尾气排放管	安装尾气排放管		
2	测试前检查	万用表	选择万用表直流电压挡测蓄电池端电压	维修规范: 将万用表设置在直流电压20V挡位,蓄电池的端电压应达到12V	
			检查机油温度	操作要求: 为保证数据准确,测量机油液面高度前应启动发动机运行一会儿,当机油温度达到80℃以上,散热器风扇至少运行一次之后再熄火	
			检查机油液面高度	操作要求: 将汽车停放于水平地面上,发动机熄火几分钟后进行测量	

续表

序号	操作步骤	工 具	操作过程	维修规范与操作要求
3	检测机油压力开关	扳手	拆下机油压力开关	操作要求： (1) 拔下机油压力开关的线束插头。 (2) 拆下机油压力开关,将其旋入机油压力开关检测装置中。 (3) 检测设备的棕色导线接地。 (4) 用试灯连接机油压力开关和蓄电池"+"。
		机油压力检测装置、试灯	连接机油压力检测装置,检测机油压力开关	维修规范： (1) 将电压测量器用测量辅助工具套件中的辅助导线连接在蓄电池正极和机油压力开关上。发光二极管不得亮起。如果发光二极管亮起,需更换 1.4bar(140kPa)机油压力开关。 (2) 如果发光二极管不亮,启动发动机并提高转速：在 1.2~1.6bar(120~160kPa)过压时,发光二极管必须亮起,否则更换机油压力开关,继续提高转速,在转速为 2000r/min 且机油温度为 80℃时,机油过压应在 2.7~4.5bar(270~450kPa)
4	检测机油压力	机油压力检测装置	检测机油压力	操作要求： (1) 拔下机油压力开关的线束插头。 (2) 拆下机油压力开关,将机油压力检测装置的软管接头拧入安装机油压力开关的螺孔内,并拧紧接头。 (3) 将机油压力表放置在不会接触发动机旋转部件及高温部件的地方。 (4) 启动发动机,检查机油压力检测装置的接头处有无漏油,如有漏油,应熄火后重新拧紧接头

续表

序号	操作步骤	工　具	操作过程	维修规范与操作要求
4	检测机油压力	机油压力检测装置	检测机油压力	机油压力表 机油压力传感器螺纹孔 （5）运转发动机使之达到正常的工作温度，分别在息速和 2000r/min 时读取机油压力表的读数，并与标准压力值进行比较。 维修规范： （1）机油压力至少应达 2.0bar(200kPa)。 （2）发动机转速更高时，机油压力不允许超过7.0bar(700kPa)
5	安装机油压力开关	扳手	安装机油压力开关	操作要求： 在测量机油压力后，应拆下机油压力检测装置，装上机油压力开关并按规定扭矩拧紧，接上线束插头。启动发动机，确认机油压力开关没有漏油

【自我检测】

6.2

项目7

启动系统和点火系统的构造与检修

知识目标
（1）掌握启动系统和点火系统的功用、分类和基本组成。
（2）理解启动系统和点火系统的工作原理。

能力要求
（1）能准确识别启动系统和点火系统所有的零部件。
（2）能够规范地更换启动机。
（3）能够规范地更换火花塞。

任务7.1　启动系统的构造与检修

【任务引入】

一辆迈腾轿车，客户反映在启动时，只听见启动机电磁开关"咔嗒"的　任务引入.mp4
闭合声，但启动机却无任何反应。经维修组人员检查，确定启动系统存在故障，需要拆检启
动系统，以确定维修方案。

【知识学习】

使发动机由静止状态过渡到工作状态，必须得先用外力转动发动机的曲轴，使活塞做往
复运动，气缸内的可燃混合气燃烧膨胀做功，推动活塞向下运动使曲轴旋转，发动机才能自
行运转，工作循环才能自动进行。因此，曲轴在外力作用下开始转动到发动机开始自动地怠

速运转的全过程称为发动机的启动。完成启动过程所需的装置称为发动机的启动系统。

1. 发动机常用的启动方式

（1）人力启动。将启动手摇柄端头的横销嵌入发动机曲轴前端的启动爪内，以人力转动曲轴。这种方式比较简单，但不方便，多用于农用车。

（2）电力启动机启动。利用启动机作为机械动力，当将启动机轴上的齿轮与发动机飞轮周缘的齿圈啮合时，动力就传到飞轮和曲轴，使之旋转。启动机本身又用蓄电池作为电源。这种方式具有操纵轻便、启动迅速、安全、可靠，可重复启动等优点，所以被现代汽车广泛采用。

（3）辅助汽油机启动。用一个专门的相对比较小的汽油机用作启动，常用于大功率柴油机的启动。

2. 汽油机和柴油机冷启动辅助装置

在寒冷地区和严寒季节启动发动机时，由于机油黏度增高、启动阻力矩增大，同时燃料汽化不良，蓄电池内阻增加，启动性能变坏，使发动机启动困难。因此，在严寒地区启动时应设法将进气、混合气、润滑油或冷却液进行加热。汽车常用的预热装置有电热塞、进气加热器和电火焰预热器。

（1）电热塞。电热塞的功用是在启动时对燃烧室内的混合气进行预热。

对于采用涡流室式或预燃室式燃烧室的发动机，一般在涡流室或预燃室中装有一个密封式电热塞，用铁镍铝合金制成螺旋形电热丝，其两端分别焊于中心螺杆和发热体钢套的底部。在发热体钢套中用绝缘性好、导热性能好且耐高温的氧化铝填充物固定电阻丝。外壳上端将绝缘体、钢套、密封垫圈和外壳互相压紧。外壳连同密封垫圈装在气缸盖上，各电热塞中心螺杆用导线并联，接到蓄电池上，具体结构如图 7-1 所示。发动机启动前，接通电热塞开关，通电 10～15s，电热丝温度可达 800～1100℃，加热气缸内的空气，使发动机顺利启动。

（2）进气预热器。进气预热器作为冷启动的辅助装置，在启动时对发动机燃烧室预热。

进气预热器的一端与进油管接头相连，另一端有内螺纹与一端带有外螺纹的阀芯相连，电热丝网加热器安装在进气管上，由启动开关控制预热继电器给其供电。如图 7-2 所示。

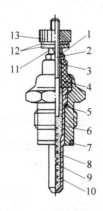

图 7-1 电热塞的结构

1—固定螺母；2—中心螺杆；3—胶合剂；4—绝缘体；5,7—密封垫圈；6—外壳；8—氧化铝填充物；9—电阻丝；10—发热体钢套；11—弹簧垫圈；12—压紧垫圈；13—压线螺母

图 7-2 进气预热器

1—进油管接头；2—空心阀体；3—电热丝；4—阀芯

（3）电火焰预热器。电火焰预热器的预热系统属于火焰喷射式预热系统，其中预热塞为压力雾化炽热塞点火式。这种预热塞由带电磁阀的喷油器、炽热塞等部分组成，如图7-3所示。启动前接通预热电路，电流通过炽热塞使其升温。40s后炽热塞即已炽热。启动时，柴油经柴油滤清器在电磁阀控制下进入喷油器，在0.35MPa的压力下，由喷孔喷出雾状柴油，雾状柴油与空气混合后形成易燃混合气，并在炽热塞点燃下燃烧，形成火焰，加热进气。

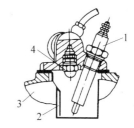

图7-3　电火焰预热器的结构图

1—炽热塞；2—导流罩；3—进气管；
4—带电磁阀的喷油器

3. 启动系统各主要元件介绍

启动系统的功用是供给发动机曲轴足够的启动转矩，以便发动机曲轴达到必需的启动转速，使发动机进入自行运转状态。

汽车启动系统作为汽车发动机的五大系统之一，主要由蓄电池、点火开关、控制电路、启动机等组成，如图7-4所示。

启动系统的组成.mp4

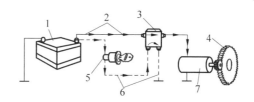

图7-4　启动系统的组成

1—蓄电池；2—启动机电路；3—电磁开关；4—飞轮；
5—点火开关；6—控制电路；7—启动机

1）蓄电池

（1）蓄电池的分类。蓄电池主要包括铅酸蓄电池和镍碱蓄电池两类。其中铅酸蓄电池又包括普通蓄电池、干荷电蓄电池、电池胶体蓄电池和免维护蓄电池，免维护蓄电池由于使用方便，在轿车上应用较为广泛。镍碱蓄电池包括铁镍蓄电池和镉镍蓄电池。

（2）蓄电池的作用。

① 在发动机启动时，向启动机、点火系统等主要用电设备供电。

② 在发动机不运行或低速运行时，蓄电池向各种用电设备供电。

③ 当用电设备过多、用电量超过发电机的供电能力时，蓄电池协助发电机向各种用电设备供电。

④ 稳定电压的作用。蓄电池相当于一个大电容，可以吸收电路中瞬间的过电压，以保护用电设备。

（3）免维护蓄电池。有些免维护蓄电池装有电量指示器（也称充电指示器），能指示蓄电池的电量或充电程度。

① 当电池的电解液密度高于1.26或充电高于65%时，小球浮起，指示器显示绿色，如图7-5（a）所示。

② 当充电低于65%时，小球下沉，指示器显示黑色，表明需要充电，如图7-5（b）所示。

③ 当电解液液面较低时，指示器呈现无色或浅黄色，该蓄电池应该更换，如图7-5（c）所示。

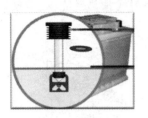
(a)指示器显示绿色

(b)指示器显示黑色

(c)指示器显示无色或浅黄色

图 7-5　电量指示器

2）点火开关

汽车的点火开关装在转向柱上,通常有 5 个挡位,如图 7-6 所示,主要作用是开启或关闭点火线圈的主要电路,使发动机启动或停止。

3）启动安全开关

启动安全开关是一种常开开关,以防止变速器不在空挡或发动机在运转中,使启动系统产生作用发生危险或损坏齿轮的安全装置。

4）电磁开关

电磁开关用以控制启动机驱动齿轮与飞轮的接合分离,以及接通启动机电路。

5）启动机

当启动发动机时,将点火开关转到启动位置,启动继电器线圈电路接通。启动机与飞轮齿轮啮合带动发动机的曲轴转动。启动机由控制机构、直流电动机和传动机构组成,如图 7-7 所示。

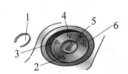

图 7-6　汽车的点火开关

1—点火钥匙照明灯；2—锁；3—关；
4—附件；5—运转；6—启动

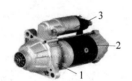

图 7-7　启动机的组成

1—传动机构；2—直流电动机；3—控制机构

4. 启动系统的工作原理

启动时,接通启动开关,启动机电路通电,继电器的吸引线圈和保持线圈通电,产生很强的磁力,吸引铁心左移,并带动驱动杠杆绕其销轴转动,使齿轮移出与飞轮齿圈啮合。与此同时,由于吸引线圈的电流通过电动机的绕组,电枢开始转动,齿轮在旋转中移出,减小冲击。当铁心移动到使短路开关闭合的位置时,短路线路接通,吸引线圈被短路,失去作用,保持线圈所产生的磁力足以维持铁心处于开关吸合的位置,如图 7-8 所示。

5. 启动系统的使用与保养

1）正确的使用操作

（1）启动时间尽量短,每次启动时间不超过 5s,若第一次不能启动,应停歇 10～15s 后再进行第二次启动。

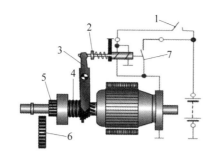

图 7-8 启动系统的工作原理

1—启动开关；2—铁心；3—驱动杠杆；4—弹簧；5—齿轮；6—飞轮；7—短路开关

（2）蓄电池亏电或冬季低温情况下启动，应对发动机和蓄电池进行预热，对发动机"盘车"后再启动。

2）正确的保养

（1）平时注意保持启动机外部清洁，保证连接导线连接牢固。

（2）注意检查蓄电池充电是否充足。

（3）汽车每行驶 5000～6000km，应检查炭刷的磨损情况和弹簧，发现不符合标准时应及时更换。

（4）条件准许的情况下，检查启动机的轴承润滑。

【任务实施】

启动机的检查与更换

学习任务	启动机的检查与更换		课时	2 学时
使用设备	大众迈腾轿车		使用资料	维修手册
序号	操作步骤	工　具	操作过程	维修规范与操作要求
1	拆卸启动机	扳手	断开蓄电池	操作要求： （1）确认点火开关置于 OFF 位置。 （2）拆卸蓄电池负极，并使负极电缆可靠离开蓄电池接线柱
		举升机	举升车辆	操作要求： 将车辆举升至适当高度，可靠锁止提升臂
			拆卸接线柱	操作要求： （1）拔下启动机 50 接线柱上的导线插头。 （2）拆下启动机 30 接线柱上的导线
		扳手	拆卸固定螺栓	操作要求： 拆卸启动机的 3 个固定螺栓。 **注意：** （1）螺栓位置比较隐蔽且空间狭小，小心碰伤。 （2）热车拆卸时，注意防止排气管烫伤

序号	操作步骤	工　具	操作过程	维修规范与操作要求
2	检查启动机	蓄电池、跨接线	检查启动机的运转情况	操作要求： 分别顺时针和逆时针转动驱动齿轮,应顺时针转动自如,逆时针锁止。 维修规范： 如果顺时针有卡滞或阻力过大,应更换内部驱动齿轮或单向离合器
			检查电动机	操作要求： 用跨接线将蓄电池正极与端子 C 相连,负极与启动机壳体相连。 维修规范： 启动机应高速旋转,如不转,则说明启动机内部电动机故障
			检查电磁开关	操作要求： 用跨接线将蓄电池正极与端子 50 相连,负极分别与启动机壳体和端子 C 相连。 维修规范： 观察驱动齿轮是否伸出。如果没有伸出,则电磁开关存在故障,应更换电磁开关
3	安装启动机	扳手	安装固定螺栓	操作要求： 将启动机与变速器上的螺栓孔对齐后,用手将螺栓旋入孔中,并按规定力矩拧紧螺栓
		扳手	安装接线柱	操作要求： (1) 将与蓄电池相连的导线安装到端子 30 接线柱上,拧紧螺母。 (2) 将来自点火开关的导线插头插到端子 50 接线柱上。 注意： (1) 保证接线柱上下接触面清洁,必要时用砂布处理。 (2) 确保导线插头与端子 50 接线片可靠接触
		举升机	下降车辆	操作要求： 操作举升机,将车辆降落到地面上
		扳手	安装蓄电池	操作要求： 安装蓄电池负极。 注意：电缆夹与蓄电池极柱间应保持良好接触,否则会造成发动机转速低,发动机启动困难
			检查启动性能	操作要求： 启动发动机检查启动性能

【自我检测】

7.1

任务7.2　点火系统的构造与检修

【任务引入】

任务引入.wmv

　　一辆汽车在怠速时抖动并经常出现熄火现象,熄火后启动有些困难,加速无力。经维修业务接待员检查,确定点火系统存在故障,需要拆检点火系统,以确定维修方案。

【知识学习】

　　在汽油发动机中,气缸内的混合气是由高压电火花点燃的,而产生电火花的功能是由点火系统来完成的。点火系统将电源的低电压变成高电压,再按照发动机点火顺序轮流送至各气缸,点燃压缩混合气,并能适应发动机工况和使用条件的变化,自动调节点火时刻,实现可靠而准确的点火。

　　发动机对点火系统的要求有以下几点。

　　(1) 能产生足以击穿火花塞间隙的电压。击穿电压与很多因素有关,包括火花塞电极间隙大小、气缸内混合气的温度与压力、电极的温度和极性、发动机的负荷和燃料品质等。为使发动机在各种工况下均能顺利点火,要求火花塞的击穿电压达到 $15\sim30\text{kV}$。

　　(2) 火花应具有一定的能量。发动机热车稳态工作时,火花能量 5mJ 即可;恶劣工况时,要求点火能量 100mJ 以上。火花持续时间 $0.8\sim2\text{ms}$。

　　(3) 点火顺序和点火提前角应适应发动机的工作情况。影响最佳点火提前角的因素:转速、负荷、启动与怠速、汽油的辛烷值、压缩比、混合气的成分、火花塞的数量、进气压力。转速、辛烷值越高,点火提前角越大;负荷越小、温度越低,点火提前角越大。

　　点火系统的功用是在发动机各种工况和使用条件下,在气缸内适时、准确、可靠地产生电火花,以点燃可燃混合气,使汽油发动机实现做功。

　　点火系统分为传统点火系统、电子点火系统和微机控制点火系统,微机控制点火系统又分为有分电器点火系统、无分电器点火系统。现代轿车广泛采用的是无分电器点火系统中的双缸同时点火和单独点火 2 种方式。

点火系统的概述.mp4

1. 双缸同时点火

　　双缸同时点火由电源、点火开关、ECU、点火模块、点火线圈、火花塞、高压线和各种传感器等组成,如图 7-9 所示。

　　双缸同时点火是指两个气缸合用一个点火线圈,这种点火方式只能用于气缸数目为偶数的发动机上。如果在四缸机上,当两个缸的活塞同时接近上

双缸同时点火.mp4

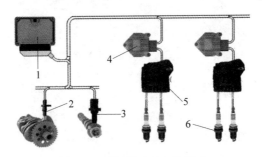

图 7-9　双缸同时点火的组成

1—ECU；2—曲轴位置传感器；3—凸轮轴位置传感器；4—点火模块；5—点火线圈；6—火花塞

止点时(一个是压缩,另一个是排气),两个火花塞共用同一个点火线圈且同时点火,这时候一个是有效点火,另一个则是无效点火,前者处于高压低温的混合气之中,后者处于低压高温的废气中,因此两者火花塞电极间的电阻完全不一样,产生的能量也不一样,导致有效点火的能量大得多,约占总能量的 80%。

双缸同时点火的工作原理是点火控制器三极管导通,电流流过初级绕组产生磁场。点火控制器三极管截止,磁场迅速消失,在次级绕组产生感应电动势,高压电次级绕组的首、尾两端分别输送至两个火花塞同时跳火。

1）点火模块

点火模块是发动机控制系统的执行器,其作用是根据微机发出的指令信号,通过内部大功率三极管的导通与截止来控制点火线圈初级绕组电路的通断,使点火线圈产生高压电,能够实现自动点火、火焰指示、熄火报警、信号传送工作。点火模块具有体积小、重量轻、点火强、反应灵敏等特点,基本电路包括整形电路、开关信号放大电路、功率输出电路等。

2）点火线圈

点火线圈即变压器,其功用是将蓄电池 12V 的低压电变为 15~30kV 的高压电。通常的点火线圈里面有初级线圈和次级线圈两组线圈,初级线圈用较粗的漆包线,次级线圈用较细的漆包线。初级线圈一端与车上低压电源连接,另一端与开关装置(断电器)连接；次级线圈一端与初级线圈连接,另一端与高压线输出端连接输出高压电。点火线圈按磁路分为开磁式和闭磁式两种。

（1）开磁式点火线圈。传统的点火线圈采用开磁式。开磁式点火线圈装入圆筒形的外壳中,里面充满变压器油,初级端子、次级输出端子在上盖上面。上盖材料一般为酚醛树脂,两边为初级接线端子,中心为高压输出端子。初级线圈的漆包线 0.5~1mm、230~370 匝；次级线圈的漆包线 0.06~0.1mm、11000~26000 匝,如图 7-10 所示。

（2）闭磁式点火线圈。闭磁式则采用形似口形或日形的铁心上绕初级线圈,如图 7-11 所示,外面再绕次级线圈,组装后,用环氧树脂灌封。磁力线由铁心构成闭合磁路。初级线圈的漆包线 0.4~0.8mm、80~200 匝；次级线圈的漆包线 0.04~0.07mm、8000~18000 匝。闭磁式点火线圈的优点是漏磁少、能量损失小、体积小。

日形点火线圈形状像一支笔杆,内铁心、初级骨架、次级骨架、外铁心、壳体都细长。初级骨架与次级骨架之间、次级骨架与铁心之间绝缘距离为 0.7~1mm,对材料耐温、耐高电压和尺寸精度要求较高。点火线圈直接安装在发动机的火花塞上,对线圈的耐温、耐振动性能要求高。

图 7-10　开磁式点火线圈

1—初级接线柱；2—上盖；3—外壳；4—次级绕组；5—初级绕组；

6—铁心；7—附加电阻接头；8—高压线接头

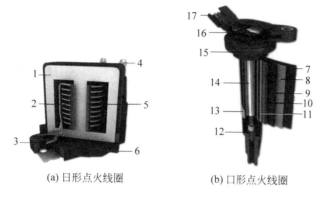

(a) 日形点火线圈　　　　(b) 口形点火线圈

图 7-11　闭磁式点火线圈

1,14—铁心；2,8—初级线圈；3—低压线插座；4—高压线接线柱；5,10—次级线圈；

6—壳体；7—塑料壳；9—绝缘层；11—环氧树脂骨架；12—连接弹簧；13—钢壳；

15—密封圈；16—点火模块；17—连接器

3）火花塞

（1）火花塞的作用。火花塞的作用是将点火线圈产生的脉冲高压电引入燃烧室，并在两个电极之间产生电火花，以点燃可燃混合气。

（2）火花塞的结构。火花塞的结构如图 7-12 所示，在钢制壳体的内部固定有高氧化铝陶瓷绝缘体，使中心电极与侧电极之间保持足够的绝缘强度。绝缘体孔的上部装有金属杆，通过接线螺母与高压分线相连，下部装有中心电极。金属杆与中心电极之间用导电玻璃密封。中心电极用镍锰合金制成，具有良好的耐高温、耐腐蚀和导电性能。

（3）火花塞的型号。根据国家专业标准，火花塞产品型号编制方法的规定是，火花塞型号由 3 部分组成。第 1 部分为字母，表示火花塞的结构类型及主要形式尺寸；第 2 部分为阿拉伯数字，表示火花塞热值；第 3 部分为汉语拼音字母，表示火花塞派生产品、结构特性、材料特性及特殊技术要求等。

（4）火花塞的类型。常用火花塞的类型大体上有以下几种，如图 7-13 所示。

① 标准型火花塞：其绝缘体裙部略缩入壳体端面，侧电极在壳体端面以外，是使用最广泛的一种。

图 7-12 火花塞的结构

1—接线螺母；2—陶瓷绝缘体；3—商标；4—钢质壳体（六角形）；5—火花塞
裙部螺纹；6—型号；7—内垫圈；8—去干扰电阻；9—密封垫圈；10—中心电
极导电杆；11—电极间隙；12—中心电极和侧电极

(a) 标准型　(b) 绝缘突出型　(c) 细电极型　(d) 锥座型　(e) 多极型　(f) 沿面跳火型

图 7-13 常用火花塞的结构类型

② 绝缘突出型火花塞：绝缘体裙部较长，突出于壳体端面以外。它具有吸热量大、抗污能力好等优点，且能直接受到进气的冷却而降低温度，因而也不易引起炽热点火，故热适应范围宽。

③ 细电极型火花塞：其电极很细，特点是火花强烈，点火能力好，在严寒季节也能保证发动机迅速可靠地启动，热范围较宽，能满足多种用途。

④ 锥座型火花塞：其壳体和旋入螺纹制成锥形，因此不用垫圈即可保持良好密封，从而缩小了火花塞体积，对发动机的设计更为有利。

⑤ 多极型火花塞：侧电极一般为两个或两个以上，优点是点火可靠，间隙不需要经常调整，故在电极容易烧蚀和火花塞间隙不能经常调节的一些汽油机上常常采用。

⑥ 沿面跳火型火花塞：即沿面间隙型火花塞，它是一种最冷型的火花塞，其中心电极与壳体端面之间的间隙是同心的。

（5）火花塞常见故障及原因如表 7-1 所示。

表 7-1 火花塞常见故障及原因

故障现象	故障原因
电极熔化且绝体呈白色	①燃烧室内积炭过多；②火花塞未按规定力矩拧紧
电极变圆且绝缘体结有疤痕	①点火时间过早；②汽油辛烷值过低；③火花塞热值过高
绝缘体顶端碎裂	①爆震燃烧；②点火时间过早；③汽油辛烷值低；④燃烧室内温度过高
绝缘体顶端有灰黑色条纹	火花塞漏气
火花塞上有油性沉积物	①气门杆油封损坏；②气缸出现蹿油
火花塞上有黑色沉积物	气缸内混合气体过浓

2. 单独点火

单独点火由电源、点火开关、ECU、点火模块、点火线圈、火花塞、高压线和各种传感器等组成,如图 7-14 所示。

单独点火.mp4

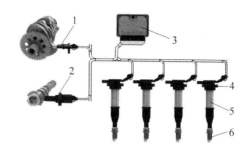

图 7-14　单独点火的组成

1—曲轴位置传感器;2—凸轮轴位置传感器;3—ECU;
4—点火模块;5—点火线圈;6—火花塞

单独点火方式的每一个气缸分配一个点火线圈,点火线圈直接安装在火花塞的顶上,取消了高压线。这种点火方式通过凸轮轴传感器或通过监测气缸压缩来实现精确点火,它适用于任何缸数的发动机,特别适合每缸 4 气门的发动机使用。因为火花塞点火线圈组合可安装在双顶置凸轮轴(DOHC)的中间,充分利用了间隙空间。由于取消分电器和高压线,能量传导损失及漏电损失极小,没有机械磨损,而且各缸的点火线圈和火花塞装配在一起,外用金属包裹,大幅减少了电磁干扰,可以保障发动机电控系统的正常工作。

单独点火的工作原理是点火控制器三极管导通,电流流过初级绕组产生磁场。点火控制器三极管截止,磁场迅速消失,在次级绕组产生感应电动势,高压电送至火花塞跳火。

【任务实施】

火花塞的检查与更换

学习任务	火花塞的检查与更换		课时	1 学时
使用设备	大众迈腾轿车		使用资料	维修手册
序号	操作步骤	工具	操作过程	维修规范与操作要求
1	拆卸点火线圈		拔下点火线圈线束连接器	操作要求: (1) 按下点火线圈线束连接器锁舌。 (2) 将点火线圈线束连接器向外拔出

序号	操作步骤	工 具	操作过程	维修规范与操作要求
1	拆卸点火线圈	棘轮扳手、套筒	拔下点火线圈线束连接器	注意: (1) 拆卸前点火开关置于 OFF 位置。 (2) 断开点火线圈连接器时,先按压锁止扣,当确认锁止装置完全脱离后,方可拔下连接器。 (3) 若锁止装置无法解除,则尝试边按压锁止扣边向内推,直至锁止装置完全解除方可拔下连接器。 (4) 禁止在线束端借用外力拔下连接器
			拆卸点火线圈固定螺栓	操作要求: 根据点火线圈固定螺栓规格选择合适的工具,拆卸螺栓
			拔出点火线圈	操作要求: (1) 垂直拔出点火线圈,按顺序摆放到零件车上。 (2) 点火线圈放在零件车上需做好标记。 注意:拔出点火线圈时需注意安全,防止伤手
2	拆卸火花塞	手电筒	检查火花塞套筒是否损坏	操作要求: 利用手电筒,检查套筒内橡胶
		接杆、火花塞套筒	拧松火花塞	操作要求: (1) 将火花塞套筒与火花塞中心对正。 (2) 工具放入时不能碰撞孔壁
			旋出火花塞	注意:拧动时注意火花塞螺纹的圈数
			取出火花塞	注意: (1) 取出火花塞时,注意火花塞不能碰到孔壁,防止脱落。 (2) 火花塞需按顺序摆放

序号	操作步骤	工　具	操作过程	维修规范与操作要求
3	检查点火线圈		检查点火线圈与火花塞套接处	操作要求： (1) 检查点火线圈与火花塞套接处是否生锈、烧蚀或损坏。 (2) 检查点火线圈侧连接器是否有变形、损坏或锈蚀。 (3) 检查点火线圈线束侧连接器是否有变形、损坏或锈蚀
			检查点火线圈侧连接器	
			检查点火线圈线束侧连接器	
4	检查火花塞		检查螺纹	操作要求： (1) 检查螺纹是否完好。 (2) 陶瓷是否有裂纹。 (3) 检查火花塞电极状况是否正常，若烧蚀严重，必须更换。
			检查陶瓷	
			检查火花塞电极	注意： (1) 检查过程中，手不可以触碰到螺纹。 (2) 不要用其他工具触碰火花塞电极。 (3) 检查时要小心，防止掉落损坏火花塞
		火花塞专用量规	检查火花塞电极间隙	操作要求： (1) 选用火花塞专用量规，并进行清洁。 (2) 测量火花塞电极间隙。 电极间隙 维修规范： 检查火花塞电极间隙，旧火花塞的最大电极间隙为 1.3mm(0.051in)，新火花塞的电极间隙为 1.0～1.1mm(0.039～0.043in)。如果间隙大于最大值，则更换火花塞

续表

序号	操作步骤	工　具	操作过程	维修规范与操作要求
5	安装火花塞	接杆、火花塞套筒、扭力扳手	安装火花塞	操作要求： （1）将火花塞装入火花塞套筒中。 （2）用长节杆和火花塞套筒拧紧火花塞。 （3）用扭力扳手紧固火花塞。 注意： （1）安装前检查火花塞套筒是否卡紧火花塞。 （2）放入时，不能磕碰火花塞孔壁。 （3）在火花塞旋入螺纹时应对正，并能顺利旋入，如遇阻力过大时应旋出检查。 维修规范： 火花塞标准力矩为20N·m
6	安装点火线圈	棘轮扳手、套筒、扭力扳手	安装点火线圈 安装点火线圈固定螺栓 插接点火线圈线束连接器	操作要求： （1）将点火线圈按正确位置放入，并安装到位。 （2）将点火线圈固定螺栓正确旋入，并用扭力扳手按规定力矩拧紧。 （3）插接点火线圈连接器，确保锁止可靠。 注意：点火线圈放入时不能碰到缸壁。 维修规范： 固定螺栓标准力矩为10N·m

【自我检测】

7.2

项目8

发动机综合机械故障分析

知识目标

(1) 了解气缸压力对发动机的影响。

(2) 掌握发动机常见的异响形式。

(3) 掌握发动机异响的诊断及排除方法。

能力要求

(1) 能熟练使用气缸压力表。

(2) 能够规范地检测气缸压力。

(3) 能够正确地进行结果分析及处理。

(4) 能够正确地排除发动机的异响。

汽车故障是指汽车部分或完全丧失工作能力的现象,它包括汽车不能行驶、功能不正常和个别性能指标超出规定的技术要求等,其实质是零件与零件之间的配合状态或汽车上的液体发生了异常变化。

汽车故障诊断的方法一般有人工经验诊断法、仪器设备诊断法和自诊断法 3 种,发动机机械系统的故障诊断常用前两种。

发动机异响故障诊断.mp4

1. 人工经验诊断法

诊断人员凭借一定的理论知识和积累的实践经验,利用简单工具诊断汽车故障的方法称为人工经验诊断法。

采用人工经验诊断法诊断汽车故障的特点是不需要任何仪器仪表或其他专用设备,在任何场合下都可以进行,特别是对汽车运行过程中出现的随机故障,不失为一种行之有效的诊断方法。然而,它只能对故障进行定性的分析,而对于因诸多因素导致的复杂故障则诊断困难,诊断的准确性与速度取决于诊断技术人员的技术水平。人工经验诊断法经过不断地积累、总结和完善,已朝着人工智能分析、逻辑推理的方向发展。在使用人工经验诊断法时,一般应先了解汽车的使用和维护修理情况,搞清故障特征及其伴随现象,然后由简单到复杂、由表面及里面地进行推理分析,做出判断。

人工诊断时采用的手段有望、闻、问、听、摸、试 6 种。

(1) 望。根据故障发生部位仔细观察故障现象,然后对故障做出判断。一般包括:零件是否异常或损坏;有无油、水泄漏;连接是否松动;排气颜色是否正常;滤清器是否堵塞;轮胎有无异常磨损等。

(2) 闻。凭借汽车发出的某些特殊气味来判断故障的位置。例如,离合器或制动器摩擦片烧损;电线烧毁;发动机烧机油;未燃烧的汽油等异味。

(3) 问。对知情者(驾驶员等)进行询问。包括车辆的型号、使用年限和行驶里程、使用条件、近期维护修理情况;故障的预兆和现象,故障发生的时间、环境、气候条件;发生故障后做了哪些检查和修理等。此外,车辆的技术档案是一个重要的调查资料和依据。

(4) 听。根据汽车发出的异常声音判断故障。当某一个部位发生故障时,有时会出现异常的响声,例如,相对运动的零部件损坏、间隙过大或干摩擦时就会产生异响;维修人员或驾驶员应注意锻炼自己的听觉,以便于及时发现汽车的异常声音,及时判断并排除故障,避免造成更大的损失。

(5) 摸。用手、脚来感觉可能产生故障的部位,判断其工作是否正常。一般包括温度、振动、脉动、力的大小、弹性、松旷、杂质、黏度等。

(6) 试。利用适当的工具,按照一定的条件、方法来验证。例如,用单缸断火(油)法判定发动机产生某些异响的部位;用突然加速法查听异响的变化;用试换零件法找出故障的部位等。

2. 仪器设备诊断法

仪器设备诊断法是利用仪器和设备(其中包括常用仪器、仪表和专用设备等)诊断汽车故障的方法。

目前可供利用的仪器设备有万用表、点火正时灯、气缸压力表、真空表、油压表、声级计、流量计、油耗仪、示波器、气缸漏气量检测仪、曲轴箱窜气量检测仪、气体分析仪、烟度计,以及功能比较齐全的测功机、四轮定位仪、制动试验台、侧滑试验台、发动机综合检测仪、底盘测功机等。这些仪器设备给人们提供了可靠的工具,使汽车故障诊断从定性诊断发展为定量诊断。

现代仪器设备诊断法具有检测速度快、准确性高、能定量分析和实现快速诊断等优点,采用微机控制的现代电子仪器设备能自动分析、判断、存储并打印出汽车各项性能参数。但其缺点是投资大,需有专用厂房,需要培训操作人员,检测成本高等。这种诊断方法适用于汽车检测站大中型维修企业。使用现代仪器设备诊断法是汽车诊断与检测技术发展的必然趋势。

3. 自诊断法

自诊断法是利用汽车本身装备 ECU 对系统产生的故障进行自行诊断的方法,用于 ECU 控制系统中。当汽车运行时,ECU 不断监控系统中各部分的工作情况,如果发生故障,ECU 根据故障的性质和程度,首先进入失效保护模式,同时将故障信息以代码的形式存储,并通过组合仪表盘上的指示灯提醒司机。在汽车维修时,利用专门的仪器和方法提取故障码,据此排除故障后再将其清除。

目前,世界各汽车制造厂商普遍使用 OBD-Ⅱ汽车电控系统故障自诊断系统,它具有标准相同的 16 脚诊断座,统一了各车型的故障码及其含义,具有行车记录仪功能和数值分析资料的传输功能。

在实际进行汽车检测与故障诊断中,上述 3 种方法的使用并非相互独立,而是相辅相成、综合使用的。

任务8.1　发动机气缸压力的检测

任务引入.wmv

【任务引入】

一辆迈腾轿车,客户反映行驶时加速无力,最高车速只有 60km/h。经维修组人员检查,可能是气缸压力存在故障,需要检测发动机的气缸压力,以确定维修方案。

【知识学习】

气缸压力是指当活塞运行到压缩上止点时气缸的最大压力。气缸压力过高,会导致发动机工作粗暴,甚至会爆震;气缸压力过低,会导致发动机动力不足,甚至不能启动。总之,气缸压力过高、过低,发动机都不能正常工作,动力性、经济性、排放性都会变差。

发动机气缸压力的概述.mp4

发动机正常工作需要足够的压缩压力,但不是越高越好。一般汽油机的气缸压力为 1.0~1.2MPa;柴油机为 3.0~6.0MPa。

气缸密封性的评价指标主要有气缸压缩压力、曲轴箱窜气量、气缸漏气量(气缸漏气率)、进气管真空度等。就车检测气缸密封性时,只需检测上述指标中的一项或两项,就能反映气缸密封的程度。

气缸压力的检测.mp4

【任务实施】

气缸压缩压力的检测

学习任务	气缸压缩压力的检测		课时	1 学时
使用设备	丰田卡罗拉轿车		使用资料	维修手册
序号	操作步骤	工具	操作过程	维修规范与操作要求
1	发动机暖机	座椅套、方向盘套、脚垫、车钥匙	启动前安全检查	操作要求: (1) 放置座椅套、方向盘套、脚垫。 (2) 将点火开关置于"ON"位置。 (3) 挡位处于"P"挡或空挡。 (4) 驻车制动器处于制动状态。 (5) 启动发动机,水温达到正常工作温度后熄火
			启动发动机	

续表

序号	操作步骤	工 具	操作过程	维修规范与操作要求
2	拆卸点火线圈	棘轮扳手、套筒	(1) 取下发动机罩盖。 (2) 断开点火线圈线束连接器。 (3) 拆卸点火线圈固定螺栓。 (4) 取下点火线圈	操作要求： (1) 拆下汽油机全部火花塞。 (2) 如果点火线圈拔出困难，不要硬拔，左右多次旋动点火线圈，使火花塞与点火线圈套接松动，然后再垂直拔出点火线圈。 (3) 按顺序摆放点火线圈，不能错乱
3	拆卸火花塞	吹气枪、火花塞套筒、接杆、棘轮扳手	(1) 清洁火花塞安装孔。 (2) 拆卸火花塞	操作要求： (1) 清理火花塞孔周围的污物。使用吹气枪清理火花塞孔周围的污物时，要防止灰尘进入操作人员的眼睛。 (2) 取出火花塞时，应垂直取出，防止火花塞撞到火花塞孔壁。 (3) 按顺序摆放火花塞，不能错乱
4	断开喷油器线束连接器		用手依次断开喷油器线束连接器	操作要求： 断开时，不能损伤线束连接器
5	安装气缸压力表	气缸压力表	(1) 检查气缸压力表。 (2) 安装气缸压力表	操作要求： (1) 检查气缸压力表是否完好，指针是否归零，气压阀开闭是否正常。 (2) 组装气缸压力表。 (3) 确保气缸压力表安装后的密封性

续表

序号	操作步骤	工　具	操作过程	维修规范与操作要求
6	气缸压力测量	气缸压力表	气缸压力测量	操作要求： （1）将油门踩到底，使节气门全开。 （2）用启动机带动发动机转动。 维修规范： （1）转速不低于 150rpm，时间为 3～5s，待气缸压力表指针指示并保持在最大数值时，停止。 （2）每缸测 2～3 次，取最大值作为该缸的测量值。
7	连接喷油器线束连接器		用手连接喷油器线束连接器	操作要求： 确保线束连接器连接可靠
8	安装火花塞	火花塞套筒、接杆、棘轮扳手、扭力扳手	将火花塞安装在火花塞套筒内	操作要求： （1）安装火花塞时确保火花塞垂直放入火花塞安装孔中，并用手垂直拧入，直到拧不动为止。 （2）按照火花塞规定的力矩紧固火花塞。 维修规范： 火花塞标准力矩为 30N·m
9	安装点火线圈	扭力扳手、套筒	（1）安装点火线圈。 （2）连接点火线圈线束连接器。 （3）安装发动机罩盖	操作要求： （1）垂直插入点火线圈，确保插入到位。 （2）按照点火线圈固定螺栓标准力矩拧紧。 （3）插接点火线圈线束连接器时，确认锁止到位的咔嗒声，并检查锁止是否可靠。 维修规范： 固定螺栓标准力矩为 10N·m
10	记录数据	一缸压力值： 三缸压力值：		二缸压力值： 四缸压力值：
11	气缸压缩压力检测技术要求	为确保发动机具有一定的动力性和经济性，要求汽油机的气缸压力不低于原厂规定值的 10%；同时，为保证发动机平稳工作，气油机各缸压力差不得超过 10%		

续表

序号	操作步骤	工 具	操作过程	维修规范与操作要求
12	结果分析			测得各气缸压缩压力值可能会比标准值偏大或偏小。 (1) 偏大的原因：发动机由于种种原因导致燃烧室内积炭过多；发动机在维修时，气缸体或气缸盖磨削量过大，压缩比变大。 (2) 偏小的原因：活塞环磨损严重，导致活塞环处漏气；气门密封不严导致发动机漏气；气缸垫密封不良导致发动机漏气。 区别活塞环漏气、气门漏气和气缸垫损坏漏气的方法为向该缸火花塞(或喷油器)孔内注入 20～30mL 机油，然后重测一次气缸压力。 (1) 如果第二次测出的压力比第一次高很多，接近于标准压力，则表明活塞环密封不良。 (2) 如果第二次测出的压力与第一次差不多，则表明是气门或气缸垫密封不良。 (3) 如果相邻两缸两次检测的压力都很低，则表明是两缸相邻处的气缸垫烧损窜气
13	结果处理			如果气缸压缩压力值高于标准值，则需清除发动机燃烧室内的积炭或更换磨削的零部件，一般磨削的是气缸盖；如果气缸压缩压力值低于标准值，则需更换活塞环、更换或重新研磨气门或更换气缸垫

【自我检测】

8.1

任务 8.2 发动机异响的故障诊断

【任务引入】

任务引入.mp4

一辆轿车在一次长途出车中，发动机出现严重高温而无法行驶。在其附近的修理厂进行了大修，修理后行车有异响并轻微抖动。接车后检查时发现，发动机冷启动正常、加速良好、怠速有轻微抖动、废气排放在正常范围内。进行路试，车速到 70km/h 以上时有"嘎嘎"异响，声响很轻，但在车内听得很清晰，且发动机有轻微抖动，停车试发动机故障不明显。

【知识学习】

1. 发动机异响的定义

发动机在工作过程中出现明显的金属敲击、摩擦等不正常的声音，这些异常的声音统称为发动机异响。若声响仅在怠速时存在，转速提高后即消失，且在使用中又无明显变化的，即属于危害不大的异响,可暂时保留,待适当时机再修理;若声响在发动机急加速或急减速时出现,并在发动机中、高转速运转时存在,同时伴随机体振抖的,一般属于不可保留的异响,应立即查明原因并予以排除。

2. 发动机异响的规律

(1)发动机振动异响主要是由于发动机支承不牢所致。

(2)发动机曲轴转两圈异响出现一次,其故障原因多存在于与配气机构相关的零部件上,如气门、推杆、气门弹簧以及正时齿轮等。

(3)发动机曲轴转一圈异响出现一次,故障原因多存在于与活塞连杆组相关的零部件上,如活塞、活塞销、活塞环及连杆轴承等。

(4)异响连续发生且有一定规律,则故障部位大多为旋转部件,如曲轴、飞轮、凸轮轴、正时齿轮等。

(5)异响间歇发生且没有规律,故障原因主要来自发动机的附件,如发电机、水泵、空调压缩机、启动机,原因是安装出现松动、缺油或其内部有刮碰等。

3. 易混淆的异响故障

(1)气门响和挺柱响。

(2)活塞敲缸响与活塞销响。

(3)连杆轴承响与曲轴轴承响。

(4)发动机内部异响与外部附件异响。

在发动机综合异响诊断过程中,必须对异响的音调、最佳诊断转速、断火试验、最佳振动部位、工作温度及机油压力和消耗量6方面特征进行全面观察、综合分析,才能做出正确的结论。

4. 发动机的常见异响

1)曲轴主轴承响

(1)故障现象。

① 当发动机转速突然变化时,有明显而沉重的连续"噔噔"声,并伴随气缸体产生抖动。

② 响声随发动机转速的升高而增大,随发动机负荷的增大而增大,产生响声的部位在气缸体的下部。

③ 单缸断火时,响声无明显变化;相邻两缸断火时,响声会明显减弱。

④ 观察机油压力表,机油压力明显降低。

(2)故障原因。

① 轴承与轴颈磨损严重、止推垫片磨损严重,导致径向和轴向间隙过大。

② 主轴承盖螺栓松动。

③ 主轴承润滑不良,导致轴承合金层烧蚀脱落。

④ 主轴承与轴承座孔配合松动。

(3)故障诊断。

① 拆下机油加注口盖,耳朵贴近机油加注口倾听,同时反复改变发动机的转速试验:突然加速或减速时,发动机出现明显钝哑沉重的"噔噔"响声,当用听诊器或简易听诊设备在

发动机常见异
响分析.mp4

气缸体曲轴位置听诊,响声明显。

② 利用单缸断火法试验,响声没有变化,然后将相邻两缸断火试验,如在某两缸断火后,响声明显减弱,说明这两缸之间的主轴瓦发响。

③ 使发动机高速运转,机体会产生较大的振动,机油压力偏低,说明主轴瓦间隙过大或轴承合金层脱落。

(4) 故障排除。放尽机油,拆下油底壳后进行检查。

① 如发现机油中和油底壳壁上有轴承合金屑粒,则说明轴承合金脱落,应更换新的主轴瓦,并检查主轴颈有无损伤。

② 检查主轴承盖螺栓是否松动,如有松动,应按规定力矩拧紧。

③ 检测主轴瓦径向和轴向间隙,若间隙过大,应更换新主轴瓦。

2) 连杆轴承响

(1) 故障现象。

① 发动机运转中,产生一种连续而短促的"咣咣"声,中速运转时,响声比较明显;当突然加速时,响声随着增大。

② 发动机负荷增加时,响声随着增大;发动机温度变化时,响声不随着变化。

③ 单缸断火后,响声明显减弱或消失,复火后又立即出现。

④ 观察机油压力表,机油压力明显降低。

(2) 故障原因。

① 连杆轴承盖螺栓松动或折断。

② 连杆轴承或轴颈磨损过甚,导致径向间隙过大。

③ 由于轴承润滑不良,导致轴承合金层烧蚀脱落。

④ 连杆轴承与轴承座孔配合松动。

(3) 故障诊断。

① 使发动机怠速运转,可听到短促的"咣咣"声,随着转速的升高,响声会更突出,拆下机油加注口盖倾听,响声为清脆的"咣咣"声,说明是连杆轴承响。

② 利用单缸断火法试验,若某缸断火时响声减弱或消失,在复火的瞬间响声又立即出现,则可断定该缸连杆轴承响。

(4) 故障排除。放尽机油,拆下油底壳进行检查。

① 发现机油中或油底壳壁上有轴承合金屑粒,说明连杆轴承合金层脱落,应更换新的连杆轴承,并检查连杆轴颈有无损伤。

② 检查连杆螺栓有无松动,如有松动,应按规定力矩拧紧。

③ 若连杆螺栓不松动,用手上、下推拉连杆盖检查,如感觉方向盘旷量较大,说明连杆轴承磨损过甚,应更换新的连杆轴承。

④ 检查机油压力是否过低,若属机油压力过低造成的响声,应调整油压;若属机油黏度过小造成的响声,应更换机油。

3) 活塞敲缸响

(1) 故障现象。

① 发动机在怠速或低速、中速运转时,在气缸上部发出清晰、明显、有规律的"嗒嗒"声,中速以上一般减弱或消失。

② 发动机温度低时响声明显,正常工作温度下,响声减弱或消失。

③ 单缸断火后,响声减弱或消失。

(2) 故障原因。

① 配缸间隙过大,活塞在气缸内摆动,从而导致撞击气缸壁而发出响声。

② 活塞销与连杆衬套装配过紧。

③ 活塞顶撞到气缸垫。

④ 连杆变形。

(3) 故障诊断与排除。

① 发动机冷车启动,即发出有节奏的"嗒嗒"声,将发动机转速控制在响声明显的范围内,在气缸上部用听诊器或听棒听诊,若响声在怠速和低速较明显,高温高速减弱或消失,机油加注口冒烟严重,排气管冒烟,说明活塞敲缸。

② 利用逐缸断火试验,当试到某缸时,声响减弱或消失,说明是该缸故障。

③ 熄灭发动机,拆出该缸火花塞,在火花塞孔注入少许机油后,装回火花塞和高压分线,重新启动发动机,如响声瞬间消失,过一会儿又重新出现,证实是该缸敲击响。

④ 发动机高温高压时发出"嘎嘎"声,温度越高,响声越大,单缸断火试验,响声无变化,说明连杆变形。

⑤ 怠速运转时出现"嗒嗒"声,并随机体抖动,温度越高,响声越大,说明活塞变形或活塞环开口间隙小,造成润滑不良,产生异响。

4) 活塞销响

(1) 故障现象。

① 发动机在怠速或低速时,在气缸上部可听到尖锐、清脆的"嗒嗒"声。

② 发动机转速变化时,响声的周期也随着变化。

③ 发动机温度升高后,响声不减弱。

④ 单缸断火后,响声明显减弱或消失;复火后出现明显的响声或连续两个响声。

(2) 故障原因。

① 活塞销与连杆小头衬套孔配合松旷。

② 活塞销与活塞销孔配合松旷。

③ 衬套与连杆小头孔配合松旷。

(3) 故障诊断及排除。拆下活塞连杆组,分别检查活塞销与连杆小头衬套孔、活塞销与活塞销孔、衬套与连杆小头孔的配合情况。若活塞销与连杆小头衬套孔配合间隙过大,应更换新的活塞销和连杆衬套后重新绞销;若活塞销与活塞销座孔配合松旷,应更换新的活塞销和活塞。

5) 拉缸异响

(1) 故障现象。

① 轻微拉缸一般不易听到,较严重的拉缸在发动机急速运转时,出现"嗒嗒"的声音,类似活塞敲缸的响声。其特点是开始时声音很小,随发动机温度的升高敲击声不但不减弱,反而更加重了。

② 有时除上述响声外,还常有"吭吭"的声音,发动机稍有抖动,加油时提速不灵敏。

③ 拉缸严重时,可造成发动机突然停转,甚至在停转瞬间会从加机油口处冒烟。

（2）故障原因。

① 活塞与缸壁间隙过小或活塞膨胀系数过大。

② 活塞椭圆度不足，或为反椭圆形。

③ 活塞头部尺寸过大，活塞环背隙或端隙过小。

④ 活塞销与销座孔配合过紧，致活塞变形胀大。

⑤ 机油不足或润滑油道堵塞，润滑不良。

⑥ 发动机缺水，冷却不良，导致水温高，引起发动机散热不良。

⑦ 发动机长时间高速运转，尤其在走合期内。

⑧ 全浮式活塞销未装卡环或装配间隙不当，半浮式活塞销固定螺钉未拧紧，活塞销轴向窜动拉缸等。

（3）故障诊断及排除。

① 进行断缸试验，如果响声变化不明显，可以考虑为活塞拉缸响。

② 注入适量机油进行着车试验，响声明显减弱但不会消失，则可能为拉缸。

③ 测量缸压，若此缸的缸压明显低于正常缸压，则可能为拉缸。

④ 拆卸发动机气缸盖，摇转曲轴，对缸内进行检查，如有拉毛现象，应判定为拉缸故障。

6）气门异响

（1）故障现象。

① 发动机在高速、中速和低速时，均发出有节奏的"嗒嗒"金属敲击声，响声在气缸盖罩一侧明显。

② 响声随发动机转速的变化而变化。

③ 发动机温度变化或做断火试验时，响声不变。

（2）故障原因。

① 气门间隙的大小不当，导致气门杆尾端与摇臂或调整螺钉碰击。

② 凸轮磨损过甚，凸轮顶部与挺柱底部接触时有跳跃运动而发出响声。

③ 气门弹簧断裂。

④ 气门杆与气门导管间隙过大。

⑤ 气门间隙调整螺钉的锁紧螺母松动。

（3）故障诊断与排除。

① 在气缸盖罩一侧响声较清晰时，为进一步确认，可拆下气缸盖罩，用塞尺插入气门间隙处，响声消失或减弱即为该气门间隙过大。

② 用适当塞尺插入气门杆尾端，响声不消失，改用起子撬气门杆，响声消失，说明气门杆与气门导管磨损过甚。

③ 若发现气门杆尾端与摇臂或调整螺钉始终有间隙，则说明气门在导管孔中咬住。

7）凸轮轴异响

（1）故障现象。

① 有节奏的间断响，像连杆轴承的响声。

② 急速时响声为杂乱噪声，中速时响声为明显、连续的金属敲击声，高速时响声减弱、消失或变得杂乱。

③ 响声同时伴随振动。

④ 急减速时,发出尖锐连续的金属敲击声。

(2)故障原因。

① 凸轮轴与轴承配合间隙过大,原因为修理时间超限;发热烧损或轴承内圆表面刮研质量差,加速磨损。

② 凸轮轴弯曲、变形或轴向间隙过大。

(3)故障诊断与排除。

① 在凸轮轴一侧有响声,可缓缓变换油门细听,如急速时响声为杂乱噪声,中速时有明显的连续金属敲击声,高速时减弱、消失或变得杂乱。单缸断火时,响声不减弱或消失,则说明是凸轮轴响。

② 中速时,用听诊器触及缸体外部各道凸轮轴轴承附近听察,如某处响声较强并伴有振动,可初步断定该道轴承响。

③ 急速时,响声正常,稍提高转速,则出现响亮的连续敲击声,再度提高转速,响声消失。此为凸轮轴轴向间隙过大。

8)正时齿轮异响

(1)故障现象。

① 发动机急速时,在正时齿轮室附近能听到"咯啦、咯啦"或硬物撞击的尖锐声。

② 有的发动机在正时齿轮室附近听到的是杂乱而轻微的噪声,急速时噪声轻微,转速提高时噪声杂乱或消失,急减速时噪声复现。

③ 温度变化和单缸断火试验,响声无变化。

④ 胶木正时齿轮响声比金属正时齿轮响声轻得多。

(2)故障原因。

① 由于曲轴和凸轮轴之间距离改变,使正时齿轮啮合间隙过大或过小。

② 曲轴和凸轮轴轴心线不平行、齿轮磨损等,导致正时齿轮啮合不均匀。

③ 更换曲轴和凸轮轴轴承后,改变了齿轮啮合位置。

④ 凸轮轴轴向间隙过大,正时齿轮固定螺母松动,使齿轮发生轴向位移或个别轮齿损坏。

(3)故障诊断与排除。

① 急速时,有轻微的"咯啦、咯啦"响声;中速时响声明显;高速时响声杂乱或消失。急加速时,响声重又出现,严重时正时齿轮室盖有振动。此情况说明正时齿轮啮合间隙过大。

② 大修或更换正时齿轮后,有"呜……"连续响声,转速越高,响声越大,急加速时响声尤为明显。此情况说明正时齿轮啮合间隙过小。

③ 急速时能听到"哽哽"的响声,随转速升高而响声加大。此情况说明正时齿轮啮合不均。

④ 急速时有节奏的、清晰的"吭吭"金属撞击声,转速升高,响声加重。此情况说明正时齿轮个别齿损坏。

⑤ 逐渐提高转速至某一转速时,突然发出较强而紊乱的"咯咯"声响,急减速时也出现同样的响声。但发响时间极短,而后恢复正常。此情况是正时齿轮固定螺母松动,凸轮轴齿轮窜动发响。

【任务实施】

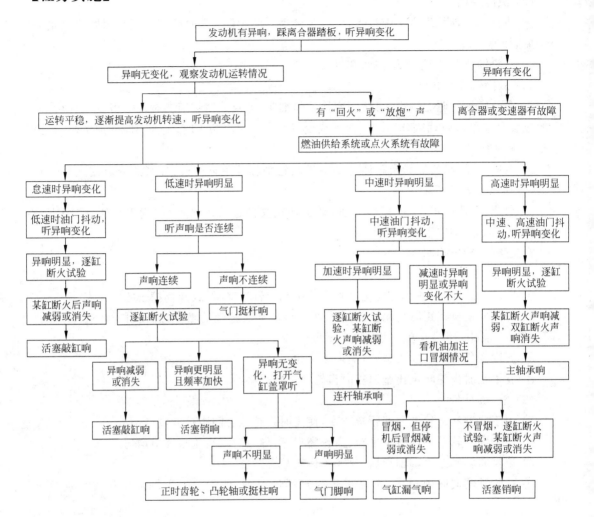

【自我检测】

8.2

参考文献

［1］陈家瑞.汽车构造(上册)[M].北京：机械工业出版社,2013.

［2］仇雅莉.汽车发动机构造与维修[M].北京：机械工业出版社,2016.

［3］董继明,胡勇.汽车拆装与调整[M].北京：机械工业出版社,2015.

［4］占百春,徐展.发动机机械系统故障检测诊断与修复[M].北京：北京出版社,2014.

［5］蔡兴旺.汽车构造与原理(上册,发动机)[M].北京：机械工业出版社,2014.

［6］谭丕强.汽车发动机构造与检修[M].上海：华东师范大学出版社,2013.

［7］丰田售后培训.汽车维修教程第2级(中)——汽车动力总成维修[M].北京：高等教育出版社,2006.